Gattungsschuld und Wahlschuld

Gattungschuld und Wahlschuld

Eine begriffliche Abgrenzung

Von

Dr. Wilhelm Kisch
Professor in Straßburg

Verlag von Duncker & Humblot
München und Leipzig 1912

Altenburg
Piererische Hofbuchdruckerei
Stephan Geibel & Co.

Inhaltsübersicht.

§ 1.

Der Unterschied zwischen Spezies- und Gattungsschuld.

I. Die folgenden Ausführungen haben zum Hauptgegenstande diejenige Art von Schuldverhältnissen, die man als gemischt-generische oder beschränkt-generische Obligation zu bezeichnen sich gewöhnt hat. Man versteht darunter bekanntlich die Schuld einer Quantität aus einer individuell bezeichneten Menge: zehn Liter aus diesem Faß, zwanzig Meter Tuch aus diesem Stück, hundert Sack Getreide aus dieser Schiffsladung, tausend Tonnen Kohlen aus diesem Lager. Die Streitfrage nach dem Wesen dieses Schuldverhältnisses, die schon im gemeinen Recht aufgeworfen war[1], und

[1] Es standen sich im gemeinen Rechte wesentlich zwei Ansichten gegenüber.

a) Nach der einen haben wir es bei Schuldverhältnissen der angegebenen Art mit einer Gattungsschuld zu tun. Hauptvertreter dieser Meinung ist Ihering in seinen Jahrbüchern Bd. 4, insbesondere S. 405 ff. Er führt dort aus, daß für den Begriff der Gattungsschuld die Abgrenzung des genus unerheblich sei: „sie ist ganz dem Ermessen der Partei anheimgestellt; der Begriff des genus ist ein ganz elastischer Begriff. Dasselbe kann weit oder eng gegriffen sein . . . . Es kommt nur darauf an, daß das genus mehrere Individuen (sei es wirkliche, sei es durch Ausscheiden, Abmessen herzustellende) in sich fasse, so daß z. B. die drei oder selbst zwei Pferde des Testators, von denen er eines legiert hat, das genus bilden, während umgekehrt das Vermächtnis seiner sämtlichen Pferde, und wären es hundert und mehr, eine species legata ist." — Ebenso Bekker im Jahrbuch des gemeinen deutschen Rechts Bd. 5, namentlich S. 362ff. — Regelsberger im Archiv für zivilistische Praxis Bd. 49, besonders S. 185; er kennzeichnet unseren Fall wie folgt: „Das genus, woraus die zu liefernde Ware entnommen werden soll, ist ein räumlich abgegrenztes Ganze von Waren einer bestimmten Gattung, ein begrenzter (Thöl: übersehbarer) Vorrat, z. B. zehn Scheffel von dem auf dem Speicher des Verkäufers lagernden Roggen. Es kommt übrigens für diesen Begriff nur darauf an, daß räumliche Grenzen angegeben, nicht wie weit sie sind. Der Vorrat von Öl in einer zwei Pfund enthaltenden Flasche gehört nicht mehr dahin als der Ölvorrat in einer bestimmten Stadt oder in einem Land." — Windscheid-Kipp 8. Aufl. Bd. 2 S. 34 § 255 Anm. 17: „Gewiß ist ein Unterschied, und es mag auch zugegeben werden, daß für den letzteren Fall der Ausdruck generische Obligation (generelle Obligation, Gattungsobligation) nicht mehr ganz paßt. Aber er hat mit dem Fall der Bestimmung der Leistung nach einem Artmerkmal das Wesentliche gemeinsam, daß auch in ihm keine der dem bezeichneten Kreis gehörigen Sachen als dieses Sachindividuum in obligatione ist." — Kohler in Iher. Jahrb. Bd. 17 S. 390f.: „Auch ein einzelnes Weinfaß (soll wohl heißen: Faß Wein) ist genus, wenn aus ihm zwei Liter verkauft sind; auch die Äpfel eines Apfelbaumes, wenn von ihnen zwanzig Stück verkauft wurden." — Zitelmann, Irrtum und Rechtsgeschäft S. 512; s. auch Anm. 590; Mommsen, Beiträge zum Obligationsrecht Bd. 1 S. 341 Anm. 23; Eck in Holtzendorffs Rechtslexikon unter Gattungskauf; Hofmann, Periculum beim Kauf S. 118; Stintzing in Iher. Jahrb. Bd. 10 S. 190.

b) Dagegen wird von einer Reihe von Schriftstellern eine Speziesschuld oder wenigstens ein Mittelding zwischen einer individuellen und einer gattungsmäßig bestimmten Schuld angenommen. So von Dernburg, Pandekten Bd. 2 S. 75 § 25 am Ende: „Keine Genusschuld, sondern eine besondere Art der Speziesschuld bildet das Versprechen eines Teils aus einer Masse und eines Stücks aus einer Menge, die durch Lagerort oder Zugehörigkeit zu einer Erbschaft oder durch ähnliche Merkmale bezeichnet ist." (Ähnlich auch derselbe Schriftsteller für das preußische Recht in seinem Werk: Das Obligationenrecht Preußens und des Reiches 5. Aufl. S. 66 § 28 unter Ziff. 2). — Brinz, Pand. 2. Aufl. II 1 S. 100f.: „Was einmal certum corpus und darum auch certa species ist, wie jenes Stückfaß, kann, insolange es noch andere derartige Sachen gibt, niemals genus sein oder werden; was aus ihm ausgeschieden wird, ist ein Teil aus diesem Ganzen, nicht eine species aus diesem genus. Desgleichen sind die Sklaven aus dem Nachlaß des Titius weder an sich (die wesentlich alle Sklaven umfassende) Gattung, noch werden sie es dadurch, daß aus ihnen „einer" oder „einige" vermacht werden. Sie sind eine bloße Mehrzahl von Exemplaren oder species, und, was immer aus ihnen gewählt wird, ist ein Stück aus mehreren Stücken, nicht eine species aus einem genus." — Bechmann, System des Kaufs nach gemeinem Recht Bd. 1 S. 325: „Man sollte die Bezeichnung „genus" und „generell" hier ganz aufgeben, da sie nur irreführend ist. Was man in dieser Anwendung genus nennt, ist doch gar nichts anderes als die sonst wohlbekannte universitas rerum distantium, d. h. eine Mehrheit von körperlich selbständigen Sachen, unter welchen der Wille einer bestimmten Person die tatsächliche Beziehung des Zusammengehörens hergestellt hat." — Zimmermann in Zeitschr. f. d. ges. Handelsrecht Bd. 19 S. 408: Der Fall habe Ähnlichkeit mit der Gattungsschuld insofern, als das Leistungsobjekt noch individualisiert werden müsse. Er sei aber „gleichwohl . . . . als Kauf einer Spezies anzusehen; und zwar ist es ein Alternativkauf, der hier vorliegt." — Schlomka in Buschs Archiv Bd. V S. 196: „Eine solche Obligation hat mit der generellen Obligation das gemein, daß bei ihr nicht bestimmt ist, welche Stücke oder Teile . . . . Gegenstand der Obligation sind, wogegen sie mit der Speziesobligation darin übereinstimmt, daß doch der Inbegriff . . . . als eine Spezies im Kontrakt bezeichnet ist, und als solche auch wirklich in concreto sich übersehbar darstellt." — Goldschmidt, Handbuch des Handelsrechtes 2. Aufl. Bd. 2 1883 S. 18f. erwähnt als Zwischenstufe zwischen der alternativen und der reinen Gattungsobligation: „Die Obligation auf den reellen Teil einer Spezies: es ist ein Stück oder Quantum aus einer irgendwie individuell bezeichneten Gruppe (Vorrat von Waren gewisser Beschaffenheit) zu leisten." Und S. 13 Anm. 6: „Der Wein in meinem Keller, meine Pferde bilden begrifflich . . . . nicht eine Gattung" . . . . und es sind Obligationen auf Leistung von Sachen aus einem so bezeichneten Kreis nicht generische im Rechtssinn." Derselbe die auch außerdeutschen Rechten nicht fremd blieb[2], ist von der Literatur zum deutschen bürgerlichen Gesetz-

---

Gelehrte spricht in seiner Zeitschrift Bd. 1 S. 108 davon, daß, wenn der Inhalt eines Fasses mir teilweise verkauft werde, der Kauf „noch nicht perfekt" sei, solange der Teil nicht abgemessen worden sei; mit diesem nicht sehr glücklich formulierten Satze soll aber nur gesagt sein, daß vor der Ausscheidung die Vorschriften über den Kauf auf Probe, namentlich in Ansehung der Gefahrtragung, noch keine Anwendung finden können. Vgl. endlich noch Goldschmidt in seiner Zeitschrift Bd. 3 S. 302.

[2] In der französischen Literatur überwiegt die Ansicht, daß die Quantitätsschuld aus individuellem Vorrat eine Gattungsschuld sei. Vgl. statt Aller einerseits Crome, Die Grundlagen des französischen Obligationenrechtes § 7 S. 57: .... „ein Zentner Roggen aus einem bestimmten Speicher. In letzterem Fall liegt immerhin wirkliche generische Obligation vor, sofern die Parteien das Gewicht nicht auf die in dem näher bezeichneten Vorrat enthaltenen Individuen legen, sondern durch Bezeichnung einer bestimmten Masse im wesentlichen nur die Art genauer feststellen wollen. — Andererseits Baudry-Lacantinerie et Barde, Traité de droit civil. Des obligations tome 2 Nr. 1055 p. 200: „A l'obligation de genre, il convient d'assimiler l'obligation ayant pour objet incertum ex certis, ou plutôt celle-ci n'est pas autre chose qu'une obligation de genre. J'ai promis de vous livrer un cheval de mon écurie, dix moutons de mon troupeau."

Auch in der italienischen Literatur wird meist eine Gattungsschuld angenommen. Man vergleiche etwa Nicola Coviello, Del caso fortuito 1895 S. 109. Dort ist der Fall behandelt, daß die Schuld sich nicht auf eine unbegrenzte Gattung bezieht, sondern auf eine „specie assai circoscritta e limitata (come per esempio uno dei cavalli che si trovano nelle stalle di Tizio, una delle botte di vino che si trovano nella tua cantina)." Es wird ausgeführt, daß bei Untergang der gesamten in dem betreffenden Vorrat enthaltenen Objekte der Schuldner befreit wird, „non ostante che l'obbligazione sia generica." Dieser Ansicht neigt auch zu Cuturi in seinem Werke Delle vendite, delle cessioni e delle permute 1891 p. 84—86. Ebenso Errera in seiner Abhandlung Vendita sopra campione, Archivio giuridico 25 S. 502 f., insbesondere S. 549; allerdings wird hierbei bloß die Frage des Eigentumsübergangs erörtert und ausgeführt, daß, solange noch buch aufgenommen worden. Von einer Ansicht wird angenommen, es handele sich um eine Speziesschuld[3].

---

die aus dem Vorrat geschuldete Quantität eines Zumessens, Zuwägens oder Zuzählens bedürfe, das Eigentum noch nicht auf den Käufer übergegangen sei. — Dagegen nimmt einen vermittelnden Standpunkt ein Vittorio Polacco, le obbligazioni nel diritto civile italiano Corso di lezioni I. Padova 1899 S. 121 ff.: „L'obbligazione ha per oggetto la prestazione di cento litri del vino che si trova in una data cantina, ovvero una delle opere di una biblioteca, o uno dei cavalli che si trovano nelle scuderie di Tizio. Sehe man ab von dem bei dem ersten Beispiel möglichen Fall, daß der Wein dieses Kellers die ganze Gattung erschöpfe (etwa weil ein einziger Gutsbesitzer diese Sorte produziere), so könne man, streng genommen, von einer Gattungsschuld nicht sprechen: „Non si può a rigore parlare di genere. L'obbligo di dare un ettolitro di quel vino è obbligo di dare una parte di un tutto ben individuato per la circostanza accidentale del luogo ove è riposto, non già di dare un individuo appartenente ad un genere." Der Umstand aber, daß die Individualisierung der zu leistenden Objekte nach Maß, Zahl oder Gewicht erfolgen müsse, habe den Gesetzgeber so sehr beeinflußt, daß er diesen Fall, was die Gefahr des Vertragsgegenstandes betreffe, dem Fall einer wirklichen Gattungsschuld gleichgestellt habe. Solange nämlich die Leistungsobjekte nicht durch Zuwägen, Zuzählen oder Zumessen bestimmt seien, trage der Verkäufer die Gefahr nach Art. 1450, 1451 Codice civile (dieselbe Bestimmung übrigens im Code civil Art. 1585 und dem früheren Züricher Privatgesetzbuch Art. 1437; zu vergleichen auch Sächs. BGB. § 1091), während bei einem Spezieskauf Gefahr und Eigentum sogleich auf den Käufer übergingen. (Die Hinweise auf die Literatur Italiens verdanke ich zum größten Teil meinem Freunde Prof. Baviera in Palermo, dem auch an dieser Stelle bestens hierfür gedankt sei.)

[3] So mit Entschiedenheit Oertmann, Kommentar zum Recht der Schuldverhältnisse 3./4. Aufl. S. 19 § 243 Nr. 1a. — Eck, Vorträge Bd. 1 S. 241: „Diese gemischt-generische Obligation ist keine Gattungsobligation; denn die Verpflichtung des Schuldners geht hier weiter. Ein übersehbares genus ist eben kein genus mehr (Thöl). Die gemischt-generische ist vielmehr eine Speziesobligation mit noch unvollendeter Bestimmung des Objektes und keine wahrhaft generische Obligation." Im Prinzip wohl übereinstimmend der Herausgeber der Eck'schen Vorträge, Rudolf Leonhard

ebendort Anm. 2. — Ricken, Über die Konzentration der Gattungsschuld, Erlangen, Dissertation 1905 S. 5. — Skolny-Caro zu § 243 Zif. 5. — Meisner zu § 243 Zif. 4. — Cuno, Übergang der Gefahr bei Gattungsschulden S. 7 mit folgender Begründung: „Wird eine Sache aus einer bestimmten Menge geschuldet, so ist sie vor allem durch ihre Zugehörigkeit zur Menge gekennzeichnet. Diese Zugehörigkeit ist kein Gattungsmerkmal" [Mit demselben Grunde könnte man behaupten wollen, daß die Schuld irgendeiner Zeichnung Rembrandt's keine Gattungsschuld sei; denn auch die gesamten Zeichnungen des Meisters bilden keine Gattung im Sinne der Naturwissenschaft und des Sprachgebrauchs]. — Besonders energisch gegen die Gattungsschuld Dernburg, Bürgerl. Recht, Schuldverhältnisse, 4. Aufl. S. 33. Vielfach werde Gattungsschuld angenommen, wenn aus einer Schiffsladung eine bestimmte Menge Waren geleistet werden solle. „Dies ist unrichtig; denn eine Schiffsladung ist keine Gattung." Ja, der genannte Gelehrte geht noch weiter und hält die Möglichkeit einer Speziesschuld sogar dann für gegeben, „wenn aus einer Produktionsstätte fortdauernd Waren genommen werden, aus welchen Quantitäten geliefert werden sollen, z. B. prima gewaschene Schmelzkokes der Zeche Dannenbaum; hier soll eine Gattungsschuld nur dann anzunehmen sein, „wenn die Produktion so massenhaft ist, daß sie im Verkehr eine besondere Art der Gattung bildet". Allein in Fällen der angegebenen Art kann es wohl gar nicht zweifelhaft sein, daß immer und ausnahmslos eine generische Verbindlichkeit angenommen werden muß. Es ist nicht einmal der Fall einer Quantitätsschuld aus individuellem Vorrat gegeben, sondern es sind Objekte bestimmter Provenienz zu leisten. Für die zu liefernden konkreten Stücke fehlt es an individuellen Merkmalen: es soll irgendwelche Kohle der betreffenden Zeche geleistet werden, gleichgültig, ob im gegenwärtigen Moment schon gefördert oder nicht, und im letzteren Falle gleichgültig, wo sie lagert. Wie kann man da, selbst bei noch so geringem Ertrag der Produktionsstätte, überhaupt noch von einer Speziesschuld reden wollen? — Demgemäß hat denn auch das Reichsgericht 1 Z.S. 15. Juni 1891 (Bd. 28 S. 221) beim dargelegten Fall eine Gattungsschuld angenommen. (Die Ausführungen Kuhlenbeck's gegen diese Entscheidung in der Juristischen Wochenschrift 1897 S. 438 können zutreffend sein, sofern sie die Behandlung der Unmöglichkeit der Leistung im Auge haben; sie treffen aber nicht die vom Reichsgericht vertretene Auffassung

Eine andere findet auch hier eine Gattungsschuld gegeben[4]. Eine dritte Gruppe von Ansichten endlich, die

des Schuldverhältnisses und haben wohl auch nicht diese Tendenz.) — Richtig ferner RG. 9. Februar 1901 in J.W. 01 S. 209 Nr. 10: Verkauft war die auf dem Alvershofer Hof in der Zeit vom 1. Mai 1896 bis zum 1. Mai 1897 zu gewinnende Milchproduktion im ganzen. Wenn das Reichsgericht ausführt, ein Gattungskauf liege noch immer vor, falls „der Gattungsbegriff durch den Inhalt der Parteiverabredung beschränkt und die Ware nach Beschaffenheit und Herkunft genauer bezeichnet wird“, so ist dies durchaus zutreffend. Dagegen ist es bedenklich, wenn im gegebenen Fall das Vorliegen einer Speziesschuld geleugnet wird. Dasselbe ergibt sich allerdings nicht aus der Herkunftsbezeichnung, sondern aus dem Umstande, daß die Gesamtproduktion des Guts zu liefern ist. (Vgl. hierüber § 2 dieser Abhandlung). — Dagegen gibt zu Zweifeln Anlaß die Entscheidung des OLG. Kolmar vom 9. Juli 1900 (Jurist. Zeitschr. f. Els.-Lothr. Bd. 26 S. 107 Nr. 35). Zu liefern waren 30000 kg eines bestimmten Gespinstes, herzustellen in der Fabrik des Verkäufers. Danach soll es sich „nicht um rein generelle, sondern um eine gerade in der Fabrik des Beklagten zu fertigende, also individuelle Ware“ handeln. Diese Ausführung wäre unrichtig, wenn sie besagen wollte, daß es sich um eine Speziesschuld handele (so in der Tat Dernburg a. a. O. S. 33 Anm. 5 unter Hinweis auf dieses Urteil). Soll dagegen nur, was wahrscheinlicher ist, hiermit gesagt sein, daß der Käufer keinen Anspruch auf andere als in der betreffenden Fabrik hergestellte Gespinste habe, so ist gegen diese dem Vertrag durchaus entsprechende Auffassung kein Einwand zu erheben; nur liegt darin kein Argument gegen die Annahme einer Gattungsschuld. — Vgl. über den Fall, daß Waren einer bestimmten Fabrik zu liefern sind, ROLG. Bd. 5 S. 401, 402; Buschs Archiv 13, 233; Dernburg, das Obligationenrecht Preußens und des Reichs 5. Aufl. S. 66 § 28 a. E.: „Auch wer eigene Fabrikate verspricht, schließt keinen Gattungskauf“ (?)

[4] Enneccerus 4./5. Aufl. Bd. 1 Abt. 2 S. 16 III: „Der Begriff der Gattungsschuld wird nicht dadurch ausgeschlossen, daß die Quantität aus einer bestimmten größeren Menge entnommen werden soll, z. B. eine Flasche Wein aus diesem Faß, hundert Zentner Kartoffeln aus meiner diesjährigen Ernte“ (— das letzte Beispiel fällt übrigens kaum mehr unter die Kategorie einer Quantitätsschuld aus einem bestimmten, individuellen Vorrat); besonders zu-

unter sich wiederum mannigfache Verschiedenheiten aufweisen, sucht einen vermittelnden Standpunkt einzunehmen[5]. Im folgenden soll der Nachweis versucht

---

treffend ferner die Ausführungen ebendort Anm. 9. — Vgl. auch Schollmeyer § 243 Anm. 2; Kisch in Grünhuts Zeitschrift Bd. 28 S. 258; Planck zu § 243; Staudinger-Kuhlenbeck 3./4. Aufl. S. 18 mit sorgfältiger und eingehender Begründung (anders noch die ersten Auflagen des Kommentars); Fischer in Jher. Jahrb. Bd. 51 S. 180 f.; Düringer-Hachenburg 2, 399; Cosack 5. Aufl. I 1 S. 365 § 84 unter g. Auch das Reichsgericht vertritt diese Ansicht. — Das Urteil des 6. Z.-S. 25. Februar 1904 (Entsch. Bd. 57 Nr. 29 S. 138 f) betrifft einen Fall, in welchem „siebenzig Tonnen Hafer des Gutes P." verkauft waren. Die hierdurch begründete Verbindlichkeit wird für eine Gattungsschuld erklärt. Allerdings handelt es sich nicht genau um den im Text behandelten Fall einer Quantitätsschuld aus individuellem Vorrat, sondern um eine Ware bestimmter Provenienz. Allein, es kann für die rechtliche Auffassung offenbar keinen Unterschied machen, ob der Hafer des Gutes P erst noch zu gewinnen ist oder sich schon als eingeernteter Vorrat in den Speichern des Gutes befindet. Überdies wird die Ansicht des Reichsgerichtes unzweideutig durch folgenden Satz zum Ausdruck gebracht (S. 141): „Die Leistungspflicht gattungsmäßig bestimmter Sachen aus einem gewissen Vorrat bedingt keine Wahl und ist eine besonders geartete Gattungs-, keine Alternativschuld."

[5] So schon die Motive Bd. 2 S. 11: „Neben den generischen Obligationen, in denen die Bestimmung der Sache ganz allgemein erfolgt ohne Beziehung auf eine bestimmte Menge oder Zahl usw., aus welcher die Leistung bewirkt werden soll, stehen im Verkehr die Fälle, in welchen Sachen aus einer bestimmten Menge oder Zahl (z. B. zehn Scheffel Roggen aus dem Roggenlager in einem gewissen Speicher, ein Schaf aus einer bestimmten Herde) zu leisten sind. Der in der Theorie bestehende Streit über die richtige juristische Klassifizierung dieser gemischt generischen Obligation konnte keinen Anlaß zu besonderen Bestimmungen rücksichtlich derselben geben. In der Tat bilden dieselben nicht eine besondere Klasse für sich, sondern gehören entweder zur Klasse der Alternativobligation oder zu derjenigen der generischen Obligation." Vgl. ferner Crome Schuldverhältn. § 147 Anm. 7

1. Aufl. S. 46: „Immerhin ist es im Einzelfall Tatfrage, ob Gattungsschuld oder Wahlschuld oder Speziesschuld mit beschränkter Unbestimmtheit des Leistungsgegenstandes .... vorliegt.“ Mit Recht wird hervorgehoben, daß auf die Quantitätsschuld aus einem bestimmten Vorrat, wenn sie generisch gemeint ist, eine Reihe von Vorschriften über die Gattungsschuld Anwendung findet, insbesondere, daß keiner der einzelnen Bestandteile des Vorrats als Individuum in obligatione sich befindet, daß der Gläubiger nicht die Gefahr einzelner Stücke trägt, daß keine Konzentration des Schuldverhältnisses durch Wahlerklärung zulässig.“ — Endemann 9. Aufl. § 119 Bd. 1 S. 673: „Entscheidend für den Begriff der Gattungsschuld ist hier, daß nach dem Inhalt des Vertrages die Begrenzung der Menge nur dazu diente, „Art und Güte der im übrigen untereinander vertretbar erscheinenden Sachen genauer festzustellen“. Das Gemeinte wird durch die Ausführungen in Anmerkung 10 dortselbst näher erläutert. Danach ist es Gattungsschuld, wenn der Vertrag etwa lautete: „Liefern Sie mir von dem mit Dampfer Venus verladenen russischen Getreide bestens 5000 Sack.“ Dagegen soll der Vertragsgegenstand eine Spezies sein, wenn „zehn Pfund von diesem Sack Kartoffeln, hundert Flaschen von diesem Faß geschuldet sind: hier handele es sich nur um die Ausscheidung einzelner Stücke aus einem engumschriebenen Sachinbegriff; es liege nur eine generelle Bezeichnung vor. [Diese Unterscheidung wird man nicht billigen können. „Kartoffeln“ sind ebensowohl ein Gattungsbegriff wie „russischer Weizen“. Auf die Individualität der zu liefernden einzelnen Stücke kommt es dort ebensowenig an wie hier. Daß der Inbegriff im ersten Fall kleiner ist als im zweiten, bedeutet nur einen quantitativen, keinen begrifflichen Unterschied. In beiden Fällen besteht gleichmäßig auch eine wechselseitige Vertretbarkeit der einzelnen Bestandteile des Komplexes im Hinblick auf die Erfüllungstauglichkeit]. — Matthias 5. Aufl. S. 181 § 74 II A: „Entscheidend .... die Intention der Parteien. Kommt es ihnen auf die einzelnen Individuen in der Menge an, so ist Wahlschuldverhältnis anzunehmen, dagegen Gattungsschuld, wenn durch Angabe des Vorrats nur die besondere Gattung näher bestimmt werden sollte, und der Vorrat auch objektiv eine besondere Gattung darstellt und vertritt“. [Allein, wann ist letzteres der Fall?] — Für eine besondere Art von Speziesschuld erklärt sich Berndorff, die Gattungsschuld S. 16: „Schlechthin als Gattungsschuld darf man ein solches Schuld-

werden, daß wir es in Fällen der angegebenen Art, wenn keine Wahlschuld vorliegt, mit einer wirklichen Gattungsschuld zu tun haben. Dieser Nachweis läßt sich auf doppelte Weise führen. Zunächst durch den Begriff der generischen Obligation, sodann aber durch die Feststellung, daß die vom BGB. für die Gattungs-

---

verhältnis aber auch nicht bezeichnen, weil die Masse, aus welcher die Leistung bewirkt werden soll, keine Gattung darstellt .... Es ist ja nun in der Tat eine Spezies Gegenstand der Obligation mit der Eigentümlichkeit, daß nicht die ganze Spezies, sondern ein bestimmtes Quantum aus ihr geleistet werden soll. Indessen steht es fest, daß Schuldverhältnisse, wie das eben erwähnte, ... den für die Gattungsschuld geltenden Vorschriften unterliegen. Die Eigentümlichkeiten der Gattungsschuld treffen auch hier zu, nur mit dem Unterschied, daß die Leistung nicht aus einer wirklichen Gattung zu bewirken ist, sondern aus einer von den Parteien für das betreffende Schuldverhältnis normierten Gattung". (Daß diese Ausführungen widerspruchslos seien, wird man nicht behaupten können). — Eine gemischte Theorie vertritt, wenigstens für den Fall, daß aus einem konkreten Vorrat eine bestimmte Quantität versprochen ist, auch Weißmann Abgrenzung zwischen Gattungs- und Wahlschuld, Erlanger Dissertation 1907 (er spricht im Anschluß an Goldschmidt von „Obligation auf den reellen Teil einer Spezies") S. 20: „Es bleibt also nichts anders übrig, als die Fälle, in denen der Schuldgegenstand einmal nach Artmerkmalen, dann aber auch durch räumliche Begrenzung gekennzeichnet ist, als besondere, begrifflich selbständige zu gruppieren .... und S. 24: „Als Ergebnis ist festzustellen, daß der Fall, wenn aus einem konkreten Warenvorrat ein quantitativ bestimmter Teil geschuldet wird, zwar ein wesentliches Merkmal mit der Gattungsschuld gemeinsam hat, insofern als auch bei ihm der Schuldgegenstand noch nicht individualisiert ist, daß er aber im übrigen grundsätzlich von der Gattungsschuld zu trennen ist." Aus dem zweiten Gesichtspunkt wird eine Diligenzpflicht des Schuldners hinsichtlich der Spezies abgeleitet, aus dem ersteren Gesichtspunkt aber die entsprechende (aber auch nur entsprechende) Anwendbarkeit der Vorschriften über Gattungsschulden hinsichtlich der Konkretisierung und des Gefahrübergangs.

schuld getroffenen Vorschriften größtenteils auf unseren Fall Anwendung finden können und müssen.

II. Wir betrachten zunächst den begrifflichen Gegensatz zwischen Spezies- und Gattungsschuld.

Bei der ersteren wird der zu liefernde Gegenstand durch individuelle Merkmale bezeichnet, bei dieser durch Artmerkmale. Dort kann nur erfüllt werden mit dem bestimmt bezeichneten Objekt, hier mit jedem Objekt, welches die angegebenen Eigenschaften besitzt. Dort kann nur der individuell angegebene, nicht ein anderer Gegenstand geleistet werden, mag er auch mit dem ersten gleichartig und gleichwertig sein; hier ist taugliches Erfüllungsmittel jede Sache, welche die verlangten Artmerkmale aufweist. Dort ist das Schuldobjekt so bezeichnet, daß es nicht durch ein anderes ersetzt werden kann; hier ist es so bezeichnet, daß jede Sache, die zu einer größeren Gruppe artgleicher Objekte gehört, geleistet, daß also, vom Standpunkt der Vertragserfüllung aus gesehen, die eine durch die andere ersetzt werden kann. Dort ist das Schuldobjekt, wenigstens der Idee nach, isoliert zu denken; hier gehört es zu einem größeren Komplex von artgleichen Sachen. Dort ist überhaupt nur eine Sache denkbar, deren Leistung schuldtilgende Kraft hätte. Hier ist, wenigstens im Prinzip, eine Mehrheit gleichartiger Sachen gegeben, von denen jede einzelne zur Erfüllung verwendet werden kann. Dort ist daher von einer Ausscheidung aus einem größeren Komplex keine Rede; hier muß die zur Erfüllung bestimmte Sache aus der Masse der an sich tauglichen Objekte erst noch ausgeschieden werden. Dort hat das Schuldobjekt, logisch betrachtet, nur die Eigenschaft, es selbst zu sein, eine Eigenschaft, die es natürlich mit keinem anderen teilen kann; hier hat es die Eigenschaft, bestimmte Artmerkmale aufzuweisen, die ihm mit einer größeren oder geringeren Anzahl anderer Sachen gemeinsam sein kann. Im ersten Falle kommt die geschuldete Sache als Individuum in Betracht; im zweiten wird gedacht an seine Zugehörigkeit zu einem größeren Komplex, nämlich zu der Gesamtheit aller Sachen, welche die gleichen Artmerkmale aufweisen.

1. Schon aus dieser Gegenüberstellung ergeben sich für die begriffliche Erfassung der Gattungsschuld wichtige Folgerungen.

a) Zunächst läßt sich daraus entnehmen, daß der Gegensatz zwischen Spezies- und Gattungsschuld ein vollkommener ist. Es liegt nicht bloß ein quantitativer Unterschied, sondern eine qualitative Verschiedenheit vor. Eine Speziesschuld kann nicht, auch nicht zum Teil, die Eigenschaft einer Gattungsschuld heben. Zwar kann es beispielsweise sein, daß sich der Käufer eine bestimmte Sache im Hinblick auf gewisse ihr beiwohnende Eigenschaften oder Artmerkmale versprechen läßt, die sie mit vielen anderen gemeinsam hat: aber trotzdem liegt eine Speziesschuld vor. Geleistet und verlangt werden kann nur das individuell bestimmte Objekt, nicht ein anderes von genau gleichen Qualitäten. Denn die Eigenschaft ist in solchem Falle Motiv, nicht Bestimmungsmerkmal für den Schuldgegenstand. Der Apfel x ist verkauft, weil er bestimmte Eigenschaften aufweist; nicht ist verkauft ein (irgendein) Apfel, der die gleichen Eigenschaften wie x hat. Die Schuld bleibt also Speziesschuld, auch wenn Millionen von anderen Exemplaren, objektiv betrachet, die Rolle des individuell ausgewählten spielen könnten. Es kann daher eine Schuld auch nicht mehr oder minder Spezies- oder Gattungsschuld sein. Es gibt zwischen beiden Begriffen keine Mittelstufe. Es gibt zwischen ihnen keine Mischung; darum ist der Ausdruck gemischt-generische Schuld[6], gemischte Gattungsschuld als logisch unzutreffend abzuweisen.

b) Des weiteren ist klar, daß die Parteien, wenn sie das Schuldobjekt generell bezeichnen wollen, vermöge des Prinzips der Vertragsfreiheit die Artmerkmale auswählen können, wie es ihnen beliebt. Sie können die das Schuldobjekt charakterisierenden Eigenschaften so bestimmen, daß sie einer faktisch fast unbegrenzten, jedenfalls für die Vorstellung unübersehbaren Masse von Objekten gemeinsam sind. So, wenn ein Liter Wein, ein Zentner Kohlen, hundert Zigarren, ein Dutzend Äpfel bestellt werden. Der Kreis, aus welchem das Leistungsobjekt ausgewählt werden soll und darf, kann aber auch weit enger gezogen sein: so, wenn ein Liter Rheinwein bestimmten Jahrganges, ein Zentner belgischer gesiebter Nußkohlen, hundert Havanna-Import-Zigarren, zwölf Kalvilleäpfel zu liefern sind. Naturgemäß wird mit fortschreitender Spezialisierung der Merkmale die Zahl der sie aufweisenden Objekte immer geringer. Schließlich kann es sein, daß die Gesamtheit der Sachen, welche die maßgebenden Merkmale an sich tragen, infolge ihres engbegrenzten Umfanges durchaus übersehbar wird: von einem reichen Sammler wird bei seinem Lieferanten eine

[6] Der Ausdruck, der seither vielfach verwendet worden ist, scheint mir zuerst gebraucht worden zu sein von Fick in seiner Abhandlung über die Natur des modernen Distanzkaufvertrages, Archiv für Wechselrecht Bd. 9 S. 373.

Marke bestellt, die, wie in Philatelistenkreisen bekannt, nur in ganz wenigen Exemplaren besteht. Ja, es ist begrifflich durchaus denkbar, daß es auf der ganzen Welt nur ein einziges Exemplar gibt, welches die verlangten Eigenschaften aufweist. Eine darauf gerichtete Schuld wird dann trotzdem nicht notwendig zu einer Speziesverbindlichkeit. Sie bleibt vielmehr Gattungsschuld, vorausgesetzt, daß nicht das Exemplar individuell versprochen wird, sondern daß Vertragsobjekt ein Exemplar mit den näher bestimmten Eigenschaften sein soll, wie sie der Idee nach bei einer Mehrheit von Gegenständen vorkommen könnten, tatsächlich aber nur bei einem einzigen verwirklicht sind.

Da nun die Gattung im Sinne des Schuldrechtes durch die (weitere oder engere) Gesamtheit der Objekte gebildet wird, welche die von den Parteien für maßgebend erklärten, weniger oder mehr spezialisierten Eigenschaften an sich tragen, so ergibt sich aus dem Gesagten, daß die Gattung, absolut betrachtet, sehr verschiedenen Umfang haben kann. Sie kann jede Zahl von Objekten umfassen, von der größten bis zu der geringsten, ja sogar bis zur Einzahl herab. Gibt es also, wie vorhin dargelegt, keinen Übergang von der noch so beschränkten Gattungsschuld zu der Speziesschuld, so kann es innerhalb der ersten eine Unmenge von Abstufungen geben, von der weitesten bis zur engsten Gattung herab. Aber alle diese Verschiedenheiten sind rein quantitative. Überall, auch bei der kleinsten Gattung, bleibt die Schuld ihrer rechtlichen Natur nach eine gattungsmäßige. Denn überall ist das Erfüllungsobjekt nicht individuell, sondern nach Artmerkmalen bezeichnet. Jedes der mehr oder minder zahlreichen Objekte der durch diese Artmerkmale charakterisierten Gattung ist mithin zur Erfüllung geeignet: eines kann durch das andere vertreten werden. Es ist sogar begrifflich nicht ausgeschlossen, daß die Gattung, aus welcher die Leistung erfolgen soll, aus einem einzigen Objekt besteht. Trotzdem ist eine Gattungsschuld gegeben, wofern nur das Schuldobjekt nicht als Individuum, sondern als Träger gewisser Artmerkmale bezeichnet worden ist.

Wir gewinnen damit das Ergebnis: für die Annahme einer Spezies- oder Gattungsschuld ist nicht die kleinere oder größere Anzahl der zur Erfüllung geeigneten Objekte maßgebend. Trotz ihrer großen Zahl kann eine Speziesschuld, trotz ihrer kleinen Anzahl eine Gattungsschuld gegeben sein. Vielmehr ist entscheidend, ob das Erfüllungsobjekt als ein individuelles, von anderen Objekten gleicher Art herausgehobenes geschuldet oder aber, ob es nur in der Weise bezeichnet ist, daß es bestimmte Artmerkmale aufweist.

2. Ist mithin das Prinzip der Abgrenzung klar und einfach, so kann doch die faktische Durchführung im Einzelfall gewisse Schwierigkeiten verursachen. Namentlich sind folgende Grenzfälle hervorzuheben.

a) Einerseits kann es sein, daß der Gegenstand einer Schuld (sei es im gegenwärtigen Zeitpunkt, sei es den Vertragsparteien) nicht individuell vorstellbar ist, daß er aber durch Merkmale bezeichnet wird, die sich nur einmal und nur bei einem Objekt verwirklicht haben können oder in Zukunft verwirklichen werden. Hier liegt dann eine Speziesschuld vor, obgleich Gegenstand derselben eine Sache ist, welche die Parteien als Individuum nicht wahrgenommen haben, vielleicht gar nicht wahrnehmen können. Es ist zwar für den Schuldgegenstand eine Eigenschaft maßgebend, von welcher zunächst nicht bekannt ist, welchem individuellen Träger sie zukommt; Schuldobjekt aber soll das (einzige) Objekt sein, bei welchem diese Eigenschaft gegeben ist oder sein wird. Dieser Gegenstand ist um deswillen unersetzbar, weil nach der Art seiner Bestimmung kein anderes die gleiche Eigenschaft haben kann. So ist es beispielsweise, wenn geschuldet ist das erste Füllen, das eine bestimmte Stute werfen wird[7]; das Messer, mit welchem ein bestimmtes Verbrechen begangen worden ist[8]; die erste reife Frucht, die ein Baum produzieren wird[9]; die Feder, mit welcher ein Werk geschrieben, ein Friedensschluß unterzeichnet worden ist; die erste Marke einer neu herausgegebenen Serie; das letzte Hemd eines bestimmten zum Tode verurteilten Menschen. In allen diesen Fällen wird das Schuldobjekt zwar nicht auf die gewöhnliche Art durch ein in ihm selbst liegendes Individualisierungsmerkmal gekennzeichnet (nicht dieses anwesende Füllen, nicht dieses gegenwärtige Messer ist versprochen), sondern durch eine außerhalb desselben liegende Beziehung oder durch eine Beziehung, die sich nur einmal und nur bei einem einzigen Objekt verwirklichen kann. Dieses ist dann Gegenstand einer Speziesschuld, weil es durch kein anderes ersetzt werden kann.

Daraus entnehmen wir den Satz: zum Begriff der Speziesschuld gehört nicht die individuelle Vorstellbarkeit ihres Gegenstandes.

---

[7] Anders, wenn ein Füllen dieser Stute versprochen wird.

[8] Anders, wenn ein Mordinstrument geliefert werden soll.

[9] Gegensatz: irgendeine Frucht dieses Baumes.

Vielmehr genügt jedes andere Individualisierungsmerkmal, welches nach der Vorstellung der Partei nur auf ein bestimmtes Objekt zutreffen kann, das eben deshalb als geschuldet anzusehen ist[10].

b) Andererseits ist es auch bei der Gattungsschuld nicht nötig, daß die Gesamtheit der Objekte als eine Gattung, als eine Art, als eine Sorte im vulgären Sinne sich darstelle. Zwar wird dies in aller Regel zutreffen. Wenn eine bestimmte Quantität Getreide, Wein, Kohle, Zigarren, Eier, Eisen, Tuch usw. geschuldet ist, so sind die Erfüllungsobjekte durch Artmerkmale im eigentlichen Sinne charakterisiert. Man kann sagen, daß die Menge des Getreides, Eisens, Weines usw., dem die bezeichneten Eigenschaften innewohnen, für sich genommen, auch im Sinne der Sprache und des Lebens eine Gattung bildet. Und zwar wird hier die Zugehörigkeit zur Gattung lediglich nach Artmerkmalen bestimmt. Es fehlt bei der Artbestimmung an jedem individuellen Moment. Allein nötig ist dies nicht. Vielmehr ist es durchaus möglich, daß die für die Gattung charakteristischen Merkmale sich gar nicht nach den inneren Eigenschaften der zu ihr gehörigen Objekte (z. B. nicht nach der Qualität der

---

[10] Hierher gehört auch das Beispiel Dernburgs in Pand. 5. Aufl. Bd. 2 S. 75 Anm. 11 § 25: Verkauf „derjenigen meiner Kühe, welche einen weißen Flecken am Halse hat". Natürlich entsteht hier eine Speziesschuld; aber das widerspricht wohl nicht, wie Dernburg meint, den Ausführungen des von ihm bekämpften Windscheid. — Nicht individuelle Merkmale werden zur Bezeichnung einer species meist dann verwendet werden, wenn die Verpflichtung eine künftige species betrifft. Daß im übrigen der Gegensatz der Gegenwart und Zukunft für die Abgrenzung zwischen Gattungs- und Speziesschuld unerheblich ist, wird mit Recht ausgeführt von Ihering in seinen Jahrbüchern Bd. 4 S. 409.

Kohle, des Weines, des Getreides), sondern nach gewissen individuellen Beziehungen bestimmen soll. Geschuldet ist eine Sache (oder Sachmehrheit), die zu einem bestimmten individuellen Vorgang, Zustand, Menschen, Ding in einer näher bezeichneten Beziehung steht. Hier wird vielfach der Sprachgebrauch des Lebens nicht mehr von einer Gattung sprechen. Und doch unterliegt es keinem Zweifel, daß im Sinne des Rechts eine reine Gattungsschuld anzunehmen ist. Denn geschuldet ist hier nicht ein individuelles Stück, sondern irgendeines der vielleicht zahlreichen Stücke, bei denen die angegebene (allerdings individuelle) Beziehung obwaltet. Jedes von ihnen kann zum Zweck der Erfüllung durch das andere vertreten werden.

Die Momente nun, nach denen sich solche individuellen Beziehungen richten, lassen sich in der mannigfaltigsten Weise denken. Sie können sein historische Vorgänge: verkauft wird eine (irgendeine) Bombe, die in einem bestimmten Kriege verschossen worden ist; ein Stück (irgendeines) des durch eine Katastrophe geschaffenen Trümmerfeldes. Nicht selten wird es sich um Beziehungen zu einer bestimmten Person handeln: so, wenn jemand ein Strumpfband (irgendeines) einer bestimmten berühmten Tänzerin, oder eine Locke (irgendeine) eines berühmten Komponisten, oder eine (irgendeine) Feder eines berühmten Schriftstellers sich versprechen läßt, irgendeine Zeichnung eines Meisters, irgendein Autogramm eines Staatsmannes usw. In allen diesen Fällen liegt die maßgebende Eigenschaft nicht in dem versprochenen Objekt selbst, sondern in einer individuellen Beziehung desselben. Der gewöhnliche Sprachgebrauch redet hier nicht mehr von einer Gattung: das

Haupthaar eines Virtuosen ist ebensowenig eine „Gattung", wie die Gesamtproduktion eines Künstlers. Und doch ist unbestreitbar eine Gattungsschuld vorhanden. Denn das Erfüllungsobjekt soll aus einer größeren Menge von Objekten gleicher Art entnommen und ausgeschieden werden. Jedes von ihnen ist geeignetes Erfüllungsobjekt und kann durch ein anderes mit der gleichen individuellen Beziehung ersetzt werden: jede Locke des Künstlers, jede Zeichnung des Meisters kann zur Tilgung der Schuld geleistet werden[11].

Besonders häufig wird natürlich die Beziehung zu einer bestimmten Produktionsquelle, zu einem bestimmten Unternehmen oder einer bestimmten Einzelsache sein. So wenn ich eine bestimmte Quantität Waren aus der Fabrik X, Kohlen aus dem Bergwerk Y oder Wein aus dem Gut Z mir versprechen lasse. Ob der gewöhnliche Sprachgebrauch die diesjährige Ernte des Weingutes Z oder die gesamte Kohle der Grube Y noch eine Gattung nennen wird, kann zweifelhaft sein. Sicher aber ist, daß wir es in den angegebenen Fällen mit einer Gattungsschuld zu tun haben. Die einzelnen Objekte nämlich, mit denen schließlich erfüllt werden wird (die Fabrikate, die Kohlenstücke, die Flaschen Wein), sind ungewiß und müssen erst aus einem größeren Komplex gleichartiger Stücke ausgeschieden werden. Alle Bestandteile dieses Komplexes aber sind im Sinne des Schuldverhältnisses gleichartig: eines kann ebensogut wie das andere zur Leistung verwendet werden. Die Stücke selbst sind nicht individuell bestimmt, wohl aber

[11] Anders natürlich, wenn eine schon individualisierte Locke, wenn ein bestimmtes Gemälde von einem Sammler an den anderen verkauft wird.

ist die Gesamtheit, aus welcher sie entnommen werden, ihrerseits durch individuelle Merkmale gekennzeichnet[12]. Der letztere Umstand aber ändert nichts an dem Vorliegen der Gattungsverbindlichkeit.

Daraus ergibt sich die weitere Folgerung: für den Begriff der Gattungsschuld ist es unerheblich, nach welchen Merkmalen die Gattung bezeichnet ist, aus der die Leistung erfolgen soll, ob nach Artmerkmalen oder individuellen Merkmalen. Auch im letzteren Fall ist Gattungsschuld anzunehmen, wofern nur innerhalb des größeren Komplexes die einzelnen Bestandteile im Sinne der Schulderfüllung sich gegenseitig vertreten können.

---

[12] Zu beachten ist, daß der im Text soeben behandelte Fall noch nicht derjenige ist, der den spezielleren Gegenstand dieser Abhandlung bildet. Denn in den bisher betrachteten Fällen wird nicht ein (absolut oder relativ bestimmter) Teil eines individuellen Vorrats geschuldet, sondern eine Quantität von Sachen gewisser Herkunft: 1000 Tonnen Kohlen aus dem Bergwerk X bilden nicht einen Teil der Sache (im Gegensatz etwa zu 10 Tonnen aus einer bestimmten Schiffsladung); ebensowenig 100 Liter Wein aus einem bestimmten Weinberg (im Gegensatze zu 100 Litern aus dem Faß X).

§ 2.
Die Schuld einer ganzen Gattung.

Die bisherigen Ausführungen lassen erkennen, daß die Begriffe Gattung und Spezies durchaus relativ sind. Ob ein einzelnes Stück als Individuum oder als Gattungssache, ob ein Komplex von Stücken in der einen oder anderen Eigenschaft geschuldet ist, hängt allein von dem konkreten Rechtsverhältnis ab, insbesondere bei Vertragsobligationen von dem Willen der es begründenden Parteien. Danach kann sehr wohl eine Sache, die im Verkehr für gewöhnlich als vertretbar gilt, im besonderen Fall Gegenstand einer Speziesschuld sein. Wer sich im Korb der Fruchthändlerin einen besonders schönen Apfel aussucht und ihn kauft, schließt einen Spezieskauf, während die Händlerin dasselbe Stück vom Produzenten als Gattungssache, nämlich als einen der vielen Äpfel des gekauften Zentners erworben hat. Andererseits können Gegenstände, die in der Regel als Individuen geschuldet sind, nach Lage des besonderen Falles gattungsmäßig geschuldet sein. So wenn jemand zur Vervollständigung seiner Sammlung ein Werk (irgendein Werk) eines bestimmten Malers sich versprechen läßt.

I. Die gleiche Relativität zeigt sich, wenn wir von der Gesamtheit ausgehen. Es kann nämlich eine Sachmehrheit, die im Verhältnis zu den einzelnen Bestandteilen als Gattung erscheinen würde, ihrerseits als ein Ganzes den Gegenstand eines Schuldverhältnisses bilden. Alsdann handelt es sich nicht um eine Gattungsschuld, sondern, so auffallend dies auf den ersten Blick erscheint, um eine Speziesschuld. Man nehme folgende Fälle. Ein Briefmarkenhändler kauft von einer Staatsdruckerei eine ganze Ausgabe mit einem Druckfehler behafteter Briefmarken. Eine Großbank läßt sich die ganze Emission der von einer Gesellschaft ausgegebenen neuen Aktien versprechen. Der Händler kauft die ganze Ernte eines Obst- oder Weingutes an. Ein Schriftsteller kauft die ganze Auflage seines Werkes auf, um es aus dem Verkehr zu ziehen [1].

Überall ist zwar eine Gesamtheit von Sachen zu leisten, die, einzeln genommen, den Gegenstand von Gattungsschulden bilden würden (Aktien, Briefmarken, Quantitäten Obst oder Wein). Im besonderen Fall aber fehlt es gerade an dem charakteristischen Merkmal der Gattungsschuld, daß nämlich die einzelnen Objekte aus einem größeren Komplex gleichartiger Sachen entnommen werden, und daß innerhalb dieses Komplexes die einen durch die anderen vertreten werden können. Einerseits nämlich kann, da die ganze Gattung geschuldet ist, von einer Ausscheidung der Leistungsobjekte aus derselben keine Rede sein. Und da andererseits alle Objekte, die zu ihr gehören, geliefert werden müssen,

---

[1] Angesichts dieser Beispiele, die sich leicht vermehren ließen, erscheint die Behauptung Oertmans, Kommentar der Schuldverhältnisse 3./4. Aufl. 1 a (S. 19), daß ein Versprechen der ganzen Gattung „natürlich nur theoretisch bedeutsam“ sei, doch wohl nicht ganz zutreffend.

so ist eine Vertauschung derselben untereinander undenkbar: Schuldner hat nicht die Wahl, ob er diese oder jene Sachen aus der Gattung leisten will, sondern er muß sie eben alle verschaffen.

Auf eine Schuld der angegebenen Art kann denn auch nicht eine einzige der Bestimmungen unseres Gesetzes über die Gattungsschuld Anwendung finden. Der Satz, daß Sachen mittlerer Art und Güte zu leisten sind (§ 243), oder Sachen, die den Verhältnissen des Bedachten entsprechen (§ 2155 BGB.), hat keinen Sinn, weil eben die Art der Sachen durch die Angabe der Gattung genau bestimmt ist. Die auf die Konzentration bezüglichen Vorschriften (§ 243 Abs. 1 BGB.) bleiben um deswillen außer Betracht, weil eine Ausscheidung aus einem größeren Komplex nicht erfolgt. Aus dem gleichen Grunde kommen die damit zusammenhängenden Vorschriften über die Gefahrtragung bei Annahmeverzug nicht in Betracht (§ 300 BGB.). Und im Falle der Fehlerhaftigkeit der entgeltlich gelieferten Gegenstände kann eine Nachlieferung fehlerfreier Objekte aus derselben Gattung (§ 480 BGB.) natürlich nicht verlangt werden, da die Gattung durch die geleisteten Objekte eben erschöpft ist. So werden wir nicht nur durch begriffliche Gründe, sondern auch durch die Betrachtung unseres positiven Rechtes unabweislich zu dem vorhin aufgestellten Satze gedrängt: Die Schuld einer gesamten Gattung ist eine Speziesschuld[2].

---

[2] Schon früher hatte Ihering in seinen Jahrbüchern Bd. 4 S. 394, 400 hervorgehoben, daß die Gattung in ihrer Totalität eine species bildet. Ebenso Bekker in Jahrb. des gem. deutsch. R. Bd. 5 namentlich S. 363: „Aller Weizen, alles Öl, alles Gold, alle Pferde der ganzen Welt bilden auch ein certum oder

Gegen diese Auffassung könnte man nun den Einwand erheben, der eben behandelte Fall unterscheide sich von sonstigen Fällen einer Gattungsschuld nicht begrifflich, sondern nur durch die Zahl der geschuldeten Objekte. Zwar würde nicht nur eine bestimmte Quantität aus der Gattung, sondern es würden alle dazu gehörigen Gegenstände versprochen; aber diese Gegenstände seien eben nicht individuell, sondern durch Artmerkmale bestimmt (Aktien der bestimmten Gesellschaft, Freimarken von näher bezeichneter Eigenschaft usw.). Zwischen dem Falle, daß nur einzelne oder viele Stücke der betreffenden Gattung, und dem Falle, daß sämtliche Stücke geschuldet seien, bestehe nicht ein qualitativer, sondern nur ein quantitativer Unterschied. Also liege auch im letzteren Fall eine Gattungsschuld vor.

---

eine species." Verschieden sei nur die Kenntnis der Parteien von dem Umfang; allein dies sei ein rein äußerlicher Unterschied. (Gegen diese Ausführung bemerkt Goldschmidt, Handelsrecht Bd. 2 S. 17 Anm. 13a, sie wäre nur richtig, wenn aller Weizen usw. als ein greifbares Ding vorhanden und vorgestellt wäre, anders nicht.) — Für das geltende Recht zutreffend Kuhlenbeck bei Staudinger 3./4. Aufl. § 243 Ziff. 4 S. 18; ebenso H. A. Fischer in Iher. Jahrbüchern 51 S. 168. Anders dagegen Oertmann zu § 243, 1a (3./4. Aufl. S. 19): „Dagegen spricht, daß die Abgrenzung dessen, was Leistungsgegenstand ist, auch bei einer auf eine Gattung gerichteten Schuld offenbar nur nach Gattungsmerkmalen vollzogen werden kann." Allein, zum Begriff der Speziesschuld gehört, wie im Text gezeigt wurde, keineswegs die individuelle Bezeichnung des Leistungsobjektes (Beispiel: der erste Apfel, der am Baum X wachsen wird); wie auch umgekehrt die Gattungsschuld durch individuelle Bezeichnung der Gattung nicht ausgeschlossen wird. — Daß die Schuld der Gesamtproduktion eines Guts oder Betriebs keine Gattungsschuld ist, wird mit Recht angenommen von OLG. Breslau 25. Juni 1903 im Recht 1903 S. 359; ebenso von Goldschmidt in seinem Handelsrecht 2. Aufl. Bd. 2 S. 17 Anm. 15. Unzutreffend dagegen die Entscheidung RG. 9. Februar 01 in JW. S. 209 Nr. 10.

Allein eine solche Argumentation wäre logisch verfehlt. Gewiß ist es richtig, daß auch in unserem Falle nicht die Gattung als solche das Schuldobjekt ist, wie bisher durch einen einfachen, aber nicht einwandfreien Ausdruck angedeutet zu werden schien. Vielmehr sind Schuldgegenstände die einzelnen zu der Gattung gehörigen Sachen. Gerade daraus aber, daß sie alle zu leisten sind, ergibt sich die Besonderheit unseres Falles. Sobald nämlich nicht nur eine (sei es noch so große) Quantität von Gattungsobjekten, sondern sämtliche durch ein bestimmtes Merkmal gekennzeichneten Objekte geschuldet sind, entfällt gerade das für die Gattungsschuld charakteristische Moment, daß die zu leistenden Sachen aus einem größeren Komplex auszuscheiden und daß sie innerhalb desselben wechselseitig vertretbar sind. Der Umstand, daß sie alle Schuldgegenstand geworden sind, bewirkt gerade, daß eine Aussonderung des Objektes aus vielen, eine Vertretung des einen durch das andere begrifflich ausgeschlossen ist. Von jedem einzelnen zu der Gattung gehörigen Stück (und mögen diese noch so zahlreich sein) läßt sich ohne weiteres sagen, daß gerade dieses Stück neben vielen anderen geschuldet ist. Es kann nicht etwa durch ein anderes ersetzt werden, und zwar aus dem Grunde nicht, weil ja auch dieses andere von vornherein mit geschuldet ist. Von jedem einzelnen Gegenstand der Gattung steht schon jetzt fest, daß es nicht zufällig (infolge der Ausscheidung aus der größeren Masse), sondern daß es notwendig Erfüllungsobjekt ist. Der Fall ist juristisch nicht anders aufzufassen, wie wenn man schon jetzt alle Stücke der Gattung übersehen könnte, und wie wenn man bei Abschluß des Vertrags jedes von ihnen individuell genannt hätte. Sobald also das Schuldverhältnis nicht bloß einen Teil, sondern die Totalität der Gattungsobjekte ergreift, haben wir es in der Tat nicht mehr bloß mit einem quantitativen, sondern mit einem recht erheblichen qualitativen Unterschied zu tun. Denn durch diese Gestaltung des Schuldverhältnisses wird jedes Stück der gesamten Gattung zu einem individuell, nicht mehr gattungsmäßig geschuldeten.

II. Nun läßt sich freilich nicht leugnen, daß der hier behandelte Fall gegenüber dem Normalfall der Speziesschuld gewisse Eigentümlichkeiten zeigt. Von jeder derselben läßt sich indessen nachweisen, daß sie das Wesen der Speziesschuld nicht berührt, und auch bei sonstigen Fällen einer solchen vorkommen kann.

1. Zunächst ist darauf hinzuweisen, daß hier nicht bloß eine Einzelsache versprochen ist, sondern eine Mehrheit von Sachen. Allein dadurch wird die Annahme einer Speziesschuld ebensowenig ausgeschlossen, wie wenn etwa ein Sachinbegriff, eine Sachgesamtheit im engeren Sinne geschuldet ist, z. B. ein Warenlager, eine Bibliothek, eine Herde, eine Sammlung usw. Ein Unterschied unseres Falles gegenüber demjenigen der Schuld eines Sachinbegriffs liegt allerdings darin, daß die zu dem letzteren gehörigen Objekte ihrer Natur nach keineswegs gleichartig zu sein brauchen (man denke an ein Mobiliar), und daß der ihrer Vereinigung zugrunde liegende Gesichtspunkt ein höchst verschiedenartiger sein kann, z. B. ein wirtschaftlicher, ein künstlerischer, ein wissenschaftlicher Zweck. Bei der Schuld einer ganzen „Gattung“ dagegen sind die einzelnen Objekte unter sich gleichartig, weil sie eben durch ein

bestimmtes gleiches Gattungsmerkmal charakterisiert sind, und gerade diese Artgleichheit ist es, welche unter ihnen das einigende Band schlingt.

2. Sodann ist es bei unserem Falle möglich, daß der Umfang der versprochenen Gesamtheit, die Zahl der zu ihr gehörigen Objekte gegenwärtig nicht übersehbar ist. Allein einmal ist dies auch bei der Schuld einer Gattung nicht immer der Fall: es kann sein, daß die Zahl der ausgegebenen Stücke einer im ganzen gekauften Aktienemission oder der gedruckten fehlerhaften Briefmarken genau feststeht. Aber auch, wenn dies nicht zutrifft, wie z. B. bei der Ernte eines Obstgartens oder beim Ertrag eines Weinguts, steht dieser Umstand der Annahme einer Gattungsschuld ebensowenig im Wege, wie dies etwa bei sonstigen Gesamtheiten zutrifft. Auch beim Verkauf einer Erbschaft ist es denkbar, daß die Parteien gegenwärtig den Umfang derselben und die einzelnen zu ihr gehörigen Stücke nicht übersehen können. Trotzdem haben wir es dort ohne Zweifel mit einer Speziesschuld zu tun.

3. Des weiteren ist eine Eigentümlichkeit unseres Falles die, daß die geschuldeten Einzelstücke nicht durch rein individuelle (aus ihnen selbst entnommene) Eigenschaften, sondern durch außerhalb ihrer selbst liegende Merkmale gekennzeichnet werden. Die geschuldeten Objekte werden nicht gesondert und jedes für sich angegeben (diese Aktie, jene Marke), sondern durch Nennung einer ihnen beiwohnenden Eigenschaft: Aktien aus dieser Emission, Briefmarken dieser Ausgabe. Aber eine ähnliche Erscheinung ist auch bei sonstigen Gesamtheiten möglich. Wenn ich die „Bibliothek X“ kaufe, so habe ich ebenfalls die Objekte

meines Kaufvertrages, nämlich die einzelnen Bücher, durch ein Merkmal bezeichnet, welches nicht aus ihnen selbst entnommen ist, sondern von außen an sie herantritt, nämlich durch ihre Zugehörigkeit zu einem größeren Ganzen. Jedes Buch ist mitgekauft, welches die Eigenschaft hat, Bestandteil der Bibliothek X zu sein: gleichgültig im übrigen, welches der Inhalt, die Beschaffenheit, die Größe, die Form, der Verfasser des Buches ist. Daß aber auch in jenem Fall eine Speziesschuld anzunehmen ist, kann füglich nicht bezweifelt werden. Ja sogar bei einer auf ein einziges Objekt beschränkten Speziesschuld kann es, wie wir früher (S. 16) dargelegt haben, sehr wohl vorkommen, daß der Schuldgegenstand durch eine bestimmte, außerhalb seiner selbst liegende Beziehung gekennzeichnet worden ist, ohne daß darum die Schuld aufhört, auf einen individuellen Gegenstand gerichtet zu sein. Beispiel: das erste Blatt einer bebestimmten Briefmarkenausgabe.

Nicht anders ist es in unserem Fall der Schuld einer gesamten Gattung; nur daß hier jedes Schuld- und Erfüllungsobjekt auf diese Weise charakterisiert ist. Ob nun jene Art der Individualisierung nur bei einem oder bei vielen (sogar bei unbestimmt vielen) Objekten vorgenommen wird, muß begrifflich unerheblich sein. Es kann doch keinen rechtlichen Unterschied machen, ob ich das Schuldobjekt formell als das „erste, zweite, dritte (und jedes folgende) Blatt“ einer Briefmarkenausgabe oder als „die Gesamtheit aller Blätter“ derselben bezeichne; ob ich zu kaufen erkläre „die Nummern 1001, 1002, 1003 (und jede folgende bis 1100)“ oder aber „die ganze Emission“. Demgemäß haben wir es auch bei der letzteren Formulierung trotz Verwendung von

Artmerkmalen aus den früher angegebenen Gründen mit einer Speziesschuld zu tun.

4. Sodann ist noch folgender Punkt hervorzuheben. Beim Schuldverhältnis über eine ganze Gattung hat in der Regel die Vollständigkeit der Leistung für den Gläubiger ein besonderes Interesse. Wenn er sich nicht nur eine bestimmte, noch so große Anzahl von Objekten der betreffenden Gattung versprechen läßt, dann deutet dies eben darauf hin, daß der Erwerb der gesamten Gattung, d. h. genauer aller zu ihr gehöriger Objekte, für ihn von besonderem Wert ist. Das hierfür maßgebende Motiv kann sehr verschieden sein. Vielleicht will der Gläubiger den Preis bestimmter Objekte festsetzen können, was er nur als alleiniger Inhaber derselben vermag (Aktienkauf, Aufkauf aller Waren von bestimmter Herkunft). Vielleicht treibt ihn ein Liebhaberinteresse (Kauf aller Gemälde eines bestimmten Meisters). Vielleicht auch die Rücksicht auf bereits eingegangene anderweitige Verpflichtungen: er hat sich etwa schon zur Weiterlieferung aller zu erwerbender Gattungsobjekte verpflichtet. Vielleicht legt er Wert darauf, daß kein einziges Stück der Gattung in den Verkehr kommt: so, wenn ein Autor den Rest einer Auflage seines Werkes aufkauft, um ihn einstampfen zu lassen. Welches nun aber auch das treibende Motiv sein mag, in jedem Fall zeigt sich der Umstand, daß auf die Totalität der Gattung Gewicht gelegt wird, auch von rechtlicher Erheblichkeit. Wenn nämlich dem Gläubiger einzelne der zur Gattung gehörigen (noch existierenden) Gegenstände nicht geliefert werden, so kann er nach Lage des Falles die übrigen zurückweisen, mögen diese noch so zahlreich sein. Die

(dem äußeren Anschein nach) teilweise Erfüllung, die für den Gläubiger kein Interesse hat, ist in Wahrheit keine Erfüllung. Ein noch so erheblicher Teil der Gattung ist eben nicht die Gattung. Der Gläubiger hat bei dem vorausgesetzten Tatbestande unter Umständen die Rechte, die ihm bei vollständiger Unmöglichkeit der Erfüllung oder bei Verzug mit der ganzen Leistung zustehen.

Diese Erscheinung ist aber nichts unserem Fall Eigentümliches. Sie kann ebensogut bei anderen, ganz unzweifelhaften Fällen der Speziesschuld vorkommen. Nicht selten wird sie bei Sachinbegriffen sich zeigen, bei denen der verfolgte Zweck die restlose Vollständigkeit der Leistung erheischt. Wenn ich vier individuell bezeichnete Pferde zu dem vertragsmäßigen Zweck kaufe, um mir daraus ein Viergespann zu bilden, so kann ich bekanntlich bei Nichtleistung eines von ihnen die drei übrigen verweigern. Sogar bei einer geschuldeten Einzelsache ist eine Unteilbarkeit in dem angegebenen Sinne denkbar. Habe ich ein bestimmtes Grundstück von 400 qm gekauft, um mir ein Haus von dieser Grundfläche zu errichten, so ist mir mit Lieferung des halben Grundstücks (von 200 qm) nicht gedient; auch hier ist teilweise Leistung einer Nichtleistung gleichzuachten.

5. Eine weitere Eigentümlichkeit der Schuld einer ganzen Gattung ist die, daß ihr Umfang wechseln kann. Habe ich die gesamte Produktion eines Malers gekauft, so wird mit jedem weiteren Werk des Künstlers die Gattung eine größere; umgekehrt wird sie geringer durch jeden Umstand, der ein einzelnes Gattungsobjekt vernichtet. Ist sie gar bei Vertragsschluß noch nicht existent, so ist ihr Umfang jetzt noch ungewiß und von

der größeren oder geringeren Anzahl der entstehenden Objekte abhängig: so z. B., wenn die künftige Ernte eines Weingutes verkauft wird. Auch dieser Umstand spricht nicht gegen die Annahme einer Gattungsschuld. Die gleiche Erscheinung ist bei unzweifelhaften Speziesschulden, wenn auch seltener, so doch keineswegs ausgeschlossen. Sie kehrt insbesondere auch bei Rechtsgeschäften über Sachgesamtheiten wieder. Wenn ich eine individuelle Gemäldesammlung oder ein Warenlager oder eine Bibliothek kaufe, so ist es sehr wohl denkbar, daß zwischen Geschäftsabschluß und Lieferung einzelne Stücke der Gesamtheit untergehen. Auch dort wechselt also der Umfang der Gesamtheit, die Zahl der zu ihr gehörigen Gegenstände, ohne daß darum die Schuld aufhörte, eine individuelle zu sein.

6. Mit dem eben Gesagten hängt aufs engste zusammen die Behandlung der Unmöglichkeit der Erfüllung bei der Schuld einer ganzen Gattung. Geht die ganze Gattung vor der Lieferung unter, so ist kein Zweifel, daß eine vollständige Unmöglichkeit der Leistung anzunehmen ist: es treten nach Lage des Falles die Folgen der vom Schuldner zu vertretenden oder der nicht zu vertretenden Unmöglichkeit ein.

Etwas verwickelter ist die Behandlung des Falles, daß vor der Lieferung ein Teil der Gattungsobjekte untergeht. Zunächst ist klar, daß nur mehr die übrigen geschuldet sind. Fraglich ist nur, ob wir es mit einer teilweisen Unmöglichkeit der Erfüllung zu tun haben oder nicht. Man könnte geneigt sein, diese Frage ohne weiteres zu verneinen, indem man etwa folgendermaßen argumentierte. Schuldobjekt ist die Gesamtheit der Gattungsstücke; diese aber kann, solange es überhaupt eine Gattung gibt, noch immer geliefert werden; dem Gläubiger wird noch immer die Gattung verschafft, mag sie nun eine größere oder geringere Anzahl von Objekten umfassen; also ist noch immer die Leistung möglich, und zwar vollständig möglich. Allein bei genauerem Zusehen erweist sich diese Auffassung als unrichtig oder doch mindestens ungenau. Das Versprechen der Gattung hat nämlich, was den Umfang derselben betrifft, nicht überall die gleiche Bedeutung. Die Absicht der Parteien kann gerichtet sein entweder auf die Gesamtheit der Objekte, die jetzt (im Momente des Geschäftsabschlusses) zur Gattung gehören. Oder aber sie kann sich von vornherein beschränken auf diejenigen Gegenstände, die in einem späteren Moment, sei es in demjenigen der Erfüllung, sei es in irgendeinem anderen Zeitpunkt (z. B. in demjenigen des Ablebens einer Person, in demjenigen der Aberntung eines Grundstücks) vorhanden sein werden. In dem ersten Fall waren die Gattungsobjekte, die bei Geschäftsabschluß noch bestanden, aber später untergingen, Schuldgegenstand geworden. Wenn sie also nachträglich vernichtet werden, so liegt in der Tat eine Unmöglichkeit der Erfüllung vor, die in der Regel eine teilweise sein wird, ausnahmsweise aber, wenn es dem Gläubiger für den von ihm verfolgten Vertragszweck auf den Besitz aller bei Vertragsschluß vorgesehenen Stücke wesentlich ankam, einer völligen gleichzubehandeln ist. In dem zweiten Fall dagegen sind, da nur die in einem bestimmten späteren Zeitpunkt vorhandenen Stücke zu liefern sind, die bis dahin ausgeschiedenen Bestandteile niemals geschuldet gewesen. Ihr Untergang vermindert nicht eine bisher geschuldete größere Masse, sondern stellt fest, daß von vornherein eine geringere

Masse Gegenstand des Schuldverhältnisses war. Habe ich mir beispielsweise die gesamte Produktion versprechen lassen, die ein Künstler im Moment seines Todes hinterlassen wird, so sind mir nur diejenigen Stücke geschuldet, die in dem angegebenen Zeitpunkt noch vorhanden sind; vorher untergegangene Werke sind mir überhaupt keinen Moment geschuldet gewesen. Hier kann allerdings von einer teilweisen Unmöglichkeit keine Rede sein, wenn vor dem maßgebenden Moment einzelne Stücke untergehen. Vielmehr bleibt es bei solchem Tatbestand natürlich noch immer möglich, mir die Gesamtheit der im Todeszeitpunkt vorhandenen Werke zu liefern.

Der Unterschied der beiden geschilderten Tatbestände erweist sich auch praktisch als sehr erheblich. Bei dem ersten (Kauf der gegenwärtigen Gattung) ist der Schuldner hinsichtlich aller jetzt existenten Gattungsobjekte zur Lieferung, also auch zur Fürsorge verpflichtet: fahrlässige oder gar vorsätzliche Vernichtung oder Schädigung derselben macht ihn nach allgemeinen Grundsätzen haftbar. Er hat die Verminderung der Gattung zu vertreten, wenn sie nicht zufällig eintritt (wobei es, beiläufig bemerkt, gleichgültig ist, wie die Gegenleistung bemessen ist, ob sie, was der Regel entsprechen dürfte, schon jetzt festbestimmt oder aber von der vielleicht noch zu ermittelnden Zahl der — gegenwärtigen! — Gattungsobjekte abhängen soll). Im zweiten Fall dagegen (Kauf der künftigen Gattung) kann es sehr wohl sein, wenn es auch nicht ohne Ausnahme gelten wird, daß nach dem Sinn des Vertrags der Schuldner für den geringeren Umfang der Gattung nicht haftbar gemacht werden kann, auch wenn derselbe auf seine Fahrlässigkeit oder gar auf seinen Vorsatz zurückzuführen ist. Letzteres wird namentlich zutreffen, wenn die Gegenleistung des Gläubigers nicht in einer festen Summe ausgedrückt wird, sondern auch ihrerseits von dem Umfang abhängen soll, den die Gattung in dem nach dem Vertrag festgesetzten Zeitpunkt haben wird. Wenn beispielsweise in dem vorher angegebenen Beispiel für die gesamte, beim Tod des Künstlers vorhandene Produktion nicht eine Gesamtsumme, sondern für jedes Werk eine Durchschnittssumme versprochen ist, so kann von einer Haftbarkeit des Künstlers für eine vorsätzliche oder fahrlässige Vernichtung einzelner Werke keine Rede sein. Wenn ferner die Ernte eines Weinguts, d. h. die Gesamtheit der im Moment der Ernte vorhandenen Trauben nicht für eine feste Summe, sondern für einen nach dem Gewicht der tatsächlich geernteten Trauben bemessenen Betrag angekauft wird, so ist der Verkäufer nicht haftbar, falls durch sein Verschulden die Höhe der Ernte beeinträchtigt wird. Dagegen würde im Zweifel die entgegengesetzte Behandlung eingreifen müssen, wenn die Gegenleistung nicht relativ, sondern absolut bestimmt wäre. Hier entspricht es dem Sinn des Schuldverhältnisses und der Absicht der Parteien, daß nicht der Schuldner durch ungünstige Einwirkung auf das Maß seiner Leistung den Gläubiger, dessen Gegenleistung die gleiche bleibt, wirtschaftlich schädigen soll.

Bei jedem der beiden Tatbestände aber — mag die ganze gegenwärtige oder die ganze spätere Gattung geschuldet sein — unterscheidet sich unser Fall in der Behandlung auf das allerschärfste von dem Fall, daß bei einer Gattungsschuld ein Teil der Gattung untergeht. Vergleichen wir diesen Fall zunächst mit dem ersten der vorhin angegebenen beiden Tatbestände. Der teilweise Untergang der Gattung hat bei der Genusschuld auf den Bestand der Obligation nicht den geringsten Einfluß, solange die versprochene Quantität noch immer aus der Gattung geliefert werden kann. Wenn ich aus der Gattung „belgische Nußkohlen" hundert Zentner verspreche, so können Tausende von Tonnen dieser Ware untergehen, ohne daß dadurch meine Lieferung unmöglich würde. Man kann nicht sagen, daß die von mir zu leistenden Objekte sich gerade unter den vernichteten befanden. Da nämlich mit den übriggebliebenen ebensogut erfüllt werden kann, so ist keine Unmöglichkeit der Leistung eingetreten, nicht einmal eine teilweise Unmöglichkeit. War dagegen die ganze gegenwärtige Gattung versprochen, und ist sie zum Teil untergegangen, so sind eben die vernichteten Stücke solche, die bereits geschuldet waren. Sie können nicht etwa durch die übriggebliebenen ersetzt werden, da diese ohnehin ebenfalls geleistet werden müssen. Es ist also zum mindesten eine teilweise Unmöglichkeit der Leistung gegeben.

Fassen wir aber den zweiten Tatbestand ins Auge, (daß nämlich geschuldet sein soll die ganze Gattung in dem Bestand eines bestimmten Zeitpunktes), so macht, wie früher (S. 31) dargelegt, der vorherige Untergang eines Teils der Gattungsobjekte die Leistung nicht unmöglich, auch nicht einmal zum Teil. Insofern zeigt der Fall gewisse Ähnlichkeiten mit demjenigen, daß bei der Genusschuld ein Teil der Gattung untergeht. Allein es besteht doch auch hier ein Unterschied. Der Grund für die fortdauernde Möglichkeit der Erfüllung liegt beim Versprechen der ganzen Restgattung darin, daß eben von vornherein nur das versprochen war, was übrigbleiben würde; bei der Gattungsschuld darin, daß immer noch Gattungsobjekte genug übrigbleiben, um aus ihnen die zugesagte Quantität zu entnehmen. Dort sind die untergegangenen Stücke unerheblich, weil nach dem Vertrag gerade von ihnen abgesehen werden sollte; hier sind sie es, weil sie durch die übrigbleibenden ersetzt werden können. Dort sind die vernichteten Objekte der Gattung juristisch Speziesstücke gewesen, die aber keinen Augenblick geschuldet waren, mit denen nicht erfüllt werden konnte. Hier sind sie Gattungsstücke gewesen, die zwar nicht individuell geschuldet waren, mit denen aber immerhin hätte erfüllt werden können. Dort sind alle übrigbleibenden Stücke der Gattung individuell geschuldet, von einer Auswahl und einer gegenseitigen Ersetzbarkeit derselben ist keine Rede; hier kann von keinem der noch vorhandenen Gattungsstücke gesagt werden, daß gerade mit ihm erfüllt werden wird; jedes ist so gut wie das andere zu dem angegebenen Zwecke tauglich; es hat also erst eine Ausscheidung stattzufinden. Dort bleibt die Leistung möglich, weil die Gattung (im Sinne des Vertrages) noch vollständig ist; hier bleibt sie möglich, weil die Gattung in der Regel noch groß genug ist. Wo letzteres ausnahmsweise nicht zutrifft, kann der Untergang eines Teils der Gattung allerdings auch auf den Umfang der Schuld einen Einfluß äußern. Sind aus einer Gattung, die tausend Stück umfaßte, fünfhundert geschuldet, und geht sie zu drei Vierteln unter, so brauchen nicht mehr fünfhundert, sondern nur noch zweihundertfünfzig Stück geliefert zu werden. Das Maß der Leistungspflicht hat sich vermindert. Daß alle die übrigbleibenden Stücke geleistet werden müssen, folgt dann aber nicht aus dem Willen der Parteien, sondern aus dem an sich anomalen und unerwünschten Zustand, daß die Gattung unter das Maß der versprochenen Quantität gesunken ist. Wäre dagegen eine Gattung, die momentan tausend Stück umfaßte, als Ganzes versprochen worden, aber in dem Umfang, den sie zu einem bestimmten späteren Moment haben wird, und würde sie bis zu diesem Zeitpunkt auf ein Viertel reduziert, so wären zwar ebenfalls die übrigbleibenden zweihundertfünfzig Stück geschuldet. Aber dieses Ergebnis würde auf dem Vertragswillen beruhen. Es könnte von einer Verminderung der Schuldgegenstände keine Rede sein; denn geschuldet wären von vornherein eben nur die verbleibenden Stücke. So gelangt man zum Ergebnis: Bei der Gattungsschuld *kann* der Untergang eines Teils der Gattung die Verbindlichkeit herabsetzen (wenn dies gleich in aller Regel — bei größeren Gattungen — nicht der Fall sein wird). Bei der Schuld einer Restgattung ist dies begrifflich unmöglich. Das Geschuldete ist von vornherein immer nur der Rest der Gattung, mag dieser durch irgendwelche Umstände auf ein noch so geringes Maß herabgesetzt werden.

7. Aus den bisherigen Ausführungen ergibt sich auch mit Leichtigkeit die Beantwortung der Frage, *inwiefern der Schuldner den teilweisen Untergang der Gattung zu vertreten hat.* Für den Fall der Schuld einer Restgattung ist die Frage schon in früherem Zusammenhang (oben S. 34) prinzipiell dahin beantwortet worden, daß die Haftung verneint werden muß, weil überhaupt von einer Unmöglichkeit der Leistung keine Rede sein kann. Wie verhält es sich aber, wenn die ganze *gegenwärtige* Gattung versprochen ist, und wenn vor der Lieferung einzelne dazu gehörige Stücke untergehen? Da diese Stücke, wie früher bewiesen, individuell geschuldet waren, so ist

der Fall nicht anders zu entscheiden, als auch sonst bei der Speziesschuld. Das heißt, es kommt darauf an, ob der Untergang der betreffenden Stücke vom Schuldner vorsätzlich oder fahrlässig verursacht, mit einem Worte verschuldet worden ist. Ist dies nicht der Fall, so hat er die entstandene (teilweise oder völlige) Unmöglichkeit nicht zu vertreten. Er kann zwar nach den allgemeinen Grundsätzen über zufällige Unmöglichkeit bei gegenseitigen Verträgen den Anspruch auf die Gegenleistung teilweise oder ganz verlieren; dagegen hat er keinen Schadenersatz zu leisten und nicht seitens des Gegners einen Rücktritt im technischen Sinne zu gewärtigen.

Daß diese Behandlung eintritt, ist ein weiterer Beweis dafür, daß wir es nicht mit einer Gattungsschuld zu tun haben. Bei dieser nämlich wird, wie vorhin ausgeführt, durch den Untergang eines Teiles der Gattung die Leistung aus dem Rest in der Regel nicht unmöglich. Wenn also der Schuldner noch so viele Gattungsstücke vorsätzlich oder auch fahrlässig vernichtet, so wird er dadurch, solange der Rest der Gattung noch zur Erfüllung ausreicht, dem Gläubiger nicht haftbar. Dieser behält nach wie vor seinen unverminderten Anspruch auf die Leistung der versprochenen Quantität aus der zwar verminderten, aber hierzu noch genügenden Gattung. Er hat den ursprünglichen Anspruch auf Erfüllung: von einem Recht zum Schadenersatz oder Rücktritt kann nicht die Rede sein. An ein solches Recht könnte nur in den seltenen Fällen gedacht sein, daß der Gattungsschuldner vorsätzlich oder fahrlässig die Gattung vollständig oder doch in solchem Maße vernichtet, daß nicht mehr aus dem Rest die volle geschuldete Quantität geliefert werden könnte. Abgesehen davon hat er den Untergang eines Teiles der Gattung niemals zu vertreten. Dies erklärt sich eben aus dem schon wiederholt betonten Umstand, daß bei der Gattungsschuld (im Gegensatz zur Schuld der Gattung) die untergegangenen Stücke nicht individuell geschuldet waren.

8. Endlich ergibt sich noch ein wichtiger Unterschied beider Fälle hinsichtlich der Frage, wieweit der Schuldner dafür haftbar ist, daß er die an sich vorhandenen Gattungsstücke sich nicht zu beschaffen vermag. Hat er die ganze (gegenwärtige oder spätere) Gattung versprochen, so schuldet er eben jedes Stück daraus als Individuum. Kann er sich dasselbe nicht verschaffen, so haftet er für sein Unvermögen nach denselben Grundsätzen, wie auch sonst im Fall einer Speziesschuld. Das heißt, es ist zu unterscheiden, ob dieses Unvermögen ein anfängliches, bei Eingehung des Schuldverhältnisses bestehendes oder aber ein nachträgliches ist. Im ersten Fall, der in aller Regel gegeben sein wird, hat nach der herrschenden und richtigen Ansicht der Schuldner sein Unvermögen (im Gegensatz zur anfänglichen objektiven Unmöglichkeit) zu vertreten. Dieser Satz ergibt sich dann (nicht etwa aus § 279 BGB., sondern per argumentum e contrario) aus § 306 BGB. Ist das Unvermögen ein nachträgliches, d. h. nach Begründung, aber vor Erfüllung der Schuld eingetreten, so kommt es wiederum darauf an, ob es verschuldet ist oder nicht. Im ersten Falle, der z. B. vorliegt, wenn sich der Schuldner durch Nachlässigkeit einzelne Bestandteile der Gattung entwenden läßt, hat der Verpflichtete das Unvermögen zu vertreten. Im zweiten Falle dagegen (einzelne Stücke der Gattung werden ihm ohne sein Verschulden gestohlen) wird er durch das nachträglich

eingetretene zufällige Unvermögen befreit: eine Haftung tritt hier nicht ein.

Anders verhält es sich bekanntlich bei der Gattungsschuld. Hier gilt der § 279 BGB., welcher vorschreibt: „Ist der geschuldete Gegenstand nur der Gattung nach bestimmt, so hat der Schuldner, solange die Leistung aus der Gattung möglich ist, sein Unvermögen zur Leistung auch dann zu vertreten, wenn ihm ein Verschulden nicht zur Last fällt.“ Daraus folgt: Kann sich der Schuldner aus irgendeinem Grund die an sich vorhandenen Leistungsobjekte, deren er zur Erfüllung bedarf, nicht verschaffen, so hat er dieses sein persönliches Unvermögen zu der objektiv möglichen Leistung zu vertreten; der Gläubiger soll hier die unbedingte Gewähr haben, daß er, solange die Gattung in ausreichendem Maße besteht, entweder die Leistung selbst oder doch deren Wert (als Schadenersatz) erhalten werde. Und zwar macht es hierfür keinen Unterschied, ob das Unvermögen von vornherein bestand oder erst nachträglich eintrat, und im zweiten Fall, ob es auf Fahrlässigkeit oder Vorsatz des Schuldners oder aber auf Zufall beruhte. Damit gelangen wir zu dem Gegensatz: bei der Gattungsschuld trägt der Schuldner die nachteiligen Folgen eines nachträglichen zufälligen Unvermögens zur Leistung; bei der Schuld einer Gattung trägt diesen Nachteil der Gläubiger. Auch dieser Unterschied erklärt sich in letzter Linie daraus, daß im ersten Fall ein Teil (irgendein Teil) der Gattungsobjekte, im zweiten die Totalität derselben geschuldet ist.

§ 3.

Die Schuld eines relativ bestimmten Gattungsteiles.

Wir wenden uns der Betrachtung des Falles zu, daß nicht die ganze Gattung, sondern ein Teil derselben Gegenstand des Schuldverhältnisses ist. Ist dieser Teil absolut bestimmt (zehn Stück einer bestimmten Briefmarkenausgabe, zehn Aktien einer bestimmten Emission, zehn Zeichnungen — irgendwelche — eines bestimmten Meisters, zehn Kilo Trauben eines bestimmten Weinguts), so liegt der typische Fall der Gattungsschuld vor. Wie aber, wenn ein relativ bestimmter Teil der Gattung versprochen wird (z. B. die Hälfte der Briefmarkenausgabe, der Aktienemission, der Gesamtproduktion eines Meisters, der Ernte eines Weinguts). Man könnte geneigt sein, hier eine Speziesschuld auf Grund der Erwägung anzunehmen, daß, was für die ganze Gattung gelte, auch für eine Quote derselben angenommen werden müsse. Diese Annahme wäre indessen unzutreffend.

Auch wenn der geschuldete Teil einer Gattung relativ bestimmt ist (als Hälfte, Drittel, Zehntel oder als irgendeine andere Quote), haben wir es mit einer Gattungsschuld zu tun. Denn es treffen alle Merkmale einer solchen zu. Zunächst läßt sich von keinem Stück der Gattung individuell sagen, daß gerade dieses geschuldet sei, daß es zu der Hälfte (oder sonstigen Quote) gehöre, die gerade zur Erfüllung verwendet werden wird. Bis zur Erfüllung kann jedes Stück noch durch ein anderes der gleichen Gattung ersetzt werden. Alle Bestandteile derselben sind auswechselbar und vertretbar. Der Schuldner kann die von ihm zu leistende Quote aus beliebigen Stücken bilden, die er innerhalb der Gattung auswählt. Es hat mithin, wie bei jeder anderen Gattungsschuld, eine Ausscheidung aus einem größeren Komplex zu erfolgen. Die zur Erfüllung bestimmten Stücke müssen aus der Gesamtheit der Gattung ausgeschieden werden. Endlich hat der Schuldner, der zur Beschaffung der noch vorhandenen Gattungsstücke außerstande ist, für sein Unvermögen auch dann einzustehen, wenn dasselbe von ihm nicht verschuldet ist. In allen diesen Beziehungen ist die Behandlung die gleiche wie bei der absolut bemessenen Gattungsschuld. Und in eben denselben Beziehungen unterscheidet sie sich von der Behandlung der Schuld einer ganzen Gattung. Ob mithin die Gattung in ihrer Totalität oder nur zu einer Quote versprochen wird, begründet nicht nur einen quantitativen, sondern einen qualitativen Unterschied. Die Schuld ist im ersten Fall eine individuelle: jedes Stück muß geleistet werden und ist also Erfüllungsobjekt geradeso, wie wenn es gesondert versprochen wäre. Im zweiten Fall ist sie eine generelle: es soll eine gewisse Anzahl von Gattungsobjekten geleistet werden: welche zu diesem Zweck ausgewählt werden, steht noch nicht fest.

Andererseits zeigt doch die auf eine Quote der Gattung gerichtete Schuld einige Besonderheiten gegenüber dem Fall der absolut bestimmten Gattungsschuld.

1. Zunächst kann ihr Umfang im gegenwärtigen Moment unbestimmt, vielleicht gar nicht einmal übersehbar sein. Dies ist zwar keineswegs immer der Fall; denn es gibt Gattungen, deren Größe sich genau fixieren läßt (eine Aktienemission, eine Briefmarkenausgabe u. dgl.); wenn ich mir beispielsweise die Hälfte einer notorisch aus tausend Stück bestehenden Aktienemission versprechen lasse, so ist der Umfang der Leistungspflicht genau ebenso bestimmt, wie wenn ich das Geschäft auf „fünfhundert Stück" gerichtet hätte. Aber auch wenn eine solche Bestimmtheit nicht gegeben ist, steht der Annahme einer Gattungsschuld nichts im Wege. Letztere ist auch nicht etwa wegen mangelnder Bestimmtheit unwirksam. Denn, ist auch die Leistung im gegenwärtigen Moment nicht bestimmt, so ist sie doch durch objektive Merkmale bestimmbar, oder sie wird es doch bis zum Moment der Erfüllung. Ihr Maß wird eben von der Anzahl der zur Gattung gehörigen Objekte abhängen. Läßt sich bis zum Moment der Erfüllung die letztere ermitteln, so ist auch die Schuld einer Hälfte (oder anderen Quote) der Gattung hinreichend bestimmt. Die tatsächliche Schwierigkeit der Feststellung ihres Umfanges bewirkt noch nicht die Ungültigkeit des Rechtsgeschäftes. Letztere wäre nur gegeben, wenn es überhaupt unmöglich wäre, den Umfang der Gattung zu bestimmen. Bei dieser Sachlage aber wird ein auf Lieferung eines relativ bestimmten Teils der Gattung gerichteter Vertrag praktisch kaum vorkommen.

2. Bei absolut bestimmter Anzahl der versprochenen Gattungsobjekte ist der Umfang der Leistungspflicht von dem Umstand unabhängig, ob nach Eingehung des Schuldverhältnisses die Gattung selbst größer oder

geringer wird. Ob der Meister, aus dessen Produktion ich mir zehn Stück versprechen lasse, nachträglich noch dreißig oder hundert anfertigt, ist für das Maß der mir geschuldeten Leistung unerheblich; sie beschränkt sich immer auf die ursprüngliche Anzahl von zehn Werken. Wie verhält es sich in dieser Beziehung mit der Schuld einer Gattungsquote? Hier muß die gleiche Unterscheidung gemacht werden, wie bei der Schuld einer gesamten Gattung.

Das Versprechen kann so gemeint sein, daß die Hälfte (oder sonstige Quote) des gegenwärtigen — feststehenden oder noch zu ermittelnden — Bestandes der Gattung geleistet werden soll. So wird der Vertrag zu verstehen sein, wenn die Hälfte einer Aktienemission oder einer Briefmarkenausgabe zum Schuldgegenstand gemacht wird. Alsdann bleibt das Maß der Schuld das gleiche, auch wenn nachträglich die Zahl der Gattungsobjekte sich vermindert (vorausgesetzt, daß der verbleibende Rest noch zur Deckung der versprochenen Quantität ausreicht), so daß nach wie vor fünfhundert Stück der tausend Freimarken umfassenden Ausgabe geschuldet sind, auch wenn einige Hundert vernichtet werden sollten. Der Gläubiger trägt in diesem Sinne nicht die Gefahr der Verminderung der Gattungsobjekte. Dieser Fall hat mit dem Fall der Schuld einer absolut bestimmten Anzahl von Gattungsstücken die größte Ähnlichkeit. Es ist einleuchtend, daß bei ihm, trotz Untergangs einzelner Stücke aus der Gattung, von einer objektiven Unmöglichkeit der Erfüllung der Gattungsschuld keine Rede sein kann.

Etwas anders gestaltet sich die Sachlage, wenn versprochen wird eine Quote der Gattung in dem Umfang, den diese zu einem bestimmten späteren Zeitpunkt haben wird. Hier ist klar, daß alle Umstände, welche bis zu dem maßgebenden Zeitpunkt den Umfang der gesamten Gattung vermindern (oder vermehren), zugleich die davon abhängige absolute Größe der Quote verringern (oder vergrößern). Wenn ich z. B. die halbe Ernte des Weingutes X kaufe, so wird der Gegenstand der mir geschuldeten Leistung geringer oder größer sein, je nachdem die Ernte schlechter oder besser ausfällt. Verringert sich die Gattung, so verringert sich auch der Gegenstand der Forderung. In diesem Sinne trägt der Gläubiger die Gefahr der Verminderung der Gattung[1]. Auch hier hat diese Verminderung natürlich nicht die Folge, daß sie eine (auch nur teilweise) Unmöglichkeit der Leistung bewirkt. Dies ergibt sich aber nicht aus dem gleichen Grunde wie in dem vorhin behandelten Fall (der absolut bestimmten Zahl geschuldeter Gattungsobjekte). Dort bleibt die Leistung möglich, weil trotz Wegfalls einzelner Gattungsstücke, die an sich Erfüllungsobjekte hätten sein können, noch genügend leistungstaugliche Objekte in der Gattung übrigbleiben. Hier dagegen wird durch ihren Wegfall die Leistung um deswillen nicht unmöglich, weil kein Teil der vernichteten

[1] Es darf nicht, wie dies in der Literatur zuweilen geschieht, übersehen werden, daß der Begriff der Gefahrtragung bei gegenseitigen Verträgen eine verschiedene Bedeutung hat, je nachdem man auf die Leistung des Schuldners oder auf die Gegenleistung des Gläubigers schaut. Der Käufer kann in dem ersteren Sinne wohl die Gefahr tragen, daß er bei Verminderung der Gattung weniger Objekte erhält, während er in der anderen Bedeutung um deswillen keine Gefahr trägt, weil etwa der Kaufpreis nach der Zahl der tatsächlich geleisteten Objekte bestimmt ist. Wäre dagegen eine feste Summe versprochen, so würde der Käufer in beiden Richtungen die Gefahr tragen.

Stücke überhaupt irgendeinen Moment geschuldet war (vielmehr nur eine Quote der übrigbleibenden). Dort beruht die fortdauernde Möglichkeit auf dem noch ausreichenden Umfang der verminderten Gattung. Hier beruht sie auf dem Umstand, daß nach dem Vertrag von vornherein nur ein Teil der verminderten Gattung versprochen war. Dort ist es also, wenn auch nicht gerade wahrscheinlich, so doch nach Lage des Falles faktisch nicht ausgeschlossen, daß die Verminderung der Gattung stark genug ist, um im Ergebnis die Leistung der absolut bestimmten Zahl der Gattungsobjekte unmöglich zu machen. Ist die Hälfte der gegenwärtigen Briefmarkenzahl von tausend versprochen, so kann die Vernichtung von siebenhundertfünfzig Stück tatsächlich die Zahl der Leistungsobjekte herabsetzen. Dagegen bei relativer Bestimmung des Gattungsteils ist dies begrifflich undenkbar. Die Hälfte der im Moment X vorhandenen Gattungsobjekte ist immer gegeben, mag die Zahl dieser Objekte noch so gering geworden sein.

3. Wenn sich der Gläubiger eine absolut bestimmte Anzahl von Gattungsobjekten versprechen läßt, so kommt es ihm in aller Regel eben auf diese bestimmte Zahl an und nicht auf ihr Verhältnis zu der Zahl der übrigen Gattungsobjekte. Läßt er sich dagegen einen relativ bestimmten Teil der Gattung versprechen, so ist es, wenn auch nicht notwendig, so doch nach Lage des Falles vielfach möglich, daß es ihm gerade darauf ankommt, einen bestimmten Teil der Gattung als solchen zu erlangen. Dies wird namentlich dann zutreffen, wenn jemand sich die Hälfte oder drei Viertel der Aktien einer bestimmten Gesellschaft versprechen läßt: sein Zweck ist hier, auf die Beschlüsse der Gesellschaft entscheidenden Einfluß

zu gewinnen. Dieser Gesichtspunkt hat für die Frage der Teilbarkeit und Vollständigkeit der Erfüllung eine erhebliche Bedeutung. Solange nämlich das vom Gläubiger gewollte Verhältnis nicht erreicht ist, hat die Leistung für ihn keinen Wert, mag ihm, absolut betrachtet, auch ein großer Teil der zugesagten Stücke verschafft sein: die nicht vollständige Erfüllung ist so gut oder vielmehr so schlecht wie eine Nichterfüllung. Umgekehrt kann die Leistung, auch wenn sie eine geringere Zahl von Objekten betrifft als die ursprünglich vorgesehene, im Hinblick auf den verfolgten Zweck eine für den Gläubiger brauchbare sein, weil sie das vorgesehene Verhältnis zu der gesamten Gattung einhält. Wird z. B. nach dem Vertragsschluß über drei Viertel einer bestimmten Emission von Aktien die Zahl der letzteren auf die Hälfte herabgesetzt, so erhält der Gläubiger nicht mehr soviel Stücke als ursprünglich in Aussicht genommen war, sondern nur halbsoviel. Diese Hälfte aber ist für seinen Zweck vollkommen ausreichend, weil sie eben doch eine die qualifizierte Mehrheit verschaffende Anzahl von Stücken der nunmehrigen Gattung darstellt[2].

Natürlich läßt sich auch aus der geschilderten Erscheinung kein Argument gegen das Vorliegen einer Gattungsschuld entnehmen. Zum Wesen der letzteren gehört durchaus nicht Teilbarkeit in dem Sinne, daß der Gläubiger immer genötigt wäre, bei Unmöglichkeit eines Stücks der Leistung das übrige als Teilerfüllung gelten zu lassen. Vielmehr ist es auch bei unbestreitbaren Fällen der Gattungsschuld, insbesondere bei absoluter Bestimmung der Zahl der Leistungsobjekte (zwanzig

---

[2] Über den Einfluß auf die versprochene Gegenleistung ist damit natürlich nichts gesagt.

Aktien, hundert Briefmarken, zwanzig Kilo Trauben eines bestimmten Grundstücks) durchaus möglich, daß im Sinne des Vertrags die nicht vollständige Lieferung für den Gläubiger im Hinblick auf den von ihm verfolgten vertragsmäßigen Zweck kein Interesse hat, d. h. eben als völlige Nichtleistung behandelt und verweigert werden kann. Auch hier begegnet uns eine Unteilbarkeit der Leistung, obgleich wir es unbestritten und unbestreitbar mit einer Gattungsschuld zu tun haben.

§ 4.

Die Schuld einer Quantität aus einem individuellen Vorrat: Abgrenzung und rechtliche Natur.

I. Aus den bisherigen Ausführungen haben wir zwei Ergebnisse gewonnen, welche sich für den spezielleren Gegenstand dieser Arbeit werden verwerten lassen. Einmal den Satz, daß eine und dieselbe Sache Gegenstand einer Spezies- oder einer Gattungsschuld sein kann, je nach dem schuldrechtlichen Zusammenhang, in welchem sie vorkommt. Der Briefmarkenhändler, der eine Gesamtausgabe fehlerhafter Marken ankauft, von denen er schon im voraus eine bestimmte Anzahl weiterverkauft hat, ist Gläubiger vieler Speziessachen, Schuldner einzelner Gattungssachen. Das Bankhaus, welches sich eine bestimmte Aktienemission versprechen läßt, von welcher es nur einen Teil weiterveräußert, ist zugleich Träger einer Speziesforderung und einer Gattungsverbindlichkeit. Wenn ich den Gesamtertrag eines Weinberges kaufe und davon hundert Kilo weiterveräußere, so sind die Trauben im ersten Rechtsverhältnis individuell, im zweiten gattungsmäßig geschuldet. Sodann ergibt sich aus dem Gesagten, daß obligationenrechtlich sehr wohl der Teil einen anderen Charakter haben kann als das Ganze. Es kann sehr wohl das Ganze Gegenstand einer Speziesschuld sein, während der Teil Objekt einer Gattungsschuld ist. Dies hat sich gerade an dem Vergleich der Schuld einer gesamten Gattung einerseits, eines Teiles derselben auf der anderen Seite erwiesen (vgl. §§ 2 u. 3).

Wir wenden uns nun der Hauptfrage unserer Aufgabe zu: welche Art von Schuld liegt vor, wenn ein Teil einer individuellen Sache oder eines individuellen Vorrats zu leisten ist? Der Tatbestand kann in mehrfacher Art vorkommen. Der Einfachheit halber beschränken wir die Untersuchung zunächst auf den praktisch häufigsten Fall, daß aus einer individuell bestimmten Gesamtheit vertretbarer Sachen eine absolut bestimmte Quantität versprochen wird: zehn Liter aus dem Faß X, zwanzig Meter Tuch aus dem Stück Y usw.

II. Zuvor aber muß der hier zu betrachtende Fall auf das sorgfältigste geschieden werden von einem anderen, der mit ihm eine gewisse äußere Ähnlichkeit hat. Versprochen ist eine bestimmte Quantität von Gattungssachen, aber mit der Nebenabrede, daß sie in erster Linie aus einem individuellen Vorrat entnommen werden sollen: z. B. hundert Sack einer bestimmten Sorte Getreide, lieferbar aus den auf dem Speicher X lagernden Beständen. Dies ist nicht der Fall einer Quantitätsschuld aus einem bestimmten Komplex in dem hier gemeinten Sinne. Den Parteien kommt es nicht ausschließlich auf Bestandteile des angegebenen Vorrats an. Vielmehr ist ihnen subsidiär auch gedient mit anderen Stücken der gleichen Gattung, wie sie im maßgebenden Komplex vertreten ist. Entscheidend ist in letzter Linie doch wieder die ganze Gattung, nicht der hervorgehobene besondere Ausschnitt aus derselben. Der Hinweis auf den besonderen Vorrat bedeutet nicht, daß schlechthin, sondern nur, daß in erster Linie aus ihm erfüllt werden soll. Es handelt sich um eine Abrede, die natürlich für die Parteien, wie jede gültige Vertragsabmachung, ihre bindende Kraft besitzt, die aber doch eine bloße Nebenabrede in dem Sinne ist, daß ihre Unerfüllbarkeit nicht den ganzen Vertrag hinfällig macht, sondern eben nur die bestimmte Erfüllungsart. Die Leistung aus dem kleineren Komplex ist nicht die einzige Erfüllungsmöglichkeit, sondern lediglich eine Erfüllungsmodalität.

Demgemäß ist auch die rechtliche Behandlung in mehrfacher Hinsicht eine etwas andere, als sie bei der Schuld aus einer konkreten Sachmehrheit eintritt. Geht insbesondere der Gesamtvorrat, auf welchen hingewiesen war, zufällig zugrunde, so wird nicht, wie in jenem Falle, der Schuldner von der Leistung befreit, sondern er bleibt verpflichtet, aus der gleichen Gattung die versprochene Quantität zu liefern. Brennt in dem vorigen Beispiel der Speicher X ab, so sind dem Gläubiger doch hundert Sack von der Getreidegattung zu leisten, wie sie auf dem Speicher lagert. Die Lieferung aus dem angegebenen Vorrat ist für den Gläubiger nicht so wesentlich, daß er bei Unmöglichkeit derselben am Vertrag kein Interesse mehr hätte. Sondern die Leistung bleibt für ihn von Wert, wenn die (allerdings in erster Linie erwünschte) Erfüllung aus der konkreten Masse nicht möglich ist[1].

[1] Die Sachlage ist eine ähnliche wie bei der qualifizierten Summenschuld (oder, wenn man lieber will, der uneigentlichen Geldsortenschuld). Dem Gläubiger kommt es dort vor allem auf eine Summe, auf einen bestimmten Wert in Geld an; es ist aber die Nebenabrede getroffen, daß in einer bestimmten Geldsorte gezahlt werden soll. Ist letzteres nicht möglich, insbesondere weil die betreffende Geldsorte aus dem Verkehr gezogen ist, so behält der Gläubiger doch seinen Anspruch auf die Geldsumme, die nun-

Sind ferner alle Bestandteile des individuellen Vorrats mit einem Mangel behaftet, so wird der Käufer nicht auf Wandlung oder Minderung (eventuell Schadenersatz) beschränkt, sondern berechtigt sein, gemäß § 480 BGB. Nachlieferung mangelfreier Ware zu verlangen, die zwar nicht zu dem betreffenden Komplex, wohl aber zu derselben Gattung wie jener gehört, während im Falle der exklusiven Vorratsschuld, wie später noch darzulegen sein wird, bei Fehlerhaftigkeit der ganzen Masse der Anspruch auf Nachlieferung nicht zum Ziele führt.

Daß bei der eben betrachteten Gestaltung eine Gattungsschuld anzunehmen ist, unterliegt keinem Zweifel. Da die Bezugnahme auf den bestimmten Vorrat nur die Bedeutung einer Nebenabrede besitzt, so ändert sie natürlich nichts an dem begrifflichen Charakter der Verbindlichkeit. Diese ist trotz der beigefügten Modalität unzweifelhaft auf eine generische Leistung gerichtet. Es fehlt hier keines der Merkmale, wie sie auch sonst bei der gewöhnlichen Gattungsschuld vorliegen. Man kann nicht wohl bestreiten, daß diese Art von Verbindlichkeit (die sich etwa als nichtexklusive Vorratsschuld bezeichnen ließe), als eine wirkliche generische Verbindlichkeit anzusehen ist. Daraus folgt aber natürlich noch nicht, daß auch die Pflicht, schlechthin aus einem individuellen Komplex zu leisten (ausschließliche Vorratsschuld), die gleiche Natur haben

---

mehr in anderen Münzen zu zahlen ist (§ 245 BGB). Der Fall gleicht unverkennbar dem oben behandelten; nur daß er das Verhältnis einer engeren Gattung (bestimmte Sorte) zu der weiteren (Geld) betrifft, während im Text das Verhältnis eines individuellen Vorrats von Gattungsgegenständen zu der ganzen Gattung in Frage steht.

muß[2]. Mit diesem Fall haben wir uns nunmehr im folgenden zu befassen.

---

[2] Vielleicht hat Endemann diesen Gegensatz im Auge, wenn er in seinem Lehrbuch 9. Aufl. § 119 Bd. 1 S. 679 Anm. 10 unterscheidet zwischen dem Fall, daß die Leistungsobjekte aus einem engumschriebenen Sachinbegriff entnommen werden sollen, und demjenigen, daß die Gattungsmerkmale überwiegen. Im ersten Fall (zehn Pfund aus diesem Sack Kaffee) liege Speziesschuld vor. Im zweiten sei Gattungsschuld anzunehmen; als Beispiel hierfür wird der Vertrag angegeben: „Liefern Sie mir von dem mit Dampfer ‚Venus' verladenen russischen Weizen bestens fünftausend Sack." Ist der letztere Fall nun so gemeint, daß zwar in erster Linie aus der Schiffsladung zu liefern ist, daß aber im Fall der Nichtausführbarkeit auch subsidär mit sonstigem Getreide gleicher Art erfüllt werden darf, so ist der Fall gegeben, den wir im Text als nichtexklusive Vorratsschuld bezeichneten; und daß dort eine Gattungsschuld vorliegt, kann in der Tat nicht wohl bezweifelt werden. Dagegen dürfte es nicht zutreffen, wenn man eine Gattungsschuld schon deshalb leugnet, weil der Komplex, aus welchem geliefert werden soll, nicht nach Gattungsmerkmalen, sondern individuell bezeichnet wird (zehn Pfund aus diesem Sack Kaffee). — Man vergleiche noch über den interessanten Fall, daß gattungsmäßig bezeichnete, aber auf einem bestimmten Schiff zu verladende Ware verkauft wird, die Entscheidung des Reichs-Oberhandelsgerichtes Bd. 3 S. 219, 225 und weitere Zitate bei Goldschmidt Handelsrecht 2. Aufl. Bd. 2 § 61 Anm. 15 S. 17. — Die Literatur des deutschen Rechtes hebt, so weit ich sehe, den im Text behandelten Unterschied sonst nirgends hervor. Dagegen ist er in voller Klarheit erkannt worden von Laurent, Principes Bd. 18 Nr. 515. Dort wird Art. 1302 C. c. behandelt, nach welchem die Schuld erlischt, „lorsque le corps certain et déterminé qui était l'objet de l'obligation, vient à périr". Unser Schriftsteller unterscheidet nun, je nachdem die Bezeichnung der Gegenstände limitativ (‚eines der Fässer Wein, die ich im Keller habe'), oder demonstrativ ist ‚ein Faß Wein, zu entnehmen aus denjenigen meines Kellers'). Im ersten Falle wird durch den Untergang des Kellerinhaltes der Schuldner frei, im zweiten nicht. Daß es freilich eine schwere Auslegungsfrage sein kann, ob der Hinweis auf den Vorrat beschränkenden Charakter hat oder nicht, wird mit Recht hervorgehoben; es sei eine „question d'intention, le juge la décidera

III. Es kann meines Erachtens kein Zweifel sein, daß wir es hier nicht mit einer Speziesschuld, auch nicht mit einer gemischt-generischen Schuld[3] — daß dieser Begriff unlogisch ist, wurde bereits S. 12 ausgeführt —, sondern mit einer (reinen) Gattungsschuld zu tun haben. Es sind nämlich in dem betrachteten Fall alle die vorhin angegebenen Begriffsmerkmale einer Gattungschuld verwirklicht. Zunächst einmal die Unbestimmtheit der Objekte, die zur Erfüllung individuell verwertet werden. Es ist zurzeit ungewiß, welche unter den hundert Litern des Fasses X, welche unter den fünfzig Metern des Tuchstückes werden geleistet werden. Damit hängt zusam-

---

d'après les circonstances de la cause, en consultant les termes dont les parties se sont servies, sans toutefois y attacher une trop grande importance.“ -- Ebenso für das italienische Recht Polacco Vittorio, le obbligazioni nel diritto civile italiano S. 123/24: „però in pratica si badi bene di esaminare caso per caso la vera volontà dei contraenti, perch' essi avrebbero potuto accennare al vino contenuto in quella cantina solo demonstrationis e non già taxationis causa, e allora (d. h. im Fall eines Untergangs des Vorrats) l'obbligazione persisterebbe per ambedue le parti.“

[3] Auch der Ausdruck „beschränkt-generische Schuld“ oder „beschränkte Gattungsschuld“ ist inkorrekt. Er ist logisch unhaltbar, wenn das Wort „beschränkt“ zu „generisch“ gezogen wird, wenn also die Wendung besagen will, die Schuld sei zwar eine generische, aber nur in beschränktem Maße generisch. Wie wir früher dargelegt haben, ist der Begriff der Gattungsmäßigkeit einer Steigerung nicht fähig: es gibt innerhalb desselben keinen Quantitätsunterschied. Eine Verbindlichkeit kann nicht mehr oder minder Gattungsschuld sein; sondern sie ist entweder generisch (und dann unbeschränkt), oder sie ist es nicht (dann auch nicht einmal beschränkt). Soll aber das Wort beschränkt zu „Gattung“ gezogen werden (= Schuld aus einer beschränkten Gattung), so ist zwar der gemeinte Begriff logisch unanfechtbar; aber der sprachliche Ausdruck dafür ist natürlich vollkommen inkorrekt. Er gehört in eine Linie mit dem vierstöckigen Hausbesitzer, dem baumwollenen Regenschirmfabrikanten und der reitenden Artilleriekaserne.

men: es muß, wie bei jeder Gattungsschuld, so auch in unserem Falle zum Zweck der Erfüllung erst eine Ausscheidung der versprochenen Quantität aus einer größeren Menge stattfinden. Solange nicht einer der Tatbestände verwirklicht ist, an welche das Gesetz die sogenannte Konzentration der Gattungsschuld anknüpft, kann man nicht sagen, daß gerade diese oder jene zehn Liter, diese oder jene zwanzig Meter Tuch geliefert werden müssen. Und das erklärt sich wiederum aus dem weiteren Umstande, daß innerhalb des gezogenen Rahmens die einzelnen Bestandteile wechselseitig vertretbar sind und durcheinander ersetzt werden können[4]. Dem Gläubiger kommt es nicht auf diese individuell bestimmten Liter, sondern auf irgendwelche zehn von den vielen an, die zu einem größeren Komplex gehören. Es fehlt also der Forderung des Gläubigers an einem individuellen Objekt.

Gegen die eben vertretene Auffassung werden indessen verschiedene Einwendungen geltend gemacht.

1. Zunächst wird ein Argument gegen sie daraus entnommen, daß die Menge, aus welcher geleistet werden soll, ihrerseits nicht nach Artmerkmalen bezeichnet ist (als Wein oder Tuch bestimmter Sorte), sondern individuell angegeben wird (Wein aus diesem Faß, Tuch aus diesem Stück). Dieser Umstand ist indessen für unsere Frage unerheblich. Für die Annahme einer Genusschuld kommt es nur darauf an, daß sich die versprochenen Stücke zu einem größeren Ganzen in be-

---

[4] Diesen Gesichtspunkt streift auch Kuhlenbeck in Staudinger zu § 243 Ziff. 4 (3./4. Aufl. S. 18): „Man könnte überhaupt die Gattungsschuld bezeichnen als eine solche, bei der die einzelnen Stücke . . . als vertretbar behandelt werden."

stimmter Weise verhalten, nicht aber darauf, wie dieses Ganze seinerseits charakterisiert ist. Auch wenn der Vorrat individuell charakterisiert wird, bleibt es doch nicht minder wahr, daß die daraus versprochene bestimmte Quantität erst ausgeschieden werden muß, und daß bis dahin von keinem Bestandteil gesagt werden kann, er sei individuell geschuldet. Gerade diese Unbestimmtheit des Teiles macht das Wesen der Gattungsschuld aus, mag nun das Ganze mehr oder minder bestimmt, mag es durch diese oder jene Merkmale gekennzeichnet sein. Für den Gegensatz zwischen Spezies- und Gattungsschuld ist es, wie schon früher dargelegt, nicht entscheidend, ob zur Charakterisierung der Gattungsobjekte Artmerkmale verwendet werden oder nicht. Einerseits nämlich lassen sich Fälle denken, in denen zur Bestimmung des Gegenstandes einer Speziesschuld Artmerkmale oder Arteigenschaften verwendet werden: „unter einer ganzen Menge von Pferden das stärkste oder schnellste", „unter einer Anzahl von Fässern Wein dasjenige, dessen Inhalt den stärksten Zuckergehalt haben wird". Und anderseits können die Objekte einer Gattungsschuld auch anders als durch Artmerkmale, nämlich durch eine Beziehung individueller Natur angegeben werden („ein Gemälde des Malers X", „eine Schreibfeder des Dichters Y"). Es ist nun nicht einzusehen, warum diese individuelle Beziehung nicht in der Zugehörigkeit zu einem bestimmten Vorrat bestehen könnte. Gewiß wird man nicht sagen können, daß Wein aus dem Faß X Wein einer bestimmten Art sei; aber das ist unerheblich. Denn ebenso gewiß ist, daß, wenn zehn Liter aus diesem Faß geschuldet werden, es zunächst unmöglich ist, innerhalb der größeren Zahl gerade zehn Liter als diejenigen zu bezeichnen, die individuell geleistet werden müssen. Damit entfällt aber jede Möglichkeit für die Annahme einer Speziesschuld.

Es ist nun zwar richtig, daß der gewöhnliche Sprachgebrauch das Wort „Gattung" meist nur auf Sachgesamtheiten bezieht, die nach Artmerkmalen bezeichnet werden. Ein bestimmtes Faß Wein, eine Schiffsladung Getreide, ein Stück Tuch werden im Leben regelmäßig nicht als Gattung angesehen werden (im Gegensatz zu einer bestimmten Sorte von Wein, Tuch, Getreide). Allein, für die rechtliche Auffassung kommt es auf diesen Sprachgebrauch nicht an. Vielmehr ist für das Vorliegen der Gattungsschuld juristisch nur der Umstand entscheidend, daß die Leistungsobjekte, statt individuell angegeben und bestimmt, nur durch ihre Zugehörigkeit zu einem — irgendwie beschaffenen — größeren Ganzen gekennzeichnet sind: das größere Ganze ist dann im schuldrechtlichen Sinne die Gattung, aus welcher die Erfüllungsobjekte entnommen werden können, mag es nun selbst durch Artmerkmale oder auf irgendeine andere Weise charakterisiert sein[5].

---

[5] Gegen die Verwechselung des juristischen und „naturwissenschaftlichen" Begriffs der Gattung gute Bemerkungen bei Chamizer, Natur, Begriff und Grenzen der Wahlschuld S. 61. Dagegen wird auf den vulgären Begriff der Gattung Gewicht gelegt bei Dernburg, Pand. 5. Aufl. Bd. 2 S. 75 § 25 a. E.: „Der Begriff der Gattung beruht auf der individuellen Beschaffenheit der Waren und nicht auf . . . . zufälligen und vorübergehenden gemeinschaftlichen Beziehungen der Objekte". — Weissmann, Abgrenzung zwischen Wahl- und Gattungsschuld 1907 S. 12: „Der natürliche Gattungsbegriff, der auf der inneren Beschaffenheit der Sachen beruht, bildet also auch für die juristische Definition die Grundlage." — Ebenso Bechmann, System des Kaufs nach gemeinem Recht Bd. 2 S. 325: „Die Sachgesamtheit beruht auf durchaus

Daß der Sprachgebrauch und der Rechtsbegriff der Gattung sich nicht notwendig decken, ist aus einem doppelten Umstand ersichtlich. Einerseits kann sehr wohl eine Gesamtheit, die man im landläufigen Sinne Gattung nennen würde, Objekt einer Speziesschuld sein. Dies ist, wie früher nachgewiesen, der Fall, wenn eine ganze Gattung (d. h. genauer die Gesamtzahl der durch bestimmte Artmerkmale bezeichneten Objekte) den Gegenstand des Schuldverhältnisses bildet. Die bei einer Kapitalerhöhung ausgegebenen Aktien einer Gesellschaft bilden gewiß eine „Gattung"; und doch ist der Kauf einer ganzen Emission mitnichten ein Gattungskauf, vielmehr ein Spezieskauf. Und andererseits kann es sehr wohl sein, daß die Gesamtheit von Objekten, aus denen eine bestimmte Quantität wechselseitig vertretbarer

individueller Bestimmung, ganz im Gegensatz zu den Gattungsmerkmalen, für die die Anschauung des Verkehrs maßgebend ist." Und Brinz Pand. § 241 Bd. II 1 S. 99: „Denn als schlechthin generelle Bestimmung denken wir nur diejenige, welche durch bloße Demonstration der Gattung (Pferd), allenfalls noch der Art (brauchbares Pferd) und der Unterart (Reitpferd — Reitpferd vor der Front) der Unbestimmtheit Schranken setzt; kommt Demonstration einer bestimmten Anzahl von Exemplaren (homo ex his quos Sempronius reliquit) oder eines konkreten Quantums (pars vini in illo doleario) oder sonst eines außer dem Begriff der Gattung und ihrer Arten und Unterarten entnommenen Umstandes hinzu, dann kann man in Wahrheit nicht mehr schlechthin von genereller Bestimmung reden." — Auch Goldschmidt Handelsrecht Bd. 2 S. 13 Anm. 6 bemerkt, der Begriff der Gattung beruhe nicht „auf lediglich subjektiven (faktischen oder rechtlichen) Beziehungen der Sache". — Ebenso für das italienische Recht Polacco Vittorio: „A stretto rigore invece non si dovrebbe più parlare di genere e di obbligazione generica, quando il concetto del gruppo, da cui dovrà trarsi l' oggetto mediante il quale adempiere l' obbligazione risulta da circostanze estrinseche e non dall'intrinseca natura degli enti in quel gruppo raccolti."

Gegenstände versprochen wird, nach anderen als Artmerkmalen bezeichnet ist: zwei Gemälde (irgendwelche) aus der Gesamtproduktion des Künstlers A, eine (irgendeine) Locke des Virtuosen B. Alsdann bildet sie zwar nicht eine Gattung im sprachlichen Sinne, wohl aber im rechtlichen Sinne. Juristisch gibt es keine Sachgesamtheit, ja sogar keine (teilbare) Einzelsache, die nicht Gattung sein könnte. Darum mag es zwar vom Standpunkt des Sprachgebrauches richtig sein, daß eine Schiffsladung keine Gattung ist[6]; vom rechtlichen Standpunkt aus trifft der Satz nicht zu.

Das alles hängt zusammen mit der Relativität der Begriffe „Speziesschuld" und „Gattungsschuld"[7]. Man kann von einer bestimmten Sache im voraus nicht sagen, daß sie mit begrifflicher Notwendigkeit Erfüllungsobjekt innerhalb einer Spezies- oder Gattungsschuld sein wird: ich kann die Flasche Wein meinem Gläubiger übergeben, weil ich ihm diese Flasche, oder weil ich ihm eine Flasche dieser Art versprochen hatte. Ebenso läßt sich von einer Sachmehrheit niemals sagen, daß sie schuldrechtlich nur als Gattung oder nur als Spezies anzusehen sei: es kommt eben auch hier auf den konkreten Fall an. Ich kann meinem Gläubiger eine Quantität Freimarken bestimmter Ausgabe liefern, weil ich eine bestimmte Anzahl von Stücken der Ausgabe, oder aber, weil ich die ganze Ausgabe (d. h. jedes zu ihr gehörige

---

[6] Dernburg, Bürgerliches Recht, 4. Aufl. S. 33.

[7] Die Elastizität des Gattungsbegriffs ist schon mit Recht von Ihering in seinen Jahrbüchern Bd. 4 S. 405 hervorgehoben worden. Gegen ihn Brinz Pandekt. 2. Aufl. Bd. II 1 S. 101: „Daß der Begriff des genus ein ganz elastischer Begriff . . . sei, kann . . . nicht eingeräumt werden."

individuelle Stück) versprochen hatte: im ersten Fall ist Gattungsschuld, im zweiten Speziesschuld gegeben. Und was von einer durch Artmerkmale charakterisierten Sachgesamtheit — also einer Gattung im sprachlichen Sinne — gilt, das gilt auch von einem individuellen Vorrat. Ob das Faß X obligationenrechtlich als Spezies oder als Gattung in Betracht kommt, läßt sich gar nicht allgemein, sondern immer nur nach den Umständen des Einzelfalls entscheiden. Verspreche ich, das Faß im ganzen zu liefern, so liegt zweifellos Speziesschuld vor. Verspreche ich zehn Liter aus ebendemselben Faß, so ist das letztere mit Bezug auf die später zu tradierenden Erfüllungsobjekte eben die Gattung, aus welcher diese zunächst individuell unbestimmten Stücke entnommen und ausgeschieden werden sollen. Darum kann der temperamentvolle Ausruf Oertmanns[8]: „Eine Gattung, die zugleich Spezies wäre, ist ein Unding!" unseren Beifall nicht finden. Gewiß kann innerhalb eines und desselben Schuldverhältnisses dasselbe Objekt nicht zugleich Spezies und Gattung sein. Aber es ist durchaus möglich, daß ein bestimmter Vorrat in dem einen Schuldverhältnis als Spezies (genauer als Gesamtheit von individuell geschuldeten Objekten), in einem anderen Schuldverhältnis dagegen als Gattung erscheint, d. h. als eine Vielheit von Objekten, die nicht individuell geschuldet sind, sondern von denen eine bestimmte Anzahl (gleichgültig welche) zum Zweck der Erfüllung ausgeschieden und geliefert werden sollen: darin liegt mitnichten ein logischer Widerspruch.

2. Ein weiterer Einwand gegen unsere Auffassung

---

[8] A. a. O. zu § 243, Ziffer 1a.

wird aus dem Gesichtspunkt entnommen, daß der Teil schuldrechtlich dieselbe Bedeutung wie das Ganze haben müsse. Sei die Schuld des individuellen Gesamtvorrats Speziesschuld, so müsse das gleiche auch für die Schuld eines Teiles daraus angenommen werden[9]. Daß diese

---

[9] So schon für das gemeine Recht Bechmann System des Kaufs nach gemeinem Recht Bd. 1 S. 325: „Wie .... dieses Kollektivum im ganzen verkauft werden kann — in welchem Falle doch niemand von einem Genuskauf spricht — so kann auch eine Sache daraus verkauft werden; von einem Genuskauf ist auch hier keine Rede; wir sprechen daher von dem Verkauf einer individuell unbestimmten Sache aus einem bestimmten Kollektivganzen. Dieses letztere ist zwar keine Spezies im Sinne des objektiven Rechtes, aber die Zugehörigkeit dazu gibt das entscheidende Merkmal ab, das nur eben bei mehreren Sachen zutreffen kann ... Das Entscheidende ist die Zusammenhaltung der mehreren Sachen durch einen individuellen Willen dergestalt, daß das Kollektivum auch Gegenstand eines einheitlichen Rechtsgeschäftes oder daß jedes Stück desselben Objekt eines gleichartigen Rechtsgeschäftes des Subjektes sein kann. Wer in der Lage ist, die Herde zu verkaufen, verkauft auch ein Stück von derselben. Und umgekehrt: ein Tier als Stück der Herde kann nur verkaufen, wer auch die Herde oder alle Tiere derselben verkaufen könnte." Ebenso für das geltende Recht Oertmann a. a. O.: „Eine auf den Gesamtvorrat als Ganzes gerichtete Schuld wäre eine Speziesschuld; wie kann das anders sein, wenn die Schuld nur auf einen Teil geht? Der Teil eines Konkretum kann doch auch nur ein Konkretum sein!" (Fast will es scheinen, als ob einer richtigen Beurteilung der Frage durch unsere Kommentare der Umstand im Wege gestanden habe, daß der Begriff der Gattungsschuld in den Erläuterungen zu § 243 BGB. behandelt wird, dem ersten, der die Gattungsschuld erwähnt. Da nämlich gerade der erste Absatz dieser Bestimmung, wie später noch zu zeigen sein wird, bei der Schuld einer Quantität aus individuellem Vorrat regelmäßig keine Anwendung finden kann, so werden die Kommentare des Gesetzes leicht dazu verführt, bei diesem Anlaß die generische Natur der Schuld überhaupt zu leugnen. Daß dies aber aus begrifflichen Gründen nicht zulässig ist, dürfte aus den Ausführungen des Textes hervorgehen.) — Den richtigen Standpunkt hat bereits für das

Auffassung nicht richtig ist, haben wir bereits früher bei der Betrachtung der Fälle erwiesen, in denen einerseits eine ganze Gattung (§ 2), andererseits der Teil einer Gattung versprochen wird (§ 3). Was dort ausgeführt wurde, läßt sich ohne weiteres auf einen individuellen Vorrat und dessen einzelne Teile übertragen. Ist der Vorrat insgesamt geschuldet (das Faß Wein, das Stück Tuch), so heißt dies, daß alle seine Teile individuell geschuldet sind. Bei dieser Sachlage kann von einer Ausscheidung der Erfüllungsobjekte aus einem größeren Ganzen keine Rede sein. Von jedem Stück kann schon jetzt gesagt werden, daß es zur Erfüllung dienen wird.

---

gemeine Recht Ihering in seinen Jahrbüchern Bd. 4 S. 394 mit voller Schärfe vertreten: „Das Stückfaß Wein, welches ganz verkauft ist, ... ist eine Spezies; ist daraus aber bloß ein Ohm verkauft, so bildet es für diesen Kaufkontrakt das genus, aus dem die species erst auszuscheiden ist." Für das heutige Recht wird von Kuhlenbeck in Staudinger 3./4. Aufl. S. 18, zu § 243 unter Ziff. 4 mit Recht hervorgehoben, daß zwar die Schuld einer gesamten Gattung Speziesschuld sei, daß dagegen eine Gattungsschuld vorliege, wenn nicht die ganze (begrenzte) Gattung, sondern unbestimmte einzelne Teile derselben geschuldet sein. — Übrigens wird bei Nennung des Vorrats häufig auch die darin enthaltene Quantität angegeben werden. Alsdann ist aber genau zuzusehen, ob nur aus dem Vorrat die genannte Quantität veräußert sein soll, oder aber ob der ganze Vorrat das Vertragsobjekt bildet und durch Angabe des Umfanges lediglich genauer gekennzeichnet werden soll. Im ersten Fall ist eine Gattungsverbindlichkeit, im zweiten eine Speziesschuld gegeben. Ob die eine oder andere Gestaltung gewollt sei, ist durch Vertragsauslegung zu ermitteln, und ist außer anderen Punkten, in denen sich beide Schuldarten unterscheiden, von rechtlicher Erheblichkeit in dem Falle, daß der Vorrat mehr oder weniger als die genannte Quantität enthält. In den romanischen Rechten ist der Punkt auch weiterhin bedeutsam für die Frage des Eigentumserwerbs. Zu vergleichen das Urteil des Kassationshofes Florenz vom 13. März 1879, abgedruckt in der Temi Veneta IV 633 und in den Annali XIII 1, 626.

Aus ebendemselben Grund ist es natürlich auch undenkbar, daß die zum individuellen Vorrat gehörigen einzelnen Teile unter sich vertretbar wären. Es kann nicht der Teil A aus dem Kreise der Erfüllungsobjekte dadurch gezogen werden, daß er durch den ebenso großen Teil B oder C ersetzt wird, da ja auch die beiden letzteren geleistet werden müssen.

Ganz anders, wenn aus einem individuellen Vorrat mir eine bestimmte Quantität versprochen wird. Hier sind nicht alle Teile als solche individuell geschuldet. Sondern zur Erfüllung ist nur eine bestimmte Anzahl erst noch auszuwählender und auszuscheidender Objekte erfordert. Bis zur Konzentration läßt sich von keinem einzigen Teil sagen, daß gerade er geschuldet ist und geleistet werden muß. Die einzelnen zum Vorrat gehörigen Stücke (oder Quanten) sind wechselseitig vertretbar. Es besteht hier mithin eine individuelle Unbestimmtheit der aus einem größeren Ganzen zu entnehmenden Leistungsobjekte. Und gerade dieses Merkmal ist für die Verneinung der Speziesschuld und für die Annahme einer Gattungsschuld entscheidend. Daher ist es unrichtig, aus dem Charakter der Schuld des ganzen Vorrats auf die rechtliche Natur der Schuld eines Teiles derselben schließen zu wollen. Es trifft nicht zu, daß, wenn im ersten Fall Speziesschuld anzunehmen ist, auch für den zweiten die gleiche Schuldart angenommen werden muß. Ob das ganze Faß X oder zehn Liter aus demselben versprochen sind, begründet nicht nur, wie der bekämpfte Einwand vermeint, einen quantitativen Unterschied, sondern einen qualitativen Gegensatz.

3. Zuweilen wird darauf Gewicht gelegt, daß die auf die Gattungsschuld bezüglichen Vorschriften des

BGB. von einer „nur der Gattung nach bestimmten Sache“ sprechen; darunter könnten nur solche Sachen verstanden werden, die ausschließlich durch Artmerkmale gekennzeichnet würden; dies aber treffe bei der Schuld einer bestimmten Quantität aus einem individuellen Vorrat nicht zu. Also sei hier keine Gattungsschuld gegeben[10]. Dieser Einwand dürfte auf den Wortlaut des Gesetzes ein ungebührliches Gewicht legen. Zunächst einmal kann es sehr wohl sein, daß dem Worte „nur“ gar nicht die privative Bedeutung zukommt, die ihm die mitgeteilte Argumentation beilegt. Es ist nicht unwahrscheinlich, daß die Verfasser des Gesetzes dabei lediglich an den Gegensatz zu der Speziesschuld dachten. Der Vergleichspunkt ist die größere oder geringere Bestimmtheit des Schuldobjektes: bei der Speziesschuld ist dasselbe individuell festgelegt, bei der Gattungsschuld nur der Gattung nach bestimmt.

---

[10] So z. B. Oertmann zu § 243, 1a (3./4. Aufl. S. 19); Cuno, Übergang der Gefahr S. 7; Ricken, Konzentration der Gattungsschuld, Erlanger Dissertation S. 5. Nach ihm „läßt auch der Ausdruck des BGB. im § 243 .... keinen Zweifel hinsichtlich der Charakterisierung der gemischt-generischen Obligation (!). Der Leistungsgegenstand des generischen Schuldverhältnisses soll nur der Gattung nach, also nur durch Merkmale, die der Gattung entnommen sind, bestimmt sein. Die Beziehung auf eine bestimmte Zahl oder Menge stellt aber kein Gattungsmerkmal dar; denn die Zahl oder Menge ist keine Gattung. Demnach kann eine Gattungsschuld nicht vorliegen; vielmehr handelt es sich um eine Speziesschuld.“ — Ebenso Weißmann, Abgrenzung zwischen Gattungs- und Wahlschuld 1907 S. 12 und S. 20: „Der Kreis, aus dem heraus hier geschuldet wird, ist eben keine Gattung im natürlichen und Verkehrssinn, sondern willkürlich festgesetzt.“ — Gegen eine allzu starke Betonung dieses terminologischen Gesichtspunktes mit Recht Endemann 9. Aufl., S. 673 Anm. 10 a. E.; Chamizer, Natur, Gebiet und Grenzen der Wahlschuld S. 61 Anm. 4.

So aufgefaßt deutet das Wort „nur“ gar nicht auf eine ausschließliche Verwendung von Artmerkmalen hin, sondern auf die geringere Bestimmtheit des Leistungsobjektes gegenüber dem Fall der Speziesschuld. Es hat also nicht privative, sondern komparative Bedeutung.

Vor allem aber braucht das Wort „Gattung“ in der angeführten Wendung gar nicht die Bedeutung zu haben, die ihm der gewöhnliche Sprachgebrauch beilegt: nämlich den einer nach Artmerkmalen sich bestimmenden Sachmehrheit. Vielmehr kann sehr wohl den Redaktoren des Gesetzes die juristische Bedeutung des Wortes Gattung vorgeschwebt haben. Nach dieser aber ist Gattung ein irgendwie (ob nach Artmerkmalen oder anders) charakterisiertes Ganzes, aus welchem einzelne Bestandteile derart geschuldet sind, daß es auf deren Individualität nicht ankommt. Das Merkmal, nach welchem sie sich bestimmen, ist dann eben die Zugehörigkeit zu diesem größeren Ganzen. Letzteres bildet zwar nicht nach dem Sprachgebrauch, wohl aber nach der juristischen Auffassung mit Bezug auf die geschuldeten Einzelobjekte die „Gattung“. Bei dieser Vorstellung steht nichts im Wege, auch bei der Schuld von zehn Litern aus dem Faß X die Formel zu gebrauchen, die geschuldete Sache sei „nur der Gattung nach bestimmt“, d. h. eben nicht individuell, sondern durch ihre Beziehung zu einem größeren Komplex.

4. Ein Hauptgesichtspunkt gegen die generische Natur des hier betrachteten Schuldverhältnisses wird in folgendem Umstand gefunden. Wer eine Quantität aus einem bestimmten Vorrat schulde, habe hinsichtlich dieses Vorrats eine Diligenzpflicht. Wenn durch seine Schuld der Komplex, aus welchem zu leisten sei, sich ver-

schlechtere oder untergehe, oder wenn aus sonstigen Gründen eine Unmöglichkeit der Leistung aus demselben entstehe, so werde der Verpflichtete dem Gläubiger haftbar. Bei der Gattungsschuld dagegen bestehe keine Bindung des Schuldners hinsichtlich eines einzelnen Gegenstandes. Der Schuldner könne alle in seinem Besitz befindlichen Gegenstände der Gattung, aus welcher er eine Leistung versprochen habe, einem Dritten veräußern, ohne sich dadurch dem Gläubiger haftbar zu machen, vorausgesetzt, daß er in der Lage bleibe, sich die nötige Quantität von irgendeiner Seite zu verschaffen. Gerade darin nun, daß bei der Schuld aus individuellem Vorrat eine solche bei der Gattungsverbindlichkeit fehlende Fürsorgepflicht des Schuldners bestehe, liege die Ähnlichkeit der betrachteten Verbindlichkeit mit der Speziesschuld [11].

Sieht man aber genauer zu, so besteht dieser vermeintliche Unterschied in Wahrheit nicht. Einmal nämlich ist die Behauptung, daß bei der Schuld aus einer individuellen Masse den Verpflichteten eine Diligenzpflicht hinsichtlich des ganzen Vorrats treffe, offensichtlich nicht zutreffend. Wer aus einem bestimmten, zweihundert Liter enthaltenden Faß zehn zu liefern hat, macht sich durch Verschlechterung, Verminderung, Veräußerung, Vernichtung eines Teils des Faßinhalts dem Gläubiger so lange nicht haftbar, als er sich dadurch nicht außerstande setzt, seine Leistungspflicht zu erfüllen, ins-

[11] So Dernburg, Preuß. Privatrecht II § 28; Pandekten II § 25; im Anschluß an ihn besonders entschieden Weißmann, Abgrenzung zwischen Gattungsschuld und Wahlschuld 1907 S. 22 ff.; auch schon Goldschmidt, Handelsrecht 2. Aufl. Bd. 2 S. 19 § 61 Anm. 21.

besondere die versprochenen zehn Liter aus dem betreffenden Komplex dem Gläubiger zu verschaffen. Auch hier gilt also der für die generische Verbindlichkeit charakteristische Satz, daß der Schuldner für fahrlässige oder auch vorsätzliche Vernichtung von Gattungsobjekten so lange nicht einzustehen hat, als er dadurch keine (objektive oder subjektive) Unmöglichkeit der Erfüllung herbeiführt. In diesem Sinne trifft auch ihn keine Diligenzpflicht hinsichtlich irgendwelcher einzelner zum maßgebenden Komplex gehöriger Gegenstände. In unserem Beispiel läßt sich von keinem einzigen Liter des Fasses X sagen, daß sich der Schuldner durch dessen Vernichtung dem Gläubiger haftbar mache. Und auf der anderen Seite ist es nicht richtig, daß bei gewöhnlichen (unzweifelhaften) generischen Verbindlichkeiten der Verpflichtete sich durch Vernichtung oder Veräußerung von Gattungsobjekten einer Vertragsverletzung schuldig mache. Vielmehr gilt dieser Satz nur insoweit, als der Verpflichtete sich dadurch zur Erfüllung außerstand setzt. Sobald er dagegen durch sein Verhalten eine objektive oder subjektive Unmöglichkeit der Erfüllung begründet, wird er dem Gläubiger in der gleichen Weise haftbar, wie wenn er den Gegenstand einer Speziesverbindlichkeit schuldhaft vernichten oder veräußern würde. Schulde ich zehn Liter Wein eines bestimmten Weinberges und Jahrgangs, so liegt gewiß eine Gattungsschuld vor. Wenn ich nun aber — etwa als Eigentümer des betreffenden Weinguts — die gesamten Vorräte in meinem Keller lagern habe und einen Teil derselben schuldhaft verderbe oder vernichte oder veräußere, so hafte ich meinem Gläubiger zwar nicht, solange ich noch die versprochene Quantität von zehn Litern mangelfrei zu liefern vermag.

Würde ich dagegen den ganzen Vorrat vorsätzlich oder fahrlässig zum Untergang bringen oder ohne Möglichkeit des Wiedererwerbs veräußern, so unterliegt es nicht dem geringsten Zweifel, daß ich mich dadurch einer Vertragsverletzung gegen meinen Gläubiger schuldig machen würde. Insofern besteht auch bei der gewöhnlichen Gattungsverbindlichkeit eine Diligenzpflicht des Schuldners.

Aus dem Gesagten ergibt sich, daß der behauptete Unterschied zwischen der normalen und der sog. beschränkten Gattungsschuld nicht anerkannt werden kann. In beiden Fällen gilt der Satz, daß der Schuldner bezüglich irgendwelcher individueller Bestandteile der Gesamtheit nicht fürsorgepflichtig ist (insofern als er sich nicht zur Erfüllung mit irgendwelchen anderen Bestandteilen außerstand setzt). Dagegen bleibt es hier wie dort beim Prinzip, daß bezüglich der Gattung als einer Gesamtheit der Schuldner insofern diligenzpflichtig ist, als er sich haftbar macht, wenn er durch vorsätzliche oder fahrlässige Einwirkung auf Gattungsobjekte sich zur Erfüllung unfähig macht. Richtig ist nur, daß der Haftungsfall bei der gewöhnlichen Gattungsverbindlichkeit seltener eintreten wird, als bei der Schuld aus einem bestimmten Vorrat. Dies hängt damit zusammen, daß eine Gattung (im vulgären Sinne) meist einen bedeutenden Umfang hat, daß mithin die Vernichtung oder Veräußerung einzelner Bestandteile daraus eine Unmöglichkeit nicht so häufig bewirken kann, während ein individueller Vorrat als solcher viel leichter dem Untergang ausgesetzt oder der Verfügungsgewalt des Schuldners entzogen sein kann. Daraus erklärt sich, daß bei der Verbindlichkeit zur Leistung aus einem bestimmten Komplex die Diligenzpflicht des Schuldners leichter praktisch wird, als bei der normalen

Gattungsverbindlichkeit. Aber diese Verschiedenheit greift nicht einmal ausnahmslos durch. Sie tritt um so mehr zurück, je größer man sich den individuellen Vorrat und je kleiner man sich die Gattung vorstellt. Wenn jemand aus einem zehntausend Flaschen enthaltenden Keller irgendwelche zehn zu liefern hat, so ist seine Verantwortlichkeit bezüglich der einzelnen Bestandteile, auch rein tatsächlich genommen, keine größere, sondern eine geringere, als wenn er zehn Flaschen von einer bestimmten Weinsorte verspricht, von der es in der ganzen Welt vielleicht nur noch tausend Liter gibt. Aber auch bei der umgekehrten (gewöhnlichen) Gestaltung der Dinge ist der vorhin dargelegte Unterschied kein begrifflicher, qualitativer, sondern ein rein tatsächlicher, quantitativer[12]. Demgemäß läßt sich aus der (faktisch) größeren Verantwortlichkeit des Verpflichteten bei der Schuld aus einem bestimmten Komplex kein Beweisgrund gegen die generische Natur dieser Schuld entnehmen[13].

---

[12] Richtig Haver, Die Gattungsschuld S. 42ff., der freilich zur Begründung des richtigen Ergebnisses den Grundsatz der bona fides glaubt heranzuziehen zu müssen. Dies erscheint wohl nicht erforderlich.

[13] Daß bei einer Schuld aus begrenztem Vorrat den Schuldner eine größere Diligenzpflicht trifft als bei der gewöhnlichen Gattungsschuld, hat schon Regelsberger, Civ. Arch. 49 S. 204 richtig erkannt. Dieser Gelehrte hat aber sogleich auch die richtige Beschränkung beigefügt: „Hier muß er (der Schuldner) sich wenigstens bis auf den verkauften Betrag der Veräußerung enthalten .... Indessen trifft diese Bemerkung doch nur dann vollkommen zu, wenn die Parteien von der Ansicht ausgehen, daß der Vorrat, woraus verkauft wurde, bis zur getroffenen Auswahl unverändert bleiben soll." Als Gegensatz wird dann der Fall hingestellt, daß man sich das Genus dem steten Wechsel, der Ausscheidung und Erneuerung unterworfen denkt, wie z. B. bei einem Warenlager.

§ 5.

Die Schuld einer Quantität aus einem individuellen Vorrat: rechtliche Behandlung.

Haben wir es bei der Quantitätsschuld aus einem individuellen Vorrat mit einer Gattungsschuld zu tun, so muß sich die Richtigkeit dieser Anschauung daran erweisen lassen, daß die Vorschriften unseres Gesetzes über Gattungsschulden, auf jenen Fall angewendet, zu einem angemessenen Ergebnis führen. Ob dies zutrifft, soll im folgenden untersucht werden. Zuvor aber ist auf zwei Gesichtspunkte aufmerksam zu machen.

Die Annahme einer Gattungsschuld zwingt uns nicht, alle auf die generische Obligation bezüglichen Vorschriften unseres Gesetzes unbesehen anzuwenden. Vielmehr ist bei jeder von ihnen Sinn und Tragweite genau zu ermitteln und danach zu beurteilen, ob und inwiefern sie für unsern Fall angesichts seiner besonderen Gestaltung passend erscheinen. Aber auch wenn wir genötigt sein sollten, einzelne dieser Vorschriften auszuscheiden, so würde daraus doch keineswegs folgen, daß wir darum den Begriff der Gattungsschuld aufgeben müßten. Für seine Festhaltung genügt es vielmehr, wenn die Hauptmasse der auf die Gattungsschuld bezüglichen Vorschriften anwendbar ist, insbesondere diejenigen, die sich aus der begrifflichen Natur dieser Schuld ergeben und daher bei allen Gattungsschulden wiederkehren.

Und zum zweiten. Gelingt uns der Nachweis, daß in wesentlichen Beziehungen die Vorschriften über Speziesschulden auf unseren Fall keine Anwendung finden können, so ist damit erwiesen, daß wir es mit einer Gattungsschuld zu tun haben. Denn unser Gesetz denkt sich offenbar den Kreis der Sachschuldverhältnisse durch das Begriffspaar Genus- und Speziesschuld geschlossen. Seine Vorschriften sind entweder auf die eine oder andere Schuldart zugeschnitten. Wenn nun auf ein Schuldverhältnis die Vorschriften über Speziesschulden keine Anwendung finden können, so gehört es notwendig in die Kategorie der Gattungsschuld. Wollte man auch letzteren Begriff nicht anwenden, so stünde man einer ganzen Gruppe von Erscheinungen gegenüber, die im praktischen Leben durchaus möglich, nicht einmal selten sind, aber einer rechtlichen Regelung überhaupt entbehren würden. Solche Erscheinungen aber sind bei dem in der angegebenen Beziehung geschlossenen System unseres Gesetzes undenkbar.

Dies vorausgeschickt, betrachten wir die einzelnen, die Gattungsschuld betreffenden Vorschriften unseres Gesetzes im Hinblick auf unseren besonderen Fall.

I. Der § 243 Abs. 1 BGB. bestimmt: „Wer eine nur der Gattung nach bestimmte Sache schuldet, hat eine Sache mittlerer Art und Güte zu leisten.“ Schon gleich diese Bestimmung wird in aller Regel auf unseren Fall nicht anwendbar sein. Sie bezieht sich natürlich nur auf solche generische Schulden, bei denen die genannte Gattung so umfassend ist, daß sie verschiedene Sorten in sich schließt. Und sie bestimmt unter diesen mehreren Sorten diejenige, aus der im Zweifel geleistet werden soll. Es ist einleuchtend, daß gerade in unserem Fall die Voraussetzungen für die Anwendung der Bestimmung regelmäßig fehlen werden. Wenn nämlich der Komplex, aus welchem erfüllt werden soll, individuell bestimmt ist, so haben wir es in aller Regel nicht mit verschiedenen Sorten zu tun, unter denen die mittlere maßgebend wäre. Es ist nicht Ware mittlerer Art und Güte zu liefern, sondern es ist gerade von der Ware zu leisten, wie sie der betreffende individuelle Komplex umfaßt, mag nun dieselbe über dem Durchschnitt gleichartiger Waren stehen oder hinter demselben noch so erheblich zurückbleiben.

Die Unanwendbarkeit des § 243 BGB. spricht aber offensichtlich nicht gegen die Annahme einer Gattungsschuld [1]. Denn diese Vorschrift gilt auch bei einer großen Zahl von unzweifelhaften Gattungsschulden nicht, nämlich bei allen denjenigen, bei denen die Gattung nur eine Sorte umfaßt, bei denen also unter mehreren möglichen Sorten die im Einzelfall gewollte unzweideutig bezeichnet oder aus den Umständen erkennbar ist. Wenn ich zwanzig Flaschen Steinberger Kabinett 1893 bestelle, so ist klar, daß der § 243 BGB. ebenfalls nicht zur Anwendung kommen kann: es ist mir nicht Wein mittlerer

---

[1] Sie wird als ein Hauptargument benutzt von Oertmann, Kommentar 3./4. Aufl. S. 19: „Übrigens würden die Regeln über die Gattungsschuld, namentlich die des Abs. 1 § 243, auf solche Verhältnisse auch gar nicht passen"; ebenso Ricken, Konzentration der Gattungsschuld S. 5. Daß dies nicht schlechthin zutrifft, wird dagegen mit Recht hervorgehoben von Enneccerus, Lehrbuch 4./5. Aufl. I 2 S. 16 Anm. 10; ferner von Kuhlenbeck in Staudinger 3./4. Aufl. S. 18; Fischer in Iherings Jahrbüchern Bd. 51 S. 182f.

Art und Güte zu leisten. Und doch haben wir es mit einem unbestreitbaren Fall der Gattungsschuld zu tun. Je bestimmter die Sorte bezeichnet oder je enger der Kreis der maßgebenden Gattung, um so weniger Gelegenheit bleibt zur Anwendung der angeführten Vorschrift. Aber an dem Charakter der Schuld als einer generischen wird dadurch nichts geändert.

Dies läßt sich besonders klar aus dem Fall ersehen, daß nicht „zehn Liter aus dem Faß X“ versprochen sind, sondern zehn Liter Wein „von der Sorte, wie sie sich im Faß X befindet“. Daß auch hier der § 243 BGB. nicht Platz greift, daß also nicht Sachen mittlerer Art und Güte zu liefern sind, unterliegt keinem Zweifel. Ebenso sicher aber haben wir es mit einer Gattungsschuld zu tun. Darum kann der Umstand, daß beim Versprechen von zehn Litern aus dem individuellen Faß die mehrerwähnte Bestimmung außer Anwendung bleibt, der Annahme einer Gattungsschuld nicht im Wege stehen.

Aus dem dargelegten Grunde wird in unserem speziellen Fall auch der Abs. 1 des § 2155 BGB. meist keine Anwendung finden. Er lautet: „Hat der Erblasser die vermachte Sache nur der Gattung nach bestimmt, so ist eine den Verhältnissen des Bedachten entsprechende Sache zu leisten.“ Auch diese Bestimmung läßt sich nur in Fällen anwenden, in denen die Gattung, aus welcher der vermachte Gegenstand geleistet werden soll, mehrere Sorten umfaßt, von denen nicht durch ausdrücklichen Willensakt des Erblassers oder durch die Umstände des Falles eine einzelne als maßgebend erkennbar gemacht ist. Die eben angeführte Bestimmung hat offenbar, abgesehen von ihrer Beziehung auf die Vermächtnisschuld, das gleiche Anwendungsgebiet wie der vorhin erwähnte § 243 Abs. 1. Sie bezieht sich, wie jener, auf Gattungen mit einer Mehrheit von Sorten, und sie stellt nur, statt des dort vorgesehenen objektiven Kriteriums der mittleren Art und Güte, den subjektiven Maßstab der Verhältnisse des Bedachten auf. Aber hier wie dort ist vorausgesetzt, daß die Sorte nicht anderweitig festgelegt ist. Es leuchtet nun ohne weiteres ein, daß diese Voraussetzung in dem Falle nicht erfüllt ist, in welchem aus einem individuellen Vorrat eine Quantität vermacht ist. Hier gehört in aller Regel die Quantität derselben Sorte an wie der Gesamtvorrat. Wenn z. B. jemand zehn Liter aus dem Faß X vermacht, so erhält der Bedachte notwendig Wein von der Art des betreffenden Vorrats, gleichgültig, ob dieselbe „seinen Verhältnissen entspricht“ oder nicht.

Nach dem Gesagten muß zugegeben werden, daß §§ 243 Abs. 1 und 2155 Abs. 1 in der überwiegenden Mehrzahl der Fälle auf den hier betrachteten Tatbestand keine Anwendung finden können. Es wäre aber irrtümlich, ihre Anwendbarkeit schlechthin auszuschließen. Es lassen sich sehr wohl Fälle denken, in denen die bezeichneten Vorschriften trotz der individuellen Bezeichnung des Vorrats zur Geltung kommen müssen. Diese Möglichkeit wird um so eher gegeben sein, je größer man sich den maßgebenden Vorrat denkt, und je leichter es demgemäß vorkommt, daß zu demselben mehrere Sorten gehören. Wenn ein Zigarrenhändler, der demnächst sein Geschäft aufgeben will, aus diesem Anlaß mehreren seiner Freunde formgültig verspricht: Ich werde Dir „tausend Zigarren aus meinem Laden“ schenken, so besteht einerseits kein Zweifel, daß wir es mit einer Quantitätschuld aus einem individuellen Vorrat zu tun haben. Ebenso sicher ist aber andererseits, daß in einem solchen Falle jeder Freund nicht die beste Sorte beanspruchen kann, andererseits auch nicht die schlechteste sich gefallen lassen muß, daß vielmehr nach dem Grundsatz des § 243 BGB. jeder das Recht auf eine Sache mittlerer Art und Güte hat. Und wenn ein alter Junggeselle seinem Kammerdiener und seinem Neffen je hundert Flaschen aus seinem Weinkeller vermacht, so wird nicht zu bezweifeln sein, daß jeder der Bedachten in Gemäßheit des § 2155 BGB. Anspruch auf eine „seinen Verhältnissen entsprechende" Weinsorte haben wird. In den soeben angeführten beiden Beispielen ist klar, daß wir irgendwelcher Normen bedürfen, nach denen unter den mehreren zum individuellen Vorrat gehörigen Sorten zu wählen ist. Würden wir die vorhin angeführten Vorschriften nicht zur Anwendung bringen, so ständen wir einer unausgefüllten Lücke gegenüber. Die Vorschriften über Gattungsschulden wären nicht anwendbar. Andererseits fehlt es natürlich bei der Speziesschuld, bei welcher ja das Objekt nicht nach Gattung, Art, Sorte benannt ist, an jeder Bestimmung, nach welcher man bei den geschilderten Tatbeständen die Auswahl vorzunehmen hätte. Wir sind also genötigt, zwischen der Annahme einer Spezies- und einer Gattungsschuld eine Entscheidung zu treffen. Da nun die erstere uns für die Lösung der Schwierigkeit keinen Anhalt gibt, da andererseits die §§ 243, 2155 BGB. auf Fälle, wie die vorhin behandelten, nach Voraussetzung und Zweck vollkommen passen, so ist kein Zweifel, daß wir sie zur Anwendung bringen müssen. Damit ist aber zugleich bewiesen, daß wir es mit einer Speziesschuld nicht zu tun haben, daß vielmehr eine Gattungsschuld gegeben ist.

II. Die Frage, ob die eine oder andere Schuldart

vorliegt, ist weiter von erheblicher Bedeutung für die Annahme und die rechtliche Behandlung der Unmöglichkeit und des Unvermögens zur Leistung.

1. Wir betrachten zunächst die objektive Unmöglichkeit. Bei der Speziesschuld ist eine solche gegeben, wenn der individuelle Gegenstand der Schuld nicht mehr besteht. Bei der Gattungsschuld liegt sie erst vor, wenn die ganze Gattung untergegangen oder doch so stark verringert ist, daß die übrigbleibende Quantität zur Erfüllung der Verbindlichkeit nicht mehr ausreicht. Es liegt gerade im Begriff der generischen Schuld begründet, daß der Untergang von Gattungsobjekten und die dadurch bewirkte Verminderung der Gattung die Möglichkeit der Leistung im Prinzip nicht berührt (sofern noch genügend Objekte der betreffenden Art vorhanden bleiben). Eine Schuld von tausend Zigarren bestimmter Sorte kann — objektiv genommen — so lange erfüllt werden, als es noch so viele Stück dieser Art auf der Welt gibt, mögen im übrigen Millionen gleichartiger Objekte untergehen, und mögen gerade die tausend Stück, die der Schuldner zur Leistung bestimmt hatte, durch irgendeinen Umstand vernichtet werden. Dies hängt damit zusammen, daß nicht gerade die in Aussicht genommenen Erfüllungsobjekte die individuell geschuldeten waren, daß vielmehr irgendwelche tausend Stück der vorgesehenen Art versprochen sind. Der tiefste Grund für die fortdauernde Möglichkeit der Leistung ist auch hier die wechselseitige Vertretbarkeit der Gattungsachen. Die bei Untergang eines Teils der Gattung übrigbleibenden Sachen sind daher zur Leistung ebensogut geeignet wie die vernichteten; deshalb bleibt die Leistung, objektiv genommen, möglich,

sofern eben die Gattung selbst (genauer die Gesamtheit der dazu gehörigen Objekte) noch nicht untergegangen ist.

Wenden wir diesen Gesichtspunkt auf den Fall an, daß aus einem bestimmten Vorrat eine gewisse Quantität versprochen ist. Hier ist klar, daß eine Verminderung des Vorrats an sich die Möglichkeit der Leistung nicht ausschließt. Wenn das zweihundert Liter enthaltende Faß, aus welchem zehn zugesagt sind, halb ausläuft, so bleibt es nach wie vor möglich, die obengenannte Quantität aus demselben zu liefern. Da nämlich irgendwelche zehn Liter zur Erfüllung geeignet sind, so kann man nicht sagen, daß sich die geschuldeten gerade unter den ausgelaufenen befunden haben. Der Vorrat, aus welchem zu leisten ist, besteht trotz seiner Verminderung weiter. Er enthält noch eine zur Erfüllung ausreichende Quantität. Die Leistung ist mithin nicht, auch nicht einmal teilweise, unmöglich geworden. Das schädigende Ereignis, welches den Kreis der tauglichen Erfüllungsobjekte vermindert hat, ist auf die Möglichkeit und den Umfang der Leistung ohne Einfluß geblieben. Nun aber ist, wie wir vorhin sahen, gerade die eben geschilderte Erscheinung für das Vorliegen einer Gattungsschuld kennzeichnend. Daß der Kreis der zur Erfüllung geeigneten Objekte sich vermindern kann, ohne daß hierdurch eine (völlige oder teilweise) Unmöglichkeit der Erfüllung herbeigeführt wird, ist bei einer Speziesschuld undenkbar. Daraus dürfen wir schließen, daß die Quantitätsschuld aus einem individuellen Vorrat sich nicht als Speziesschuld, sondern als Gattungsschuld darstellt.

Dies wird ohne weiteres klar, wenn wir zum Vergleich zwei andere Fälle heranziehen. Wenn nicht irgendwelche zehn Liter aus dem Faß X versprochen werden, sondern zehn bereits abgefüllte, individuell bezeichnete Flaschen, so ist kein Zweifel, daß wir es mit einer Speziesschuld zu tun haben. Gehen nun gerade diese zehn Flaschen zugrunde, so wird hierdurch sicherlich eine objektive Unmöglichkeit der Leistung bewirkt; und zwar ist eine vollständige Unmöglichkeit gegeben. Ist andererseits das ganze individuelle Faß X versprochen, so ist ebenfalls Speziesschuld anzunehmen. Und wenn dieses Faß halb ausläuft, so ist sicherlich die Leistung zur Hälfte unmöglich geworden. In beiden Fällen hat das schädigende Ereignis Objekte getroffen, die zur Leistung nicht bloß tauglich, sondern allein tauglich waren, die im Sinne des Vertrags durch andere, gleichartige nicht ersetzt werden können. Von beiden Tatbeständen nun unterscheidet sich gerade unser Fall auf das Allerwesentlichste. Von dem ersten dadurch, daß nicht gerade bestimmte zehn (aus dem Faß herrührende), sondern irgendwelche zehn aus diesem Faß versprochen waren, daß also ein Unfall, der nur zehn Liter vernichtet (mögen diese sogar diejenigen sein, welche der Schuldner zur Erfüllung bestimmt hatte), die Leistung nicht unmöglich macht, solange eben noch irgendwelche zehn andere vorhanden bleiben. Und von dem anderen Tatbestand weicht unser Fall in der Weise ab, daß nicht der ganze Vorrat, also die Gesamtheit der zu ihr gehörigen Objekte geschuldet ist, nämlich nicht das gesamte Faß X, sondern nur eine absolut bestimmte Quantität daraus, daß also wiederum der schädigende Umstand, der die Hälfte der Vorrats vernichtet, nicht gerade die Erfüllungsobjekte zerstört, da diese ebensogut aus der verbleibenden Hälfte entnommen werden können.

Unser Fall zeigt also im Gegensatz zu den beiden anderen gerade die charakteristische Eigentümlichkeit der Gattungsschuld, die Erscheinung nämlich, daß die Möglichkeit der Gattungsschuld nicht berührt wird durch Umstände, die den Kreis der zur Erfüllung tauglichen Leistungsobjekte vermindern.

Nun ist es freilich denkbar, daß der gesamte Vorrat, aus welchem die quantitativ bestimmte Leistung erfolgen soll, durch irgendeinen zufälligen oder verschuldeten Umstand vernichtet wird: das ganze Faß, aus welchem zehn Liter versprochen waren, läuft aus, sei es infolge der Handlung eines Dritten, sei es infolge eines anderen zufälligen Ereignisses, sei es infolge der Nachlässigkeit oder einer vorsätzlichen Handlung des Schuldners. Hier kann nicht bezweifelt werden, daß die Leistung objektiv unmöglich geworden ist: kein Mensch ist in der Lage, aus dem nicht mehr existierenden Inhalt des Fasses zehn Liter zu liefern. Auch dieses Ergebnis steht in vollem Einklang mit den Regeln der Gattungsschuld. Es ist allgemein anerkannt und unbestreitbar, daß auch eine generisch versprochene Leistung unmöglich werden kann, dann nämlich, wenn die gesamte Gattung zu bestehen aufhört, genauer: wenn alle zu ihr gehörigen Gegenstände untergehen. Dies trifft aber in dem vorausgesetzten Falle zu. Die Erfüllung wird nicht etwa unmöglich, weil das Faß (zum Teil) geschuldet war, ähnlich wie die Speziesschuld es wird, wenn ihr Gegenstand untergeht; sondern sie wird unmöglich, weil Objekte von der Eigenschaft und Art, wie sie versprochen waren, nicht mehr existieren. Man kann zwar nicht sagen, welche von den untergegangenen Objekten zur Leistung verwendet worden wären (ob diese oder jene zehn Liter). Wohl aber steht fest, daß infolge Untergangs des ganzen Vorrats jedenfalls auch diejenigen Stücke fortgefallen sind, mit Hilfe deren zu erfüllen gewesen wäre. Die Unmöglichkeit tritt ein, weil der vernichtende Umstand (zwar nicht die von vorneherein individuell geschuldeten, wohl aber) alle tauglichen Leistungsobjekte trifft.

Es ist nun klar, daß bei Fällen, wie sie hier vorausgesetzt sind, eine objektive Unmöglichkeit leichter eintreten wird, als bei sonstigen Fällen der Gattungsschuld. Ein individuell bestimmter Vorrat wird selbstverständlich in seiner Gesamtheit eher untergehen als eine sonstige Gattung; schon deshalb, weil sein Umfang ein viel geringerer ist, und namentlich, weil seine einzelnen Bestandteile räumlich vereinigt sind. Bei den meisten Gattungen dagegen ist der Kreis der zugehörigen Objekte so ausgedehnt und sind die Bestandteile räumlich so mannigfach verstreut und voneinander entfernt, daß ein vollkommener Untergang der Gattung, d. h. aller ihrer Stücke, höchst unwahrscheinlich ist. Diese Verschiedenheit spricht aber natürlich nicht gegen die hier vertretene Auffassung. Sie ist eine rein quantitative[2]. Auch

---

[2] Deshalb ist es logisch nicht ganz genau, wenn Enneccerus, Lehrbuch 4./5. Aufl. Bd. I Abt. 2 S. 16 III bemerkt: „In der Wirkung unterscheidet sich aber eine solche Schuld (gemeint ist die Schuld einer Quantität aus individuellem Vorrat) wesentlich von einer unbegrenzten Gattungsschuld. Während bei der letzteren von Unmöglichkeit der Leistung nur beim Untergang der ganzen Gattung die Rede sein kann, tritt bei der begrenzten Gattungsschuld die Unmöglichkeit der Leistung schon ein, wenn die Menge, aus der entnommen werden soll, untergeht oder aus anderen Gründen die Leistung aus dieser Menge unmöglich wird." — Sieht man aber genauer zu, so ist das Prinzip in beiden Fällen genau das gleiche. Die Erfüllung der Gattungsschuld wird unmöglich,

sonst gilt der Satz, daß, je kleiner die Gattung, um so leichter die Gattungsschuld objektiv unmöglich werden kann. Ein konkreter Vorrat aber ist, eben weil er individuell bestimmt ist, naturgemäß von vornherein enger begrenzt als eine lediglich durch Artmerkmale bezeichnete Gattung. Immerhin kann auch eine recht ausgedehnte Gattung untergehen oder unzugänglich werden: daher denn auch der Satz genus perire non censetur in dieser Allgemeinheit sicherlich unzutreffend ist[3]. Und jedenfalls ist der Gegensatz kein absoluter. Es gibt große Vorräte, es gibt kleine (durch Artmerkmale bezeichnete) Gattungen. Wenn einerseits eine bestimmte Quantität Wein aus den Kellereien einer Weingroßfirma oder Kohlen aus dem Bergwerk X oder Getreide aus der Schiffsladung Y versprochen wird, so kann man nicht sagen, daß der Vorrat ein kleiner sei. Wenn umgekehrt eine (irgendeine) seltene Freimarke bestimmter Art versprochen wird, so ist die Gattung eine sehr enge und leicht zu erschöpfende. Hier wie

---

wenn die gesamte Gattung untergeht. Nur ist dieser Vorgang in dem einen Fall tatsächlich seltener als in dem anderen. Das eine Mal ist die Gattung eine weitere, vielleicht faktisch unbegrenzte; das andere Mal ist sie eine beschränkte, in dem individuellen Vorrat bestehende. Dort ist also die Unmöglichkeit der Leistung eine seltenere, hier eine häufigere. Aber begrifflich gilt hier wie dort die gleiche Regel. — Daß durch Untergang des gesamten Vorrats der Schuldner frei wird, wurde übrigens schon von Goldschmidt, Handelsrecht 2. Aufl. 2. Bd. S. 19 § 61 Anm. 1 als ein Argument gegen die generische Natur des Schuldverhältnisses geltend gemacht; ebenso von Dernburg Pandekten 5. Aufl. Bd. 2 S. 75 § 25 a. E., und Obligationenrecht Preußens und des Reichs 5. Aufl. S. 66 § 28 S. 66.

[3] So schon Ihering in seinen Jahrbüchern Bd. 4 S. 394, dem sich zahlreiche Schriftsteller angeschlossen haben.

dort aber ist das für den generischen Charakter der Schuld entscheidende Begriffsmerkmal gegeben, daß die Schuldobjekte, um zur Leistung tauglich zu sein, einem irgendwie bestimmten größeren Komplex zu entnehmen sind, daß also erst mit dem mehr oder minder wahrscheinlichen Untergang dieses ganzen (engeren oder weiteren) Komplexes die Erfüllung unmöglich geworden ist[4].

Soviel vom Tatbestand der Unmöglichkeit. Ihre Wirkungen sind die gewöhnlichen. Beruht sie auf einem Umstand, der vom Schuldner nicht zu vertreten ist (mag er auch von einem Dritten verschuldet sein), so wird der Schuldner von seiner Leistungspflicht befreit. Wenn sie dagegen durch den Verpflichteten verschuldet wurde, so treten die regelmäßigen Folgen schuldhafter Nichterfüllung ein: also namentlich eine Verbindlichkeit des Schuldners zum Schadenersatz, eventuell beim gegenseitigen Vertrag auch ein Rücktrittsrecht des anderen Kontrahenten. Hat beispielsweise der Vertragsteil, der zehn Liter aus einem individuell bezeichneten Faß verkauft hatte, durch seine Unvorsichtigkeit das Auslaufen des ganzen Faßinhaltes verschuldet, so hat der Gegner die aus den §§ 323—325 BGB. folgenden Rechte. Das heißt: er hat die Wahl zwischen dem Schadenersatz

[4] Daß der Schuldner durch den Untergang des ganzen Vorrats befreit wird (ebenso wie übrigens auch durch gleichwirkende Tatbestände, z. B. staatliches Veräußerungsverbot oder Monopolisierung gewisser Fabrikate), wird auch im französischen Recht angenommen. Vgl. Dalloz, Jurispr. Gén. Suppl. Obligations Nr. 1244; Demolombe Bd. 28 Nr. 753, 759; Larombière zu Art. 1302 Nr. 2; Laurent 18 Nr. 515; — für das italienische Recht Polacco Vittorio, le obbligazioni nel diritto civile italiano S. 120.

wegen Nichterfüllung und dem Rücktritt vom Kaufvertrag, oder er kann verlangen, wie im Fall einer zufälligen Unmöglichkeit der ihm gebührenden Leistung behandelt zu werden, d. h. die Rechte des § 323 BGB. geltend zu machen.

Bestand endlich die objektive Unmöglichkeit der Erfüllung von vornherein (das Faß, aus welchem zehn Liter verkauft sind, war schon im Momente des Vertragsschlusses ausgelaufen), so ist nach § 306 BGB. der Vertrag, weil auf eine unmögliche Leistung gerichtet, von vornherein nichtig. Gegebenen Falles aber hat der eine Vertragsteil dem anderen das negative Vertragsinteresse zu ersetzen. Und in gewissen Fällen bedingten Abschlusses kann die zunächst gegebene Unmöglichkeit der Erfüllung außer Betracht bleiben, wenn sie eine bloß vorübergehende ist und bis zum Eintritt der Bedingung beseitigt wird: der Vertrag äußert alsdann seine Wirksamkeit[5].

2. Nicht ganz so einfach gestaltet sich bei der

[5] Die Literatur des französischen Rechtes behandelt die Frage des Textes im Anschluß an Art. 1302 C. c. Nach diesem Artikel erlischt die Obligation, „lorsque le corps certain et déterminé qui était l'objet de l'obligation vient à périr.“ Bei Behandlung der Frage nun, wann ein corps certain et déterminé geschuldet sei, wird auch der Fall erörtert, daß aus einem bestimmten Vorrat unbestimmte Stücke geschuldet sind: das klassische Beispiel ist das Versprechen mehrerer (irgendwelcher) Fässer aus einem bestimmten Keller. Die Lösung geht dahin, daß der Schuldner frei wird, wenn der ganze Inhalt des Kellers vernichtet wird. Zu vergleichen Demolombe Bd. 28 Nr. 754; Aubry-Rau 4. Aufl. § 33; zu Anm. 7; Laurent Bd. 18 Nr. 515 (freilich mit der oben S. 53 Anm. 2 erwähnten Distinktion); Larombière zu Art. 1302 Ziff. 5; Demante et Colmet de Santerre 2. Aufl. Bd. 5 Nr. 256 bis II; Dalloz, Jurispr. génér. v° Obligations Nr. 2829; eod. Suppl. eodem verbo Nr. 1244.

Schuld einer Quantität aus einem individuellen Vorrat die Behandlung des Unvermögens zur Leistung. Wie ist der Fall zu behandeln, daß zwar der Vorrat, aus welchem geleistet werden soll, objektiv existiert, daß aber der Schuldner persönlich außerstande ist, die erforderliche Quantität aus demselben zu leisten; sei es, weil er sich das Eigentum an demselben (welches er entweder niemals hatte oder welches ihm verloren ging) nicht verschaffen bzw. nicht wieder verschaffen kann, sei es, weil ihm der Besitz in zunächst unwiederbringlicher Weise entzogen ist (ein Dieb hat den Vorrat gestohlen und verborgen). Die Wirkungen einer solchen subjektiven Unmöglichkeit können nun bekanntlich verschiedene sein, je nachdem dieselbe eine anfängliche, d. h. bei Vertragsschluß bereits vorhandene, oder eine nachträgliche, nach dem angegebenen Zeitpunkt eingetretene ist.

a) Am einfachsten liegt noch der Fall des anfänglichen Unvermögens. Hier kann es nicht zweifelhaft sein, daß der Verpflichtete sein Unvermögen zu vertreten hat. Hat er z. B. zehn Liter aus einem individuellen Faß versprochen, welches ihm nicht gehört, und vermag er sich seinerseits die zur Erfüllung nötige Menge von dem Eigentümer desselben nicht zu verschaffen, so ist der Vertrag gültig, und der Leistungsunfähige hat dem Vertragsgegner den Schaden, und zwar das volle Erfüllungsinteresse zu ersetzen.

Hierfür macht es keinen Unterschied, wie man die Schuld einer Quantität aus einem bestimmten Vorrat konstruiert, ob als generische oder als Speziesschuld. Daß der Gattungsschuldner sein anfängliches Unvermögen zur Beschaffung der nötigen Objekte vertreten muß, geht schon daraus hervor, daß er sogar durch ein nachträglich eintretendes Unvermögen dieser Art nicht befreit wird (§ 279 BGB.). Aber auch wer eine fremde Spezies verspricht, ist nach der allgemein anerkannten richtigen Ansicht an seinen Vertrag gebunden und hat, wenn er sich die bestimmte Sache nicht verschaffen kann, an deren Stelle das Interesse zu ersetzen. Ob man im übrigen die Ersatzpflicht durch eine (gesetzliche?) Garantiepflicht des Versprechenden oder durch irgendeinen anderen Rechtsgrund erklären will, ist unerheblich: jedenfalls geht aus dem Gegensatz zu § 306 BGB., welcher den auf eine objektiv unmögliche Leistung gerichteten Vertrag für nichtig erklärt, mit voller Deutlichkeit hervor, daß die bloß subjektive Unmöglichkeit der Erfüllung das Versprechen derselben nicht unwirksam macht. Alsdann aber kann die daraus erwachsende Verbindlichkeit nur diejenige auf Ersatz des Erfüllungsinteresses sein. Für den Fall des anfänglichen Unvermögens macht es also keinen Unterschied, ob man sich die Schuld einer Quantität aus einem bestimmten Vorrat als Gattungs- oder Speziesschuld vorstellt.

b) Hinsichtlich des nachträglich eintretenden Unvermögens zur Leistung muß wiederum unterschieden werden, ob dasselbe vom Schuldner zu vertreten ist oder nicht.

α) Hat der Verpflichtete die nachträgliche subjektive Unmöglichkeit zu vertreten, so treffen ihn die Folgen schuldhafter Nichterfüllung. Grundsätzlich hat er dem Gläubiger den Schaden zu ersetzen. Auch stehen diesem bei gegenseitigen Verträgen die übrigen Rechte der §§ 323 und 325 BGB. zu. Wenn beispielsweise der Eigentümer des Fasses X, der aus demselben zehn Liter versprochen hatte, das ganze Faß an B verkauft und übereignet, und sich dadurch außerstande setzt, gegenüber dem Erstgenannten zu erfüllen, so kann dieser das Vertragsverhältnis als nach § 323 aufgehoben behandeln oder aber vom Vertrage zurücktreten oder endlich Schadenersatz wegen Nichterfüllung verlangen. Auch hierfür ist es gleichgültig, wie man die Schuld einer Quantität aus bestimmtem Vorrat rechtlich auffassen will. Sieht man sie als eine Speziesschuld an, so ergeben sich die dargelegten Rechtsfolgen aus dem § 280 Abs. 1 BGB., nach welchem der Schuldner dem Gläubiger den durch die Nichterfüllung entstehenden Schaden zu ersetzen hat, „soweit die Leistung infolge eines von dem Schuldner zu vertretenden Umstandes unmöglich wird“, in Verbindung mit dem auf den gegenseitigen Vertrag bezüglichen § 325 BGB. Nimmt man dagegen eine Gattungsschuld an, so ergibt sich die Haftung des Schuldners aus § 279 BGB. Hat danach der Schuldner sein Unvermögen zur Leistung auch dann zu vertreten, „wenn ihm ein Verschulden nicht zur Last fällt“, so muß dies erst recht gelten, wenn ihn im gegebenen Fall ein solches Verschulden trifft. Hier wie dort gelangen wir also zu dem gleichen praktischen Ergebnis: die theoretische Konstruktion ist gleichgültig.

β) Zweifelhafter ist der Fall, daß das nachträgliche Unvermögen des Schuldners zur Erfüllung von ihm nicht verschuldet ist. Das Faß X, aus welchem die zehn Liter versprochen waren, wird nach Begründung des Schuldverhältnisses dem Verpflichteten ohne sein Verschulden von einem Dritten gestohlen, und zwar unter solchen Umständen, daß sich der Leistungspflichtige das Objekt nicht wiederverschaffen kann, etwa weil der Täter ins Ausland geflüchtet ist oder den Gegenstand versteckt hat. Soll hier der Schuldner dieses sein (unverschuldetes) Unvermögen zu vertreten haben? Nimmt man mit uns Gattungsschuld an, so scheint sich die Bejahung notwendig aus § 279 BGB. zu ergeben: „Ist der geschuldete Gegenstand nur der Gattung nach bestimmt, so hat der Schuldner, solange die Leistung aus der Gattung möglich ist, sein Unvermögen zur Leistung auch dann zu vertreten, wenn ihm ein Verschulden nicht zur Last fällt." Danach müßte in dem genannten Beispiel der Verpflichtete dem Gläubiger Schadenersatz wegen Nichterfüllung leisten, wenn nicht dieser es vorzieht, vom Vertrage zurückzutreten.

Dieses Ergebnis ist offensichtlich unhaltbar. Die unbefangene Rechtsauffassung deutet darauf hin, daß im vorausgesetzten Fall der Schuldner durch das nachträglich eintretende Unvermögen zur Leistung befreit sein muß. Dies lehrt ohne weiteres auch der Vergleich mit dem Fall, daß er das ganze Faß X geschuldet hätte. Hier unterliegt es keinem Zweifel, daß er durch den nachträglichen unverschuldeten Diebstahl desselben frei geworden wäre (§ 275 BGB.). Also muß er durch dieses Ereignis erst recht liberiert werden, wenn er nicht das ganze Faß, sondern nur eine bestimmte Quantität daraus schuldet. Er kann nicht, wenn er auf weniger verpflichtet ist, schärfer haften, als wenn er mehr schuldet. Er kann mithin das nachträglich eintretende Unvermögen, sofern es unverschuldet ist, nicht zu vertreten haben. Die Behandlung ist also die gleiche wie bei der Speziesschuld.

Darin scheint nun ein starkes Argument gegen unsere Auffassung zu liegen. Wenn wir zugeben, daß der auf die Gattungsschuld bezügliche § 279 BGB. keine

Anwendung findet, so scheint es, als müßten wir weiter zugestehen, daß in unserem Fall keine Gattungsschuld anzunehmen ist. Allein dieser Schluß wäre verfehlt. Das vorhin vertretene, zweifellos richtige Ergebnis der Befreiung des Schuldners läßt sich mit dem § 279 BGB. sehr wohl vereinbaren. Nur muß diese Bestimmung richtig ausgelegt werden. Der Grundgedanke der Vorschrift ist nämlich der: Gattungsobjekte sind in der Regel, eben wegen ihres vertretbaren Charakters, dem Verkehr unterworfen. Solange die Gattung überhaupt noch besteht, ist man in der Lage, sich Objekte daraus zu verschaffen. Wer eine Quantität aus der Gattung schuldet, kann sich die zur Erfüllung nötigen Objekte verschaffen, wenn er über die hierzu erforderlichen Geldmittel verfügt. Das Leistungsvermögen ist hier eine Geldfrage. Wer aber die Mittel nicht hat, trägt, wie auch sonst, die Folgen seiner wirtschaftlichen Schwäche: er hat seinen Mangel an ökonomischer Leistungsfähigkeit zu vertreten. Beruht dagegen sein Unvermögen zur Erfüllung der Gattungsschuld auf anderen Gründen, so gelten die gewöhnlichen Grundsätze. Das heißt, der Schuldner hat alsdann sein Unvermögen nur zu vertreten, wenn es von ihm verschuldet ist. So verhält es sich beispielsweise, wie in der Literatur überwiegend anerkannt wird, wenn das Leistungsunvermögen des Schuldners darauf beruht, daß er ohne seine Schuld in seiner Freiheit beeinträchtigt wird, daß er infolge außerordentlicher Ereignisse die nötigen Transportmittel nicht auftreiben kann usw. Überall liegt Unvermögen vor, welches er nicht zu vertreten hat, obgleich es sich unzweifelhaft um eine Gattungsschuld handelt. Gleiches gilt namentlich für den Fall, daß die an sich vorhandene

Gattung infolge besonderer Umstände tatsächlich dem Verkehr mehr oder minder entzogen ist, daß z. B. infolge eines Krieges auf Getreide oder sonstige Lebensmittel Beschlag gelegt wird, so daß ein Privater Gattungssachen dieser Art, bei aller wirtschaftlichen Leistungsfähigkeit im übrigen, sich nicht zu verschaffen vermag. Entsprechendes ist anzunehmen, wenn etwa die Gattungsobjekte nach dem übereinstimmenden Willen der Vertragsparteien erst aus dem Auslande beschafft werden sollen, und wenn ein nunmehr erfolgendes Einfuhrverbot die Herbeischaffung der betreffenden Ware verhindert. Hier besteht nicht der geringste Zweifel, daß der Schuldner sein Unvermögen nicht zu vertreten hat. Vielmehr sind Fälle der geschilderten Art so zu behandeln, als ob die Leistung aus der Gattung unmöglich (objektiv unmöglich) geworden wäre.

Nun werden natürlich Fälle dieser Art um so seltener vorkommen, je umfangreicher die Gattung ist, aus welcher die Leistung versprochen wurde. Dies hängt damit zusammen, daß es, je größer die Gattung, um so wahrscheinlicher ist, daß die dazu gehörigen Objekte Gegenstand des Verkehrs, also für Geld zu bekommen sind. Je kleiner dagegen die Gattung wird, um so leichter kann es vorkommen, daß sie trotz Weiterbestehens zugehöriger Objekte tatsächlich dem Verkehr entzogen wird, und daß ihre Bestandteile, wenn auch nicht rechtlich, so doch faktisch aufhören, „negoziabele“ Objekte zu sein[6]. Scheidet eine solche (kleinere) Gattung nachträglich aus dem Verkehr aus, derart, daß sie für Geld

[6] Der Ware fehlt es an der Negoziabilität nicht im Sinne einer fehlenden Nachfrage, sondern im Sinne eines fehlenden Angebots.

überhaupt nicht oder doch nur unter ganz unverhältnismäßigen Opfern zugänglich ist, so steht der § 279 ZPO. durchaus nicht im Wege, den Schuldner hier für frei zu erklären, obgleich eine Gattungsschuld in Frage steht. Der Fall, daß die Gattungsleistung nicht nur für ihn, sondern für die Allgemeinheit (bis auf einen einzigen Menschen oder auf einige wenige Individuen) unerbringlich ist, muß dem Falle gleichbehandelt werden, daß die Leistung aus der Gattung unmöglich ist: d. h. eben im praktischen Ergebnis, der Schuldner wird frei. Man nehme den Fall, daß jemand, der von einem aus einer fürstlichen Schloßkellerei zu beziehenden Qualitätswein, welcher bisher verkäuflich war, eine bestimmte Quantität zu leisten verspricht, daß dann zwischen Vertragsschluß und Lieferungstermin die Kellereiverwaltung beschließt, die betreffende Sorte nicht mehr feilzuhalten, sondern für den fürstlichen Haushalt zu reservieren. Hier wird trotz des § 279 BGB. nicht zu bezweifeln sein, daß der Schuldner sein Unvermögen nicht zu vertreten braucht, obgleich die Leistung im objektiven Sinne noch möglich ist (nämlich für den Eigentümer der fraglichen Weinsorte). Die Außerverkehrsetzung der betreffenden Gattung ist für sein konkretes Schuldverhältnis nicht anders zu behandeln wie ein Untergang derselben: er wird also frei. Und doch besteht nicht der geringste Zweifel, daß wir es mit einem Fall der Gattungsschuld zu tun haben.

Übertragen wir diese Grundsätze auf den besonderen Fall der Schuld einer Quantität aus individuellem Vorrat. Hier ist klar, daß die Gattung (wenn überhaupt mit uns eine solche angenommen wird) genau umschlossen und begrenzt ist. Darum kann es hier erheblich leichter als in sonstigen Fällen der Gattungsschuld vorkommen, daß der ganze Vorrat der ausschließlichen Verfügungsmacht eines einzelnen Individuums unterliegt, von welchem er dem Verkehr tatsächlich vorenthalten wird. Es fehlt alsdann der Gattung der Charakter der Negoziabilität, wie er den meisten anderen Gattungen innewohnt. Die einzelnen Gattungsobjekte sind nicht ohne weiteres im Verkehr für Geld zu bekommen. Sie sind für etwaige Liebhaber (vielleicht nicht schlechter, aber auch) nicht besser zugänglich als individuell bezeichnete Gegenstände. Für solche Fälle trifft der Grundgedanke des § 279 BGB. offensichtlich nicht zu. Wenn insbesondere dem Eigentümer des Fasses X, der daraus eine Quantität versprochen hatte, dasselbe ohne seine Schuld gestohlen wird, und zwar derart, daß es (zwar existiert, aber) von ihm nicht wiederzuerlangen ist, so ist der Grund seines Unvermögens nicht Mangel an ökonomischer Leistungsfähigkeit, welcher ihn verhindern würde, sich Erfüllungsobjekte zu verschaffen, die normalerweise im Verkehr zu bekommen sind, sondern der Grund ist der, daß der betreffende Vorrat überhaupt dem Verkehr entzogen ist. Die Sache liegt nicht so, daß speziell der Schuldner zur Leistung unvermögend wäre; sondern man kann (den einzigen Dieb ausgenommen) überhaupt allgemein aus dem individuellen Faß keine zehn Liter bekommen. Es könnte hier geradezu von einer objektiven Unmöglichkeit der Gattungsleistung gesprochen werden. Der Fall ist begrifflich kein anderer, wie wenn etwa der Staat auf die gesamten Waren, von denen eine Quantität versprochen war, im Kriegsfall Beschlag legt. Geradeso wie man dort eine objektive Unmöglichkeit der generischen Leistung annimmt, obgleich ein Rechtssubjekt, nämlich der Staat, erfüllen könnte, ebenso kann man in unserem besonderen Fall sagen, die Leistung aus dem individuellen Vorrat sei (nicht nur für den Schuldner, sondern) überhaupt unmöglich geworden, obgleich ein Mensch, nämlich der Dieb, zur Erfüllung aus dem von ihm verborgenen Vorrat in der Lage wäre. Wie nun in dem ersten Fall die generische Natur der Schuld außer Zweifel steht, so wird auch in dem zweiten Fall der gattungsmäßige Charakter der Verbindlichkeit nicht dadurch widerlegt, daß der Schuldner für das nachträglich eintretende Unvermögen nicht schlechthin haftbar gemacht werden kann. Der richtig verstandene § 279 ZPO. steht der Befreiung des Schuldners, soweit diese nach Lage des Falles angemessen erscheint, durchaus nicht im Wege.

Daß aber bei der Quantitätsschuld aus einem individuellen Vorrat eine generische und nicht eine Speziesschuld vorliegt, beweist der Umstand, daß auch hier nach Lage des Falles sehr wohl die verschärfte Haftung des § 279 BGB. Anwendung finden kann. Man nehme den Fall, daß der Schuldner, nachdem er die versprochenen zehn Liter aus dem Faß X ausgesondert hat, dasselbe an einen Dritten verkauft und übergibt, und daß nun die ausgesonderte Menge zufällig untergeht. Daß bei solcher Sachlage der § 279 BGB. Anwendung findet, unterliegt keinem Zweifel. Die ausgesonderten zehn Liter waren nicht gerade individuell geschuldet. Die Leistung aus der Gattung bleibt objektiv möglich, da das bei einem bekannten Eigentümer befindliche Faß noch nicht erschöpft ist. Der Verkauf durch den ursprünglichen Schuldner ist, da er nach Ausscheidung einer zur Erfüllung genügenden Quantität erfolgt, nicht als Verschulden anzusehen. Dieser Umstand hat aber sein Unvermögen zur Leistung bewirkt, wenigstens in dem Fall, daß er sich die zum Ersatz der untergegangenen zehn Liter erforderliche Quantität vom gegenwärtigen Eigentümer nicht zu beschaffen vermag. Also ist der Tatbestand des § 279 BGB. gegeben. Der Schuldner hat „sein Unvermögen zur Leistung auch dann zu vertreten, wenn ihm ein Verschulden nicht zur Last fällt“. Würden wir es dagegen mit einer Speziesschuld zu tun haben, so wäre der Verpflichtete durch den zufälligen Untergang der ausgesonderten Quantität nach § 275 BGB. befreit; von einer Haftung wäre keine Rede. Oder man nehme den Fall, daß der Vorrat, aus welchem die Quantität versprochen war, vor der Leistung durch einen Gläubiger des Schuldners gepfändet und versteigert wird. Hier wird nicht zu bezweifeln sein, daß er sein Unvermögen zur Leistung, obgleich er es, wenigstens im Falle völliger Mittellosigkeit, im eigentlichen Sinne des Wortes nicht verschuldet, d. h. nicht vorsätzlich oder fahrlässig herbeigeführt hat, dennoch in Anwendung des Grundgedankens des § 279 BGB. zu vertreten hat. Aus alledem ergibt sich, daß der § 279 BGB. auf die Quantitätsschuld aus einem bestimmten Vorrat keineswegs unanwendbar ist. Solche Anwendbarkeit aber ist mit der Annahme einer Speziesschuld völlig unverträglich.

III. Eine weitere Bestimmung, die sich auf die Schuld einer Gattungssache bezieht, ist der § 243 Abs. 2 BGB.: „Hat der Schuldner das zur Leistung einer solchen Sache seinerseits Erforderliche getan, so beschränkt sich das Schuldverhältnis auf diese Sache.“ Jede Gattungsschuld muß sich, da sie nur mit konkreten Stücken erfüllt werden kann, mit einem bestimmten Moment in eine Speziesschuld umwandeln. Die angeführte Bestimmung entscheidet die im Gemeinen Recht bekanntlich äußerst streitige Frage, in welchem Momente sich die sogenannte Konzentration der Gattungsschuld vollzieht. Und zwar ist die Entscheidung in wesentlicher Übereinstimmung mit der von Ihering begründeten sogenannten Lieferungstheorie erfolgt. Maßgebend ist der Augenblick, in welchem der Schuldner das zur Leistung seinerseits Erforderliche getan hat. Was im einzelnen dazu gehört, hängt natürlich von der Natur der Leistung und von dem Maß der dem Schuldner obliegenden Verpflichtung ab. Insbesondere macht es einen Unterschied, ob der Gläubiger die Ware bei ihm abholen muß, oder ob der Schuldner verpflichtet ist, sie (ohne Veränderung des Erfüllungsortes) nach einem anderen Orte zu versenden, oder ob endlich der Erfüllungsort derart verlegt ist, daß der Transport noch zu den Obliegenheiten des Schuldners gehört. Auf die Einzelheiten braucht hier nicht eingegangen zu werden.

Wohl aber ist zu untersuchen, ob die angeführte Gesetzesvorschrift auf den Fall der Schuld einer Quantität aus einem individuellen Vorrat Anwendung finden kann und muß. Daß die Frage zu bejahen ist, kann wohl nicht bezweifelt werden. Habe ich jemandem zehn Liter aus dem Faß X verkauft, und ist für meine Verpflichtung der Wohnsitz des Käufers als Erfüllungsort ausgemacht worden, so ist klar, daß sich meine Schuld auf die ausgeschiedenen und ausgesonderten zehn individuellen Liter erst konzentriert hat, wenn sie beim Adressaten angelangt sind. Gehen sie unterwegs zugrunde, so muß ich andere (irgendwelche andere) zehn Liter aus dem gleichen Vorrat liefern. Hätte ich bloß die Versendung übernommen, so würde die Konzentration mit Übergabe an den Transportmittler eingetreten sein, der Untergang der abgesonderten Ware mich also befreien. Und im Fall einer Holschuld würde sogar die Ausscheidung und Leistungsbereitschaft unter Mitteilung an den Gläubiger genügen, die Einschränkung auf bestimmte Sachen herbeizuführen.

Es ist nun einleuchtend, daß bei einer Speziesschuld für den Begriff der Konzentration kein Raum ist. Dort ist von vornherein die Schuld auf bestimmte, individuell bezeichnete Objekte beschränkt. Es ist begrifflich unmöglich, sich eine nachträgliche Beschränkung der Schuld auf einzelne Objekte vorzustellen, da doch der Schuldgegenstand von vornherein durch individuelle Merkmale bestimmt ist. Es kann nicht eine Schuld, deren Objekt von vornherein feststeht, genauer konkretisiert werden. Demgemäß kann nicht an die Stelle des untergegangenen Schuldobjektes ein anderes in dem Sinne treten, daß der Schuldner ihn leisten, der Gläubiger ihn verlangen könnte (die besonders gelagerten Fälle des Surrogats gemäß § 281 BGB. scheiden hier natürlich aus). Es kann nicht der zur Erfüllung bestimmte Gegenstand untergehen, ohne daß damit zugleich eben auch der Schuldgegenstand vernichtet würde. Es kann also zwar vorkommen, daß bei der Speziesschuld der Verpflichtete die Gefahr trägt in dem Sinne, daß er infolge Unmöglichkeit seiner eigenen Leistung auch den Anspruch auf die Gegenleistung verliert. Dagegen kann er niemals die Gefahr in dem Sinne tragen, daß er genötigt wäre, an die Stelle der vernichteten gleichartige und gleichwertige andere Sachen zu setzen. Denn bei der Speziesschuld kommt es eben auf die individuelle Sache, nicht auf eine Sache bestimmter Eigenschaft an. Wäre beispielsweise das ganze Faß X verkauft und würde dasselbe vor der Lieferung untergehen, so wäre allerdings das Schuldobjekt untergegangen (nicht deshalb, weil sich die Schuld nachträglich in irgendeinem Moment erst auf dieses Faß beschränkt hätte, sondern weil sie von vornherein nur auf Leistung desselben gerichtet war): von einer Konzentration könnte keine Rede sein. Sobald dagegen versprochen ist eine bestimmte Quantität daraus (die mit irgendwelchen individuellen Bestandteilen des ganzen Fasses X erfüllt werden kann), wirft sich naturgemäß die Frage auf, in welchem Moment die Verbindlichkeit, die auf irgendwelche zehn Liter ging, sich auf bestimmte zehn Liter konzentriert. Würden wir auf solche Fälle den § 243 Abs. 2 BGB. nicht anwenden, so stünden wir vor einer unausgefüllten und unausfüllbaren Lücke. Gerade, daß wir genötigt sind, jene Bestimmung zur Geltung zu bringen, um ein angemessenes Ergebnis zu gewinnen, beweist wiederum die generische Natur der untersuchten Schuldverhältnisse.

Der ganze Begriff der Konzentration hängt natürlich auf das allerengste mit dem Mangel individueller Bestimmtheit des Schuldgegenstandes zusammen. Er hat nur dort einen Sinn, wo einzelne zu einer größeren Menge gehörige Gegenstände zur Erfüllung tauglich sind, ohne daß andererseits irgendeiner derselben von vornherein individuell geschuldet wäre. Nur wenn der Schuldner von Anfang an ebensogut mit diesen als mit jenen Objekten (vorausgesetzt, daß sie zum maßgebenden größeren Kreis gehören) seine Verbindlichkeit erfüllen könnte, ist ein besonderer rechtlicher Vorgang denkbar, kraft dessen Schuldner von einem bestimmten Moment ab nur mehr einzelne dieser Objekte leisten muß und leisten darf. Nur bei einer zunächst vorliegenden individuellen

Unbestimmtheit der geschuldeten Sachen kann überhaupt gefragt werden, in welchem Momente nicht mehr irgendwelche Objekte aus einem größeren Ganzen, sondern bestimmte ausgeschiedene Stücke daraus den Gegenstand des Schuldverhältnisses bilden. Konzentration ist begrifflich eben nichts anderes als Umwandlung in eine Speziesschuld. Daher ist sie bei einer Schuld, die von vornherein diese Natur hatte, mit logischer Notwendigkeit ausgeschlossen. Es ist nun schon früher dargelegt worden, daß gerade bei der Schuld einer Quantität aus bestimmtem Vorrat die Erfüllungsobjekte nicht individuell bezeichnet sind. Zwar ist der Kreis, aus welchem sie zu wählen sind, bestimmt angegeben. Dagegen steht nicht fest, mit welchen individuellen Stücken aus dem Vorrat erfüllt werden wird: eines ist zur Erfüllung ebenso tauglich wie das andere. Es muß zum Zweck der Erfüllung erst eine Aussonderung stattfinden. Es muß notwendig in irgendeinem Moment der individuell noch unbestimmte Schuldgegenstand sich konkretisieren. Mag der Kreis, aus welchem die Erfüllungsobjekte zu entnehmen sind, als Ganzes noch so bestimmt und individuell bezeichnet sein, die daraus zu wählenden, durcheinander vertretbaren einzelnen Erfüllungsobjekte sind es eben noch nicht. Daher hat hier der Begriff der Konzentration, der Beschränkung auf individuelle Schuld- und Leistungsgegenstände seine Rechtfertigung und seine Notwendigkeit. Da nun die Quantitätsschuld aus einem individuellen Vorrat die Anwendung des Begriffs der Konzentration verträgt und erheischt, ergibt sich mit zwingender Notwendigkeit, daß wir es mit einer Speziesschuld nicht zu tun haben.

Gewiß kann es auch bei einer individuellen Schuld

nötig werden, die Erfüllungsobjekte aus einem größeren Ganzen zu sondern, sie auszuscheiden, zu isolieren. Wenn ich einen noch am Baum hängenden bestimmten Apfel, eine noch am Rosenstock steckende bestimmte Blume kaufe, so muß das Objekt, um mir geliefert zu werden, erst noch abgetrennt werden. Es muß seiner Eigenschaft als wesentlicher Bestandteil der Muttersache noch entkleidet, in diesem Sinne verselbständigt, ausgeschieden werden. Allein dieser Vorgang hat juristisch natürlich eine völlig andere Bedeutung als die Konzentration bei der Gattungsschuld. Er beschränkt nicht erst das Schuldverhältnis auf ein bestimmtes Objekt. Er macht nicht erst die bestimmte Frucht oder Blume (unter vielen anderen) zum Erfüllungsgegenstand, wie etwa in dem Fall, daß irgendein Apfel des Baumes, irgendeine Rose des Strauches zu leisten wäre. Sondern er ermöglicht nur die Leistung des von Anfang an individuell bestimmten, gleichbleibenden, unersetzbaren Schuldgegenstandes. Er ändert nichts an dem rechtlichen Charakter der Schuld, sondern er ist nur ein Stück ihrer Erfüllung. Und ferner kann es auch bei der Speziesschuld vorkommen, daß sich das Leistungsobjekt erst durch spätere Umstände bestimmt. Wenn ich beispielsweise „den ersten reifen Apfel, den ein bestimmter Baum nächstes Jahr tragen wird", gekauft habe, so wird der zu leistende Gegenstand erst durch einen künftigen Umstand fixiert: Wachstum und Produktion des Baumes bestimmen erst das Erfüllungsobjekt. Aber auch diese Umstände haben natürlich einen ganz anderen Charakter als die Konzentration bei der Gattungsschuld. Sie bestimmen zwar, wie eine solche, den Leistungsgegenstand. Aber sie beschränken nicht die Schuld. Denn von vornherein ist kein anderes Objekt geschuldet als das jetzt ermittelte. Jene feststellenden Momente haben nicht die Wirkung, daß aus einem größeren Kreise möglicher Leistungsobjekte bestimmte einzelne herausgenommen und zum alleinigen Schuldgegenstande gemacht werden. Sondern sie fixieren nur das Objekt, welches von vornherein allein geschuldet war. Sie ändern nicht den Gegenstand der Verpflichtung: es wird nicht ein Apfel unter vielen gewählt, die ebensogut zur Erfüllung geeignet gewesen wären. Sie ändern auch nicht die Natur des Schuldverhältnisses: die Verbindlichkeit war von Anfang an eine individuelle; sie wird nicht erst in eine solche umgewandelt, nachdem sie zunächst eine generische gewesen war. Durch jene Umstände wird nicht erst eine aus einem größeren Kreis entnommene Einzelsache zum individuellen, von jetzt ab allein zu leistenden Schuldobjekt gemacht, sondern es wird lediglich festgestellt, welcher individuelle (wenn auch künftige) Gegenstand von vornherein allein geschuldet war. Es bleibt dabei, daß eine Konzentration im technischen Sinne *nur* bei Gattungsschulden möglich ist, und daß umgekehrt *jede* Schuld, bei der sie anwendbar und erforderlich ist, eine Gattungsschuld sein muß. Dies gilt aber, wie gezeigt, auch bei der Schuld einer Quantität aus individuellem Vorrat.

IV. Mit der bisher betrachteten Vorschrift eng verwandt ist diejenige des § 300 Abs. 2 BGB. Sie lautet: „Wird eine nur der Gattung nach bestimmte Sache geschuldet, so geht die Gefahr mit dem Zeitpunkt auf den Gläubiger über, in welchem er dadurch in Verzug kommt, daß er die angebotene Sache nicht annimmt." Daß auch diese Bestimmung auf den Fall der Schuld einer Quantität aus individuellem Vorrat zur Anwendung kommen muß, läßt sich nicht wohl bezweifeln. Sie betrifft nur einen besonderen Fall der Konzentration, nämlich diejenige, die durch Annahmeverzug des Gläubigers herbeigeführt wird. Wir können uns also hier mit einem Hinweis auf unsere früheren Ausführungen begnügen, namentlich auf den Gesichtspunkt, daß der Begriff der Konzentration, also auch der sogenannten Verzugskonzentration, nur bei der Gattungsverbindlichkeit einen Sinn hat, daß mithin seine Anwendbarkeit auf die Schuld einer Quantität aus bestimmtem Vorrat den generischen Charakter dieser Schuld beweist.

V. Von Interesse ist auch die weitere Frage, ob auf unseren besonderen Fall der § 480 BGB. Anwendung finden kann. Dort ist bestimmt: „Der Käufer einer nur der Gattung nach bestimmten Sache kann statt der Wandlung oder der Minderung verlangen, daß ihm an Stelle der mangelhaften eine mangelfreie Sache geliefert werde.“ Die Anwendung dieser Vorschrift hat natürlich nur dort einen Sinn, wo die Gattung, aus welcher die mangelhaften Stücke geliefert wurden, noch mangelfreie Bestandteile enthält, wenn, mit anderen Worten, die einzelnen zur Gattung gehörigen Objekte nicht alle die gleiche (mangelhafte) Beschaffenheit haben. Wird aber aus einem individuellen Vorrat eine Quantität geleistet, so werden die Verhältnisse meist so liegen, daß die in demselben verbleibenden Stücke nicht anders beschaffen sind, als die gelieferten. Sind also die letzteren mangelhaft, so ist es auch der Rest des Vorrats. Der Anspruch auf Lieferung mangelfreier Stücke hat also für den Gläubiger seinen Hauptwert verloren; der § 480 BGB. ist, so scheint es, bei solcher Sachlage gegenstandslos.

Der eben ausgeführte Gesichtspunkt bildet eines der Hauptargumente, welche gegen die hier verteidigte Ansicht geltend gemacht werden[7]. Bei genauerem Zusehen erweist er sich aber als ungefährlich. Denn die Gleichartigkeit der Bestandteile, wie wir sie bei der Schuld aus einem Vorrat treffen, ist auch bei anderen (zweifellosen) Gattungsschulden möglich. Allerdings ist sie um so unwahrscheinlicher, je größer der Umfang der maßgebenden Gattung ist. Dagegen ist der Fall umso eher möglich, je enger man sich die Gattung vorstellt, aus welcher geleistet werden soll. Habe ich beispielsweise zwanzig Flaschen eines Weines bestimmter Sorte, bestimmter Kreszenz und bestimmten Jahrganges bestellt, der tatsächlich nur in den Kellereien eines einzigen Weingutsbesitzers zu finden ist, und ist durch irgendeinen Umstand, z. B. durch einen Fehler bei der Füllung oder durch eine Nachlässigkeit bei der Lagerung die ganze Ernte mit einem Mangel behaftet, so ist klar, daß ich auch in einem solchem Falle statt der gelieferten

[7] Vgl. insbesondere Oertmann 3./4. Aufl. S. 19 § 243, 1a: „Da der Gesamtvorat in aller Regel dieselben Eigenschaften hat, ist ein Anspruch auf Lieferung eines mangelfreien Stücks daraus an Stelle des gelieferten mangelhaften widersinnig.“ — Ebenso Schöller in Gruchot B. 46 S. 24: „Es liegt in der Natur der Sache, daß hier nur die Grundsätze vom Spezieskauf gelten können.“ — Desgleichen Rehbein I S. 27: „Von der Anwendung des § 480 . . offensichtlich nicht die Rede.“ — Hiergegen mit Recht Kuhlenbeck in Staudinger 3./4. Aufl. S. 18 Nr. 4 im Hinblick auf die Möglichkeit qualitativer Unterschiede innerhalb des maßgebenden Quantums. Freilich ist das Beispiel „eine Flasche aus der Gattung Rüdesheimer-Berg-Auslese 1887“ nur als Parallele, nicht als Anwendungsfall unserer Regel brauchbar. Denn es handelt sich in jenem Beispiel um eine, wenn auch sehr begrenzte Gattung, nicht um die Schuld einer Quantität aus einem individuellen Vorrat. — Richtig ferner H. A. Fischer in Jherings Jahrbüchern 51 S. 182.

mangelhaften keine mangelfreie Ware begehren werde. Denn letztere gibt es bei der vorausgesetzten Sachlage tatsächlich nicht. Der § 480 BGB. wird also keine Anwendung finden, obgleich das abgeschlossene Geschäft ohne Zweifel unter den Begriff des Gattungskaufes fällt. Ist gar aus einem individuellen Vorrat zu leisten, so wird eine Gleichartigkeit der dazu gehörigen Stücke geradezu die Regel bilden. Der Gesamtvorrat wird genau mit den gleichen Fehlern behaftet sein wie die daraus gelieferte Quantität. Es wird also für die Anwendung des § 480 BGB. an den tatsächlichen Voraussetzungen fehlen. Aber dadurch wird ebensowenig, wie im vorigen Beispiel einer unzweifelhaften Gattungsverbindlichkeit, die generische Natur des Schuldverhältnisses irgendwie berührt.

Aber selbst, wenn wir den für unsere These ungünstigsten Fall einer völligen Gleichmäßigkeit, d. h. einer durchgängigen Mangelhaftigkeit des Vorrats unterstellen, darf der § 480 BGB. nicht völlig ausgeschaltet werden. Auch bei solcher Sachlage nämlich behält der Gläubiger den Rechtsanspruch auf Nachlieferung. Nur daß ihm derselbe tatsächlich zu keiner besseren Leistung als der bisherigen verhelfen kann. In einer Beziehung aber gewährt ihm dieser Anspruch sogar einen tatsächlichen Vorteil. Man kann sich denken, daß der Schuldner, um sich der Nachlieferung aus dem Vorrat zu entziehen, auf die gleiche Fehlerhaftigkeit des gesamten Vorrats sich beruft. Hier gibt der § 480 BGB. dem Gläubiger das Mittel, eine Nachlieferung, wenn auch keine mangelfreie, zu erzwingen, und nach jedesmaliger Untersuchung und Zurückweisung der gelieferten Quantität sein Begehren so oft zu wiederholen, bis alle Bestandteile der

Gattung der Reihe nach ihm angeboten und von ihm geprüft worden sind. Die angeführte Bestimmung eröffnet ihm also einen, wenn auch nicht immer einfachen, so doch sicheren Weg, sich über den Zustand des Gesamtvorrats sichere Kenntnis zu verschaffen, bevor er sich im Hinblick auf dessen durchgängige Mangelhaftigkeit zur Wandelung oder Minderung entschließen muß.

Bisher war vorausgesetzt, daß alle Stücke des Vorrats die gleiche Beschaffenheit haben. Dies ist aber keineswegs notwendig und nimmer der Fall. Vielmehr läßt sich wohl denken, daß die Masse, aus welcher geleistet werden soll, Bestandteile von verschiedenen Eigenschaften und ungleichem Wert umfaßt. Alsdann ist natürlich sehr wohl Raum für die Anwendung des § 480 BGB. So kann es in unserem alten Beispiel eines Verkaufs von zehn Litern aus dem individuellen Faß X sehr wohl sein, daß etwa die zuletzt abgezogenen zehn Liter trübe, sauer oder mit sonstigen Mängeln behaftet sind, während der früher abgefüllte Wein fehlerfrei ist. Würden hier dem Käufer jene mangelhaften zehn Liter geliefert, so unterliegt es nicht dem geringsten Zweifel, daß er statt derselben zehn mangelfreie (aus demselben Vorrat) verlangen kann. Ebenso ist es möglich, daß von einer Schiffsladung Getreide, aus welcher eine Quantität verkauft wird, einzelne Partien mangelhaft sind, indem etwa die oberen durch die Einwirkung der Luft, die unteren durch die Feuchtigkeit gelitten haben, während der Hauptbestandteil nicht die gleichen Mängel aufweist. Auch hier kann natürlich der Käufer, wenn die ihm gelieferte Ware aus den mangelhaften Teilen herrührt, statt derselben bessere Objekte (aus dem gleichen Vorrat) beanspruchen. Ist nach dem

Gesagten die Möglichkeit einer qualitativen Verschiedenheit innerhalb der Gesamtmasse schon bei relativ kleinem Vorrat gegeben, so wird sie selbstverständlich um so leichter vorkommen, je größer man sich den Umfang des Vorrats denkt. Werden z. B. (zu einem von Sachverständigen erst noch festzusetzenden Preise) irgendwelche tausend Zigarren aus einem bestimmten größeren Geschäftsladen oder irgendwelche hundert Flaschen Wein aus einer mit vielen Tausenden gefüllten Kellerei verkauft, so ist der Fall, daß neben einzelnen mangelhaften Stücken überwiegend fehlerfreie zum Vorrat gehören, nicht nur möglich, sondern geradezu wahrscheinlich. Sollte nun hier der Käufer, wenn ihm gerade mangelhafte Ware geliefert wird, nicht in der Lage sein, statt derselben (immer aus dem angegebenen Vorrat) mangelfreie Ware zu verlangen? Die Frage muß natürlich bejaht werden.

In allen Fällen der dargelegten Art ist für die Anwendung des § 480 BGB. nicht nur Raum, sondern ein unverkennbares Bedürfnis. Auch aus diesem weiteren Grunde ist die in der Literatur aufgestellte Behauptung, als ob die angeführte Vorschrift auf Schulden einer Quantität aus einem individuellen Vorrat keine Anwendung finde, offenbar unzutreffend. Daraus aber, daß der § 480 BGB. Platz greifen kann und muß, folgt zugleich, daß wir es bei dem genannten Schuldverhältnis mit einer generischen Verbindlichkeit zu tun haben. Würde es sich um eine Speziesschuld handeln, so stünde dem Käufer einer mangelhaften Sache nur das Recht anf Wandelung oder Minderung (allenfalls auf Schadenersatz) zu, niemals aber der Anspruch auf Nachlieferung. Der Gläubiger könnte immer nur die Rechte aus mangelhafter Erfüllung geltend machen; dagegen könnte er sich nicht auf den Standpunkt stellen, daß überhaupt nicht geliefert sei, und demgemäß nicht einen anderen als den von vornherein geschuldeten Gegenstand verlangen.

VI. In einem gewissen Zusammenhang mit der eben behandelten Vorschrift steht diejenige des § 524 Abs. 2 BGB.: „Hatte der Schenker die Leistung einer nur der Gattung nach bestimmten Sache versprochen, die er erst erwerben sollte, so kann der Beschenkte, wenn die geleistete Sache fehlerhaft und der Mangel dem Erwerber der Sache bekannt gewesen oder infolge grober Fahrlässigkeit unbekannt geblieben ist, verlangen, daß ihm an Stelle der fehlerhaften Sache eine fehlerfreie geliefert werde.“ Der Grundgedanke dieser Bestimmung liegt auf der Hand. Bei einer Sache, die der Schenker erst erwerben soll, um seiner Verpflichtung nachzukommen, kann ihm füglich zugemutet werden, sie sich möglichst fehlerfrei zu verschaffen. Hat er sich eine Sache aufdrängen lassen, deren Mangel er kennt oder kennen mußte, so soll darunter der Beschenkte nicht leiden. Vielmehr kann er im Fall der generischen Schuld Lieferung einer mangelfreien statt der mangelhaften Sache verlangen. Das aber setzt offenbar voraus, daß der Schenker selbst in der Lage ist, seinerseits statt der fehlerfreien Gattungssache eine fehlerfreie zu erwerben. Dies aber trifft bei den meisten Gattungen aus einem doppelten Grunde zu. Einmal unterliegen dieselben dem Verkehr; die zugehörigen Stücke sind für Geld zu erhalten; daher die Möglichkeit des Erwerbs überhaupt. Sodann aber sind die Bestandteile der Gattung ihrerseits nicht in dem Sinne gleichbeschaffen, daß, wenn einzelne an

Fehlern leiden, auch alle übrigen mangelhaft sein müßten: daher die Möglichkeit mangelfreien Erwerbs.

Es lassen sich aber auch Tatbestände denken, bei denen die eine oder andere Voraussetzung, trotz zweifellosen Vorliegens einer Gattungsschuld, im Einzelfalle nicht gegeben ist. Wenn z. B. ein Onkel seinem Neffen zwanzig Flaschen eines berühmten, in einer bestimmten Kellerei befindlichen Weines schenkungsweise verspricht, und wenn durch irgendeinen Umstand die gesamte Ernte, also die ganze Gattung mangelhaft geworden ist, so ist es dem Schenker nicht möglich, anstatt der fehlerhaften ebenso viele fehlerfreie Ware zu erlangen. Hier wird man nach dem Grundgedanken des § 524 Abs. 2 das Recht des Beschenkten auf Nachlieferung für ausgeschlossen erklären müssen, obgleich es sich ohne Zweifel um eine Gattungsverbindlichkeit handelt. Und wenn anderseits nur die vom Onkel in Kenntnis oder grobfahrlässiger Unkenntnis des Mangels bezogenen zwanzig Flaschen fehlerhaft waren, wenn aber jetzt die Kellereiverwaltung den Verkauf dieser Weinsorte überhaupt einstellt, so ist damit die betreffende Gattung aus dem Verkehr geschieden, und man wird dem Schenker ebenfalls die Pflicht erlassen, mangelfreie Ware zu liefern. Dies nicht um deswillen, weil die ganze Gattung mangelhaft wäre, sondern weil sie nicht mehr dem Verkehr unterliegt[8]. Wir gewinnen damit das Ergebnis, daß der § 524 Abs. 2 auch bei unzweifelhaften Gattungsschulden nicht schlechthin und ausnahmslos anwendbar ist, sondern nur insoweit, als dies seinem Grundgedanken entspricht.

[8] Ob nicht der Schenker nach Lage des Falles wenigstens Schadenersatz leisten muß, ist eine Frage, die uns hier nichts angeht.

Daher kann aus dem Umstand, daß die angeführte Bestimmung für ein besonderes Schuldverhältnis nicht passend erscheint, keineswegs der Schluß gezogen werden, daß im gegebenen Fall keine generische Obligation anzunehmen sei.

Dieser Gesichtspunkt ist aber nun von besonderer Wichtigkeit, wenn wir die Schuld einer Quantität aus einem bestimmten Vorrat unterstellen. Hat der Schenker beispielsweise zehn Liter aus dem Faß X versprochen, die er erst erwerben soll (der Vorrat gehört einem Dritten), und ist die erworbene Quantität mangelhaft, so wird in aller Regel dem Schenker der Nachbezug mangelfreier Ware an Stelle der ursprünglich erhaltenen aus dem Grunde unmöglich sein, weil die sämtlichen Bestandteile des Vorrates die gleichen Fehler aufweisen werden. Darum wird man für solche Fälle das Recht des Beschenkten auf Nachlieferung ausschließen müssen. Und Entsprechendes hätte zu gelten, wenn zwar die übrigen Bestandteile des Vorrates ihrerseits mangelfrei wären, wenn sie aber nachträglich aus dem Verkehr gezogen würden, indem etwa der Eigentümer beschlösse, sie nicht mehr zu veräußern, sondern für sich zu behalten: auch im letzteren Fall ist dem Schenkgeber der nachträgliche Erwerb fehlerfreier Objekte unmöglich; daher wird dem Beschenkten der Anspruch auf Nachlieferung zu versagen sein.

Der § 524 Abs. 2 BGB. ist also in Fällen der dargelegten Art vielfach nicht anwendbar. Daraus darf aber hier ebensowenig wie in den früher dargelegten Fällen zweifelloser Gattungsschuld auf das Vorliegen einer Speziesverbindlichkeit geschlossen werden. Wenn jemand schenkungsweise zehn Liter aus einem bestimmten, ihm nicht gehörigen Faß X verspricht, so ist seine Schuld eine generische geradeso gut, wie wenn der Vorrat, aus welchem zu liefern ist, ihm selbst gehörte. Denn auch wenn er sich die nötige Quantität erst noch verschaffen muß, bleibt es wahr, daß irgendwelche erst noch zu erwerbende zehn Liter aus dem betreffenden Vorrat geeignete Erfüllungsobjekte sind. Es läßt sich zurzeit noch gar nicht sagen, mit welchen individuellen Bestandteilen des Vorrates erfüllt werden wird. Jede aus demselben größeren Komplex entnommene bestimmte Quantität ist zur Leistung ebensogut geeignet wie die andere. Individuell bestimmt ist nur das Ganze, aus welchem zu leisten ist; dagegen sind es nicht die einzelnen Stücke, mit denen erfüllt werden soll. Es liegt also Gattungsschuld vor.

Hätten wir es bei dem vorausgesetzten Tatbestand mit einer Speziesverbindlichkeit zu tun, so könnte in keinem Fall der § 524 Abs. 2 BGB. Anwendung finden. Geschenkt wäre eine individuelle Sache. Bei Mangelhaftigkeit derselben hätte der Schenker höchstens (unter der Voraussetzung arglistig verschwiegener Mängel und bei Garantie der Mangelfreiheit) Anspruch auf Schadenersatz. Dagegen wäre ein Recht auf Nachlieferung begrifflich ausgeschlossen, da eben eine andere als die versprochene Sache niemals taugliches Erfüllungsobjekt sein könnte. Nun aber lassen sich sehr wohl Fälle denken, bei denen der § 524 Abs. 2 auf unseren Tatbestand der Schuld einer Quantität aus einem individuellen Vorrat Anwendung finden kann. Man stelle sich vor, daß in unserem vorigen Beispielsfall dem schenkenden Onkel vom Eigentümer des Fasses X gerade die zuletzt abgezogenen trüben und unreinen zehn Liter geliefert worden sind, während der vorher auf Flaschen gefüllte Teil des Fasses von tadelloser Beschaffenheit ist und jedermann aus dem Publikum feilsteht. Hier dürfte es keinem Zweifel unterliegen, daß der Beschenkte das Recht hat, statt der ihm tatsächlich gelieferten mangelhaften, zehn andere, fehlerfreie Liter zu beanspruchen. Der Schenker ist in der Lage, sich die letzteren aus den dem Verkehr zugänglichen fehlerfreien Restvorräten zu verschaffen: es treffen mithin alle Voraussetzungen zu, unter denen der § 524 Abs. 2 zur Anwendung kommen kann und muß. Damit haben wir ein weiteres Argument dafür gewonnen, daß die Schuld einer Quantität aus bestimmtem Vorrat unter den Begriff einer generischen Verbindlichkeit fällt.

VII. Bisher wurde vorausgesetzt, daß der Vorrat, aus welchem erfüllt werden soll, vom Momente des Vertragsabschlusses bis zu demjenigen der Erfüllung unverändert bleibt. Denkbar ist aber auch, daß sich während des angegebenen Zeitraumes in der Zusammensetzung des Vorrates Veränderungen ereignen. So z. B., wenn das Warenlager, aus welchem eine Quantität geschuldet war, inzwischen alte Bestandteile abstößt oder durch neue ergänzt wird. Hier erhebt sich die Frage, ob auch mit Bestandteilen erfüllt werden kann, die im Zeitpunkt des Vertragsabschlusses noch nicht zum Komplex gehörten, oder mit solchen, die umgekehrt erst nach diesem Zeitpunkt, aber vor der Erfüllung hinzugetreten sind.

Zunächst ist so viel klar: wenn aus der ausdrücklichen Abmachung oder aus den Umständen des Falles ersichtlich ist, daß die Zusammensetzung eines bestimmten Zeitpunktes (der übrigens gar nicht einmal einer der beiden bisher genannten zu sein braucht) entscheidend sein soll, so kann nur mit solchen Bestandteilen erfüllt werden, die in dem maßgebenden Moment zum Komplex gehören, nicht mit solchen, die vorher ausgeschieden oder später hinzugetreten sind. Abgesehen von diesem klarsten Fall kann aber auf unsere Frage eine allgemeingültige Antwort gar nicht erteilt werden. Vielmehr kommt es auf die Besonderheit des Einzelfalles und auf den Sinn des Vertrages an.

Die Absicht der Parteien kann darauf gerichtet sein, daß die Erfüllungsobjekte nur aus den Gegenständen entnommen werden sollen, die im Momente des Vertragsabschlusses zum betreffenden Vorrat gehörten. Dies wird um so eher zutreffen, je leichter sich der Vorrat übersehen läßt, und je größer daher die Wahrscheinlichkeit ist, daß den Parteien die gegenwärtige Zusammensetzung desselben vorgeschwebt hat. So wird es im Zweifel sein, wenn ich mir zehn Liter aus dem Faß X versprechen lasse. Hier kommt es mir in aller Regel auf den gegenwärtigen Inhalt an. Wird das betreffende Faß mit einem ganz anderen Inhalt angefüllt, so ist mir selbstverständlich mit einem Teil des letzteren nicht gedient. Auch wird die angegebene Absicht um so eher angenommen werden können, je homogener die gegenwärtige Zusammensetzung des Vorrates ist, und je wesensverschiedener die später hinzugekommenen Bestandteile erscheinen. Habe ich von dem auf dem Speicher Y lagernden Getreide hundert Sack gekauft, gerade weil mir die Qualität der Ware als eine gute bekannt ist, so kann mir nicht der Verkäufer hundert Sack einer minderen Ware dadurch aufdrängen, daß er sie zwischen Vertragsschluß und Erfüllung auf den betreffenden Speicher verbringen läßt. Des weiteren kann es sein, daß der Vorrat durch eine individuelle Beziehung gekennzeichnet ist, die zwar auf ihre gegenwärtigen Bestandteile, nicht aber auf die später hinzugetretenen paßt. Lasse ich mir von einer bestimmten Bibliothek ein Buch (irgendeines) versprechen, weil ich ein Andenken an deren gegenwärtigen Eigentümer wünsche, so ist mir natürlich nicht gedient mit einem Werke, welches der Bücherei erst in einem Zeitpunkt einverleibt wird, als sie nicht mehr der betreffenden Persönlichkeit (sondern vielleicht ihrem Erben) angehörte. In allen bisher besprochenen Kategorien von Fällen sind Stücke, die dem Komplex zu dem für die Partei maßgebenden Momente, insbesondere zu demjenigen des Vertragsschlusses, nicht angehörten, sondern erst später hinzukamen, als taugliche Erfüllungsobjekte nicht anzusehen.

Denkbar ist umgekehrt, daß es den Parteien wesentlich auf die Zusammensetzung des Komplexes in einem späteren Augenblick, namentlich in demjenigen der Erfüllung ankommt. Dann sind Bestandteile, die bis zu diesem Moment aus dem Komplex getreten sind, zur Erfüllung nicht tauglich, während umgekehrt später hinzugetretene sehr wohl zur Leistung verwendet werden können. Hat ein Onkel seinem Neffen für den Fall, daß dieser das Examen bestehe, zwei Dutzend Flaschen aus seinem Weinkeller versprochen, so kann er bei Eintritt der angegebenen Bedingung auch solche Weine liefern, die erst nach dem Versprechen seinem Keller einverleibt worden sind, während solche, die inzwischen an Dritte veräußert wurden, aus dem Kreis der Erfüllungsobjekte ausgeschieden sind.

Endlich ist sogar möglich, daß es den Parteien auf

die jeweilige Zusammensetzung des Vorrates nicht wesentlich ankommt, daß ihnen vielmehr mit einem Gegenstande gedient ist, der in irgendeinem Moment zu diesem Komplex gehört oder gehört hat. Alsdann können zur Leistung sowohl solche Stücke verwendet werden, die sich noch nicht bei Vertragsabschluß, wohl aber bei Erfüllung im maßgebenden Vorrat befinden, als auch umgekehrt solche, die, bei Begründung der Schuld dazu gehörig, später aus demselben geschieden sind. Ja selbst Objekte, die in keinem der beiden maßgebenden Momente, wohl aber in irgendeinem Zwischenzeitpunkt, vielleicht sogar vor Abschluß des Vertrages, vorübergehend Bestandteile der betreffenden Gesamtheit waren. Man nehme das schon mehrfach verwendete Beispiel, daß mir ein (irgendein) Gegenstand, der dem berühmten Dichter X gehört hat, versprochen worden ist. Hier ist es natürlich für meine Zwecke völlig unerheblich, ob das mir gelieferte Objekt bei Abschluß oder bei Erfüllung des Vertrages oder in irgendeinem dazwischenliegenden Zeitpunkt oder sogar schon vorher zu dem maßgebenden Komplex (nämlich zu den Eigentumsobjekten des X) gehört hat.

Aus alledem ergibt sich, daß der Zeitpunkt, in welchem die Erfüllungsobjekte zu dem maßgebenden Komplex gehören müssen oder können, nach Lage des Falles sehr verschieden zu bestimmen ist. In keinem Fall aber hängt die Lösung von der Frage ab, ob begrifflich eine Gattungs- oder Speziesschuld anzunehmen ist[9]. Daß nämlich der Kreis der Objekte, mit denen

---

[9] Anders anscheinend Crome System § 147 Anm. 7, 1 Aufl. S. 46: „Man wird die Möglichkeit einer derartigen Gattungsschuld (gemeint ist die Schuld aus einem individuellen Vorrat) zulassen

oder aus denen erfüllt werden soll, ein wechselnder sein kann, läßt sich ebensowohl mit dem Begriff der Speziesverbindlichkeit als mit demjenigen der generischen Schuld vereinbaren. Auch wenn der ganze Vorrat geschuldet ist, kann der Vertrag so gemeint sein, daß entscheiden soll die Zusammensetzung im Augenblick des Vertrages oder diejenige des Erfüllungszeitpunktes oder jede von beiden oder sogar diejenige irgendeines anderen Momentes. Wenn ich meinen Weinkeller verkaufe, lieferbar in einem Jahr, so muß in jedem Einzelfall durch Vertragsauslegung ermittelt werden, welcher Zeitpunkt für die Bestimmung seines Umfanges und seiner Zusammensetzung maßgebend sein soll. Und doch handelt es sich nach unseren früheren Ausführungen bei der Schuld eines Gesamtkomplexes um eine Speziesschuld (§ 2). Nicht anders ist es, wenn die Bestandteile des Vorrates nicht nebeneinander (kumulativ), sondern wahlweise (alternativ) geschuldet sind: zwanzig Flaschen aus meinem Keller nach Wahl des Käufers. Auch hier hängt es von den Umständen des Einzelfalles ab, ob die der Erfüllung dienende Quantität aus den Beständen des gegenwärtigen oder irgendeines späteren Zeitpunktes gewählt werden muß und darf. Es handelt sich aber bei dem vorausgesetzten Tatbestand ebenfalls um eine (wenn auch nur alternative) Speziesschuld. Endlich ist bei unzweifelhaften Gattungsschulden die gleiche Erscheinung denkbar. Auch hier kann je nach Lage des Falles die Zusammensetzung des Vertragszeit-

müssen, wenn man die praktische Konsequenz will, ... daß das Schuldverhältnis sich später gültig selbst auf einen solchen, den Gattungsmerkmalen entsprechenden Leistungsgegenstand konzentrieren kann, der zeitweilig aus dem Vorrat herausgetreten ist oder bei Begründung des Schuldverhältnisses nicht dazu gehörte."

punktes oder der Erfüllung oder irgendeines anderen Momentes entscheiden. Läßt sich ein Kunstenthusiast eine Haarlocke (irgendeine) eines berühmten Pianisten versprechen, so wird nicht zu bezweifeln sein, daß eine Gattungsschuld vorliegt. Dem Gläubiger ist es aber offenbar gleichgültig, ob er eine Locke bekommt, die erst nach dem Vertragsschluß gewachsen ist, oder eine solche, die schon bei Schuldbegründung das inzwischen vielleicht entlaubte Haupt des Meisters schmückte, oder eine solche, die zwischen beiden Zeitpunkten entstanden und möglicherweise schon durch die Hand verschiedener Verehrerinnen gegangen ist. Dies alles führt zu folgendem Ergebnis: Daß der Vorrat, aus welchem die Erfüllungsobjekte entnommen werden dürfen, ein wechselnder sein kann, ist an sich kein Beweisgrund für das Vorliegen einer Gattungsschuld; ob letztere anzunehmen ist, bestimmt sich vielmehr nach den allgemeinen, für den Begriff der generischen Verbindlichkeit maßgebenden Merkmalen.

§ 6.

Die Schuld eines relativ bestimmten Teils eines individuellen Vorrats.

In den bisherigen Ausführungen war vorausgesetzt, daß der geschuldete Teil eines individuellen Vorrates absolut bestimmt ist. Denkbar ist aber auch, daß ein relativ bestimmter Teil versprochen ist: z. B. eine Hälfte, ein Drittel, ein Zehntel des gesamten Vorrates. Welches ist die juristische Natur der hierdurch begründeten Verbindlichkeit? Die Antwort wird erleichtert, wenn man zwei Fälle auseinanderhält, die unter sich wieder gewisse Verschiedenheiten aufweisen.

I. Der eine Fall ist der, daß von dem Vorrat *in seiner gegenwärtigen Gestalt* ein relativ bestimmter Teil zu liefern ist. Dieser Fall nun unterscheidet sich offensichtlich in keiner Weise von demjenigen einer absoluten Bestimmung des Leistungsobjektes. Ob ich fünfundzwanzig Liter aus dem Faß X oder ein Achtel des gegenwärtigen, zweihundert Liter betragenden Inhaltes dieses Fasses verspreche, kann offenbar einen rechtlichen Unterschied nicht begründen. Demgemäß müssen alle die früher dargelegten Grundsätze über die Schuld einer absoluten Quantität aus einem individuellen Vorrat auch für den hier betrachteten Fall gelten, daß ein relativ bestimmter Teil eines individuellen Vorrates in seinem gegenwärtigen Bestande versprochen wird. Es liegt also auch hier eine Gattungsschuld vor. Dies kann auch gar nicht zweifelhaft sein, wenn man erwägt, daß in unserem Beispiel Erfüllungsobjekt nicht ein bestimmtes individuelles Achtel, sondern irgendein Achtel des betreffenden Vorrates ist.

Mithin finden auf den jetzt betrachteten Fall Anwendung die Vorschriften des Bürgerlichen Gesetzbuches über die Konzentration einer Gattungsschuld durch Erfüllung und durch Annahmeverzug (§§ 243 Abs. 2, 300 BGB.). Des weiteren gilt hier der Satz, daß eine Verminderung der Gattung das Maß der Leistung im Prinzip nicht vermindert. Läuft beispielsweise das Faß bis zur Hälfte aus, so bleibt immer ein Achtel des ursprünglichen Inhaltes geschuldet: allerdings zu entnehmen aus dem noch vorhandenen Rest. Daß durch Untergang eines Teils des Vorrats eine (teilweise) Unmöglichkeit der Erfüllung um so leichter eintritt, je größer der versprochene Teil ist (man denke an die Zusage von drei Vierteln des Fasses X in seinem gegenwärtigen Umfang), ist eine Erscheinung, die geradeso gut bei der Schuld eines absolut bestimmten Teils des Vorrats sich zeigen kann: so z. B., wenn von dem zweihundert Liter enthaltenden Faß hundertfünfzig versprochen sind. Daß endlich der § 243 Abs. 1 (Lieferung einer Sache mittlerer Art und Güte) sowie § 2155 (Lieferung einer den Verhältnissen des Bedachten entsprechenden Sache) nach der Natur des Tatbestandes meist unanwendbar sein werden, kann die Annahme einer Speziesschuld hier ebensowenig rechtfertigen, wie in den früher besprochenen Fällen einer geschuldeten absoluten Quantität aus dem Vorrat.

In einer Beziehung freilich unterscheidet sich unser

Fall von dem früher behandelten. Denkbar ist, daß sich in dem individuellen Vorrat, aus welchem geleistet werden soll, neben mangelhaften auch mangelfreie Bestandteile befinden. Ist hier eine absolut bestimmte Quantität veräußert und wird diese in fehlerhaften Objekten geliefert, so steht nach unseren früheren Ausführungen dem Käufer das Recht auf Nachlieferung mangelfreier Gegenstände zu (§ 480 BGB.). Das Schuldverhältnis ist so aufzufassen, daß der Schuldner nicht das Recht haben soll, gerade die mangelhaften Stücke des Vorrats zur Erfüllung zu verwenden. Das Risiko der Fehlerhaftigkeit trifft den Schuldner und nicht den Gläubiger. Ist dagegen der versprochene Vorratsteil relativ bestimmt (die Hälfte, ein Viertel), so wird es, wenn auch nicht notwendig und ausnahmslos, so doch vielfach dem Sinn des Vertrags entsprechen, daß der Vorrat, so wie er ist, nach der festgesetzten Quote gleichmäßig zwischen Gläubiger und Schuldner verteilt werden soll. Der Berechtigte soll, mit anderen Worten, die ihm versprochene Quote nicht gerade ausschließlich aus den mangelfreien Bestandteilen verlangen dürfen, sondern muß sich gefallen lassen, daß sein Anteil gute und minder gute Sachen in demselben Verhältnis umfasse wie der Vorrat insgesamt. Wenn sich z. B. bei Abfüllung des Fasses X herausstellt, daß die zehn letzten Liter mangelhaft sind, so wird der Käufer der Hälfte des Fasses es hinnehmen müssen, daß ihm auf seine Hälfte fünf jener minderwertigen Liter mitgeliefert werden. Dieses Ergebnis entspricht dem mutmaßlichen Parteiwillen. Es deckt sich nicht mit demjenigen, zu welchem der § 480 BGB. führen würde. Trotzdem bildet es kein Argument gegen die Annahme einer

Gattungsschuld. Denn einmal enthält der § 480 BGB., wie nicht bestritten werden kann, eine dispositive Vorschrift, von welcher die Parteien auch bei unzweifelhaften Gattungsverbindlichkeiten Abweichungen vereinbaren können. Und sodann gibt es, wie wir früher bewiesen haben, zahlreiche Verbindlichkeiten, die sich nach der Natur der maßgebenden Gattung einer Anwendung des § 480 BGB. entziehen und die trotzdem den generischen Charakter beibehalten.

II. Etwas anders wiederum ist der Fall gelagert, daß geschuldet ist ein relativ bestimmter Teil eines individuellen Vorrats in dem Umfang, den dieser (nicht im gegenwärtigen, sondern) in einem späteren Moment, namentlich in dem der Erfüllung haben wird. Hier tritt zu den schon vorhin erwähnten Abweichungen von der gewöhnlichen Behandlung der Gattungsschuld noch die weitere hinzu, daß eine Verminderung des Vorrats auf den Umfang des Erfüllungsobjektes einen Einfluß äußert. Ist mir die Hälfte des Fasses X in seinem jeweiligen Umfang versprochen und läuft dieses Faß zur Hälfte aus, so gebührt mir eben nur noch eine Hälfte des verbleibenden Restes. Jeder Umstand, der einen Teil des Vorrats zerstört, verringert zugleich die mir zu leistende Quote. Die Gefahr des zufälligen Untergangs trifft nicht, wie beim Normalfall der Gattungsschuld, den Verpflichteten allein, sondern verteilt sich verhältnismäßig auf diesen und den Gläubiger. Dies scheint auf eine Speziesschuld hinzudeuten, bei welcher ebenfalls zufällige Verminderung des geschuldeten Objekts den Gläubiger trifft[1].

[1] Aus diesem Grunde habe ich früher selbst in Grünhuts Zeitschrift Bd. 28 S. 258 annehmen zu müssen geglaubt, daß zwar

Bei genauerem Zusehen aber erweist sich, daß sich unser Fall trotzdem von dem der individuellen Schuld auf das wesentlichste unterscheidet. Wenn von einer geschuldeten Speziessache ein Teil untergeht, so kann man von einer (mindestens) teilweisen Unmöglichkeit

die Schuld einer absolut bestimmten Quantität aus einem individuellen Vorrat Gattungsschuld sei, daß dagegen die Schuld eines relativ bestimmten Teiles unter den Begriff der Speziesschuld falle. Ich muß nunmehr die letztere Behauptung zurücknehmen. Die jetzt aufgegebene Unterscheidung ist übrigens schon in ähnlicher Weise von Jhering in seinen Jahrbüchern Bd. 4 S. 408 gemacht worden; nach ihm „muß, damit der Begriff generischer Bestimmung Anwendung finden könne, stets irgendeine Zahl, sei es auch die Einzahl, gesetzt sein; wenn also nur ein quoter Teil des Ganzen, z. B. die Hälfte des Ohms Wein, Gegenstand des Vertrages ist, so betrifft letzterer eine Spezies". Der genannte Gelehrte unterschied denn auch hinsichtlich der Gefahrtragung folgerichtig, je nachdem ein drei Ohm enthaltendes Faß Wein an drei Personen so veräußert wurde, daß jeder ein Ohm, oder so, daß jeder ein Drittel des Fasses verkauft wurde. In der Tat kann dies einen Unterschied hinsichtlich der Behandlung der Unmöglichkeit begründen, natürlich nicht wegen der gewählten Bezeichnung des Vertragsgegenstandes (insofern ist die Polemik Berndorffs, Die Gattungsschuld S. 20 gegen Jhering gegenstandslos), sondern wegen des darin zum Ausdruck gekommenen Willens der Partei. Allein dies rechtfertigt nicht eine verschiedene juristische Konstruktion des Schuldverhältnisses. In beiden Fällen haben wir es mit einer Gattungsschuld zu tun.

Dem Standpunkt Jherings steht zweifelnd gegenüber Regelsberger, Kritische Vierteljahrsschrift Bd. 13 S. 116. Entschieden hat sich gegen diesen Standpunkt ausgesprochen Bekker im Jahrbuch des Gemeinen deutschen Rechtes Bd. 5 S. 367, der mit Recht auf den Unterschied aufmerksam macht, der besteht, je nachdem eine Quote des Komplexes in seinem gegenwärtigen Bestande oder in demjenigen eines späteren Zeitpunktes versprochen wird. Dagegen haben sich Jhering angeschlossen: Hofmann, periculum beim Kauf S. 130, und namentlich Kohler in Jherings Jahrbüchern Bd. 17 S. 391 mit folgender Begründung: „Ist nun das genus nicht ein wirtschaftlich unbegrenztes und schrankender Erfüllung sprechen. Denn die vernichteten Stücke waren von vornherein mitgeschuldet. Gegenstand der Obligation war von Anfang an die Sache in der Gestalt, die sie bei Abschluß des Vertrages hatte, also mit allen ihren gegenwärtigen Bestandteilen. Wird nun ein Teil der letzteren vernichtet, so liegt (teilweise) Unmöglich-

---

loses, sondern ein beschränktes und meßbares, dann läßt es sich sagen, daß jede Partie des genus in gleicher Weise zur Bildung der spezies kontributionspflichtig ist, indem sich die Spezien aus dem Gesamtvorrat heraus konzentrieren. Wenn daher der kontributionspflichtige Vorrat abnimmt, so muß nach Verhältnis auch die herauszukonzentrierende spezies abnehmen. Daraus ist nach strengem Recht zu folgern, einmal, daß .... durch den teilweisen Untergang des genus das Kaufverhältnis teilweise erlischt, so daß nunmehr nur ein entsprechender Bruchteil des vertragsmäßigen Preises zu leisten ist." Diese Ausführungen scheinen mir zu weitgehend insofern, als sie die Teilung der Gefahr zwischen Gläubiger und Schuldner für eine regelmäßige, dem Begriff der Gattungsschuld entsprechende Gestaltung erklären. In Wahrheit ist umgekehrt aus dem Wesen der Gattungsverbindlichkeit zu folgern, daß die Gefahr teilweisen Untergangs, solange eine zur Befriedigung des Gläubigers ausreichende Quantität aus dem Vorrat übrigbleibt, in vollem Umfang den Schuldner trifft. So fügt denn auch Kohler selbst sogleich hinzu: „Der Käufer kann sich nicht beschweren, wenn ihm der Verkäufer aus dem übriggebliebenen Teil des genus sein ganzes vertragsmäßiges Quantum gegen den ganzen vertragsmäßigen Preis zumutet." Tatsächlich ist nun die zuletzt erwähnte Erledigungsart gerade die normale, dem Begriff der Gattungsschuld entsprechende. Sie greift überall durch, wo nicht aus dem Vertrag ein anderes hervorgeht. Insbesondere gilt sie auch, wie früher dargelegt, bei der Schuld eines absolut bestimmten Teils einer Gattung, nicht minder bei der Schuld eines relativ bestimmten Teils ihres nach dem Zeitpunkt des Vertragsschlusses bemessenen Umfangs. Dagegen ist allerdings eine Ausnahme (wohlgemerkt eine Ausnahme!) nach Lage der Umstände anzuerkennen für den Fall, daß nach dem Willen der Vertragschließenden ein relativ bestimmter Teil der Gattung in ihrem jeweiligen Bestand geschuldet ist; vgl. die Ausführungen des Textes.

keit der Leistung um deswillen vor, weil das jetzt untergegangene Stück mitversprochen war. Wenn dagegen die Hälfte des Weins versprochen ist, den das Faß X am Tag der Erfüllung haben wird, so ist von dem bis zu diesem Tag untergegangenen Inhalt nichts geschuldet gewesen. Dieser Teil des Inhalts ist keinen Moment Schuldobjekt. Der Umstand, der ihn vernichtet, trifft nicht einen geschuldeten Gegenstand, sondern einen solchen, der nach der Bestimmung des Vertrags gerade außerhalb des Schuldverhältnisses liegt; (— denn, was vor dem Leistungstag ausläuft, gehört eben nicht zum halbgeschuldeten Inhalt dieses Tages). Der Zufall vermindert also nicht das schon geschuldete Objekt, sondern bewirkt nur, daß ein geringeres Objekt als von vornherein geschuldet erscheint. Daher kann von einer Unmöglichkeit, auch nur von einer bloß teilweisen Unmöglichkeit, nicht die Rede sein. Von dem Vorrat kann vor dem Stichtag noch soviel untergehen: es bleibt immer möglich, die Hälfte dessen zu leisten, was im maßgebenden Zeitpunkt noch übrig ist.

Daß sich nun mit der Verminderung des Vorrats der Umfang der Schuld verringert oder, genauer, als geringer erweist, ist eine Erscheinung, die sich gegen die Annahme einer Gattungsschuld nicht verwerten läßt. Die gleiche Erscheinung ist, wie früher (S. 45) dargelegt, auch in den Fällen möglich, in denen ein Teil einer ganzen Gattung geschuldet ist. Und doch handelt es sich dort, wie wir gesehen haben, um eine generische Verbindlichkeit. Nicht anders verhält es sich in dem gegenwärtig betrachteten Fall. Daß wir es auch hier mit einer Gattungsschuld zu tun haben, ergibt sich aus folgender Erwägung. Die Quote, mit welcher schließlich erfüllt werden soll, ist nicht individuell bestimmt. Ist ein Achtel des Inhalts geschuldet, den das Faß X am Erfüllungstag haben wird, so steht zunächst noch nicht fest, mit welchem konkreten Achtel erfüllt werden wird: eines ist zu diesem Zweck so gut geeignet wie das andere. Der Schuldner kann und muß innerhalb eines größeren Komplexes artgleicher Objekte diejenigen aussondern, mit denen er den Gläubiger befriedigen will: er kann mit diesem oder jenem oder einem weiteren Achtel erfüllen. Es begegnet uns hier dasjenige Merkmal, welches für den Begriff der Gattungsschuld gerade charakteristisch ist: nämlich die Möglichkeit und Notwendigkeit der Aussonderung aus einer größeren Menge, und die wechselseitige Vertretbarkeit der Bestandteile dieses Komplexes in Ansehung der Erfüllungstauglichkeit. Damit hängt zusammen, daß auch in solchem Falle die Vorschriften des BGB. über Konzentration Anwendung finden können und finden müssen. Es gilt hier sowohl der § 243 Abs. 2, welcher die Gattungsschuld dadurch beschränkt, daß der Schuldner alles seinerseits zur Leistung Erforderliche getan hat, als auch der § 300 Abs. 2, nach welchem bei Gattungsschulden die Gefahr auf den Gläubiger mit dem Zeitpunkt übergeht, in welchem er dadurch in Verzug kommt, daß er die ihm angebotene Sache nicht annimmt. Beide Bestimmungen wären, wenn es sich um eine Speziesschuld handelte, um deswillen nicht anwendbar, weil eine Verbindlichkeit, die von vornherein auf ein bestimmtes Objekt beschränkt war, einer nachträglichen Konzentrierung weder bedürftig noch auch fähig ist.

§ 7.

Begriffliche Abgrenzung zwischen Gattungsschuld und Wahlschuld.

Der Fall, daß aus einem individuellen Vorrat einzelne Stücke zu leisten sind, ist bisher nur gegenüber der einfachen Speziesschuld abgegrenzt worden. Im folgenden bleibt die wichtige Frage zu erörtern, wie sich die generische von der alternativen Verbindlichkeit unterscheidet[1]. Es liegt auf der Hand, daß gerade in denjenigen Fällen, in denen der größere Komplex, aus welchem geleistet werden soll, durch einen individuell bezeichneten Vorrat gebildet wird, die Unterscheidung beider Arten von Schuldverhältnissen besondere Schwierigkeiten bieten kann. Wenn ich jemandem zehn Bücher aus meiner Bibliothek verspreche, so kann dieser äußerlich gleichbleibende Tatbestand das eine Mal unter den Gesichtspunkt der generischen, das andere Mal unter denjenigen der alternativen Verbindlichkeit zu bringen sein. Da nun aber andererseits beide Arten von Obligationen keineswegs

[1] H. A. Fischer stellt in Jherings Jahrbüchern Bd. 51 S. 171 an die Spitze seiner Ausführungen den Satz: „Der Unterschied von Wahlschuld und Gattungsschuld läßt sich . . . . leicht formulieren.“ Wie wenig diese optimistische Behauptung zutrifft, zeigen gleich die folgenden, übrigens in der Hauptsache zutreffenden Ausführungen dieses Gelehrten selbst.

rechtlich gleichbehandelt werden, so ist es praktisch wichtig, in jedem Einzelfalle genau zu ermitteln, welche von ihnen gegeben ist.

Die Schwierigkeit der Unterscheidung liegt in dem Umstande begründet, daß beide Gruppen von Verbindlichkeiten eine Reihe von Ähnlichkeiten aufweisen. Zunächst besteht Übereinstimmung insofern, als nicht nur bei der alternativen, sondern auch bei der Gattungsschuld ein einziges Schuldverhältnis anzunehmen ist. Wenn ich zehn Liter aus dem Faß X gegen Geld veräußere, so ist klar, daß nur ein Kaufverhältnis vorliegt: es sind nicht ebenso viele vorhanden, als Kombinationen denkbar wären, mittels deren man aus den zweihundert Litern des Fasses Lieferungen von je zehn Litern zusammenstellen kann. Aber auch bei der alternativen Schuld gilt das gleiche, obschon dies nicht überall anerkannt ist. Auch im letzteren Fall darf man sich die Konstruktion nicht so vorstellen, als wären ebenso viele Schuldverhältnisse gegeben, wie Wahlobjekte vorhanden sind. Wenn ich „eines von meinen drei Pferden" nach Wahl des Gläubigers veräußere, so liegen nicht drei Kaufgeschäfte, aber auch nicht drei Vertragsverhältnisse vor, die unter entgegengesetzten Bedingungen stünden, sondern ein einziges ist gegeben. Weiterhin besteht bei beiden Schuldarten von Anfang an eine relative Unbestimmtheit des Erfüllungsobjektes: mit welchen individuellen Sachen schließlich die Schuld erfüllt werden soll, läßt sich gegenwärtig noch nicht sagen. Zwar steht fest, daß irgendwelche zu einem größeren Komplex gehörige Gegenstände werden geleistet werden; dagegen ist ungewiß, ob dieses oder jenes Objekt zur Erfüllung verwendet wird. Damit hängt zusammen, daß bei beiden Fällen in irgendeinem

Moment eine speziellere Bestimmung des Leistungsobjektes erfolgen muß. Da nämlich in letzter Linie nur mit einer konkreten Sache erfüllt werden kann, so muß in irgendeinem folgenden Zeitpunkt (spätestens demjenigen der Erfüllung) die zunächst gegebene Unbestimmtheit des Leistungsgegenstandes aufhören: es muß eine Konzentration des Schuldverhältnisses auf einzelne individuelle Objekte eintreten. Ferner ist beiden Arten von Verbindlichkeiten das eine gemeinsam, daß die Erfüllungsobjekte aus einem größeren Komplex entnommen werden müssen. Es muß hier wie dort ein Mindestmaß relativer Bestimmtheit gegeben sein, derart, daß Gegenstände, die diesem (enger oder weiter umgrenzten) Komplex nicht angehören, als Erfüllungsobjekte 'von vornherein ausgeschieden sind.

Eine gewisse Ähnlichkeit zeigt sich auch in der Behandlung der Unmöglichkeit. Wird durch einen Umstand ein Teil der Gegenstände vernichtet, aus deren Mitte die Leistungsobjekte entnommen werden sollen, so wird dadurch bei der alternativen Schuld wie bei der generischen nicht notwendig eine Unmöglichkeit der Leistung bewirkt; bleiben doch noch andere Objekte übrig, mittels deren erfüllt werden kann. Andererseits hat aber dieser Umstand hier wie dort eine (stärkere oder schwächere) konzentrierende Wirkung, indem er den Kreis der noch vorhandenen, zur Erfüllung tauglichen Objekte auf eine geringere Zahl beschränkt, vielleicht so stark, daß die übrigbleibende Anzahl von Sachen nur gerade noch zur Erfüllung ausreicht. Dieser Fall ist nicht nur bei der alternativen Schuld möglich: von zwei wahlweise versprochenen Pferden geht das eine zufällig zugrunde. Sondern ebenso auch, wenngleich er hier seltener sein wird, bei der Gattungsschuld: das Faß von hundert Litern, aus welchem fünfzig versprochen sind, läuft infolge eines Zufalls zur Hälfte aus.

Endlich begegnet uns in beiden Fällen die Erscheinung, daß es wenigstens für einen Vertragsteil gleichgültig ist, mit welchen individuellen Objekten erfüllt werden wird (vorausgesetzt, daß sie zum maßgebenden größeren Komplex gehören). Bei der Gattungsschuld liegt das auf der Hand: sind mir zehn Liter aus dem Faß X versprochen, so ist es für mich unerheblich, welche individuellen zehn Liter mir daraus geliefert werden. Aber auch bei der Wahlschuld gilt das gleiche: habe ich eines der drei Pferde des Y nach seiner Wahl gekauft, so ist es mir — wenigstens der Idee nach — gleichgültig, welches von den dreien ich bekomme. Hier wie dort ist also die Individualität des Erfüllungsgegenstandes, sofern dieser nur aus der bezeichneten größeren Menge herrührt, im übrigen für mich irrelevant. Nach alledem ist, wenigstens für die äußere Betrachtung, eine weitgehende Ähnlichkeit zwischen der alternativen und der generischen Schuld gegeben. Trotzdem besteht ein Bedürfnis zur begrifflichen und praktischen Scheidung beider Arten.

I. Will man hierbei zu einer richtigen Lösung gelangen, so muß man, wie mir scheint, von den Zwecken ausgehen, welche die Parteien bei dem Schuldverhältnis verfolgen. Die Interessen, denen die Obligation dienen soll, müssen eben auf diejenige Art von Schuldverhältnissen hindeuten, mittels deren sie am besten befriedigt werden. Wir müssen uns mithin die Situation vergegenwärtigen, bei welcher Wahlschulden eingegangen werden, und sie vergleichen mit der Sach- und Rechtslage, bei welcher die Begründung einer Gattungsschuld zu angemessenen Ergebnissen führt.

Fragen wir nun, welchem Zweck die Wahlschuld dient, so führt uns meines Erachtens gerade das Moment der Wahl zum richtigen Ergebnis. Wahl ist die Handlung, durch welche der Entschluß auf eine von mehreren miteinander verglichenen Möglichkeiten gerichtet wird. Mithin wird bei Eingehung einer Wahlschuld die Sache so liegen, daß ein Vertragsteil, nämlich der Wahlberechtigte, sich noch die Entschließung vorbehält, welches von mehreren individuellen Objekten [2] er verlangen oder leisten will. Er hat ein Interesse daran, von mehreren Gegenständen, die durch den Vertrag bezeichnet sind, denjenigen auszuwählen, welchen er als Gläubiger erhalten oder als Schuldner liefern soll. Das Erfüllungsobjekt soll sich, innerhalb der durch den Vertrag gezogenen Grenzen, bestimmen nach den individuellen Bedürfnissen der wahlberechtigten Partei in irgendeinem (dem Vertragsabschluß nachfolgenden) Moment, nämlich nach ihrem Bedürfnis im Zeitpunkt der Wahl. Das Eigentümliche der Wahlschuld liegt darin, daß es einer Partei freigegeben ist, von mehreren an sich in Betracht kommenden Objekten dasjenige zum Leistungsgegenstand zu machen, dessen Leistung nach ihrer subjektiven Vorstellung ihren Interessen im Momente der Wahl am besten entspricht. Die Tätigkeit des Wählens hat, was ihre psychologische Be-

[2] Der Einfachheit halber soll zunächst nur der Fall betrachtet werden, daß die Wahl zwischen mehreren individuellen Leistungen erfolgen soll. Von der Wahl zwischen mehreren Gattungen und derjenigen zwischen einer generischen und einer individuellen Leistung soll in dem letzten Paragraphen dieser Abhandlung gesondert die Rede sein.

deutung, ihren Inhalt und ihren wirtschaftlichen Zweck betrifft, bei der Wahlschuld gar keine andere Natur als bei der einfachen Speziesschuld. Der Unterschied liegt darin, daß im letzteren Fall die Wahl vor dem Vertragsschluß stattfindet, während sie bei der Wahlschuld in einem späteren Momente geschieht. Die Alternativobligation unterscheidet sich von der gewöhnlichen Speziesschuld nur dadurch, daß die Auswahl unter mehreren denkbaren Erfüllungsobjekten nicht vor Begründung der Schuld erfolgt, sondern nach derselben. So werde ich beispielsweise das einzelne Pferd, welches ich kaufen will, gewöhnlich vor Abschluß des Kaufgeschäftes wählen, so daß ich den Vertrag auf ein einziges individuelles Tier richten kann. Bei der Wahlschuld dagegen ist mir die Wahl für einen späteren Zeitpunkt vorbehalten; ich kaufe eines von mehreren bestimmt bezeichneten Pferden; welches, das soll erst abhängen von einer später vorzunehmenden Wahl. Damit verknüpft sich der Vorteil, daß ich nicht gebunden bin an die Verhältnisse und Bedürfnisse, wie sie im Moment des Kaufabschlusses gegeben sind, daß ich vielmehr in der Lage bin, das Leistungsobjekt denjenigen Interessen anzupassen, die für mich in einem späteren Moment, nämlich in demjenigen der Wahl, maßgebend sein werden. Ich schiebe den Entschluß, der die Bestimmung des individuellen Leistungsobjektes treffen soll, auf einen späteren Zeitpunkt als denjenigen des Vertragsschlusses.

Aber andererseits — und damit kommen wir zu dem zweiten Gesichtspunkt, der für die Abgrenzung maßgebend erscheint — der Entschluß ist inhaltlich in der Weise gebunden, daß er sich auf eine von mehreren individuell bezeichneten Sachen wird richten müssen. Jeder der

Gegenstände, zwischen denen gewählt werden soll, bildet ein Individuum für sich mit seinen besonderen Merkmalen und Eigenschaften. Die mehreren Objekte sind nicht gleichwertig in dem Sinne, daß es für die Interessen der wahlberechtigten Partei gleichgültig wäre, welches sie als Gläubigerin verlangt oder als Schuldnerin hingibt. Sondern die Frage, welches Objekt schließlich geleistét wird, hängt von einer individuellen Prüfung der einzelnen in Betracht kommenden Gegenstände ab und beantwortet sich danach, welches Stück vermöge seiner besonderen Beschaffenheit am besten den Interessen des zur Wahl befugten (berechtigten oder verpflichteten) Vertragsteils entspricht. Die Alternativschuld betrifft also Gegenstände, zwischen denen eine individuelle Auswahl nach Maßgabe der (künftigen) Bedürfnisse des wahlberechtigten Kontrahenten erst noch erfolgen soll. Die Individualität des Leistungsobjektes ist für diesen Teil kéineswegs gleichgültig, sondern im Gegenteil höchst erheblich in dem Sinne, daß sie erst für die Wahl des Objektes maßgebend sein wird. Der wahlberechtigten Partei kommt es auf das Individuum an, welches nach seiner konkreten Beschaffenheit ihren Interessen (im Momente der Wahl) am besten entsprechen wird. Daher eben die Wahl, welche die Bedeutung hat, das konkrete Erfüllungsobjekt den Interessen des Wahlberechtigten anzupassen.

Vergleichen wir damit die Situation, wie sie bei Eingehung einer Gattungsschuld gegeben ist. Der Partei kommt es hier nicht auf das Individuum an, sondern auf den Träger bestimmter Eigenschaften. Zu liefern ist ein Objekt, welches gewisse Merkmale an sich trägt, die meist Artmerkmale sein werden, aber auch andere sein können, wie z. B. bei der Schuld einer Quantität aus einem bestimmten Vorrat. Aber selbst in dem letzteren Fall kommt es dem Gläubiger nicht auf bestimmte Stücke des Gesamtvorrats an, sondern auf irgendwelche. Maßgebend für ihn ist nicht die individuelle Beschaffenheit des einzelnen aus dem größeren Komplex zu entnehmenden Stücks, sondern eben nur seine Zugehörigkeit zu diesem Komplex. Es wird nicht das individuelle Stück A geleistet, weil es für die Zwecke der Partei (des Gläubigers oder des Schuldners) besser paßt als das dem gleichen Komplex angehörige individuelle Stück B. Sondern jedes aus der maßgebenden Menge zu leistende Objekt entspricht den Interessen der Partei, gerade weil es aus der Menge entnommen ist und mithin die Eigenschaften hat, die allen Bestandteilen derselben nach der Vorstellung der Partei gemeinsam sind. Für die Idee der Gattungsschuld ist es gerade eigentümlich, daß die Interessen der Partei keine Auswahl unter den Bestandteilen des Gesamtkomplexes nach Maßgabe der individuellen Eigenschaften der Erfüllungsobjekte erheischen, daß vielmehr — dem Prinzip nach — jedes zugehörige Stück die Eigenschaften hat, auf die es der Partei ankommt. Bei der Gattungsschuld sind grundsätzlich die einzelnen Bestandteile der Gattung gleichwertig: ihre individuelle Verschiedenheit tritt zurück hinter die ihnen allen gemeinsame Eigenschaft der Zugehörigkeit zu dem betreffenden Komplex.

Vergleichen wir nunmehr die generische Schuld mit der alternativen und mit der (einfachen) speziellen, so ergibt sich, unter dem Betrachtungswinkel der Auswahl, folgendes Bild. Bei der einfachen Speziesschuld ist die Auswahl individuell, und wird sie vor oder spätestens bei dem Geschäftsabschluß vorgenommen. Bei der

Alternativschuld ist die Auswahl eine individuelle, aber eine solche, die erst in einem späteren Zeitpunkt erfolgen soll. Bei der generischen Verbindlichkeit endlich ist die Auswahl überhaupt keine individuelle: das Schuldverhältnis wird von vornherein auf beliebige Stücke bestimmter Art gerichtet, derart, daß es auf die Individualität der vom Leistenden ausgewählten Stücke gar nicht ankommt. Sie sind vermöge ihrer Gattungsmerkmale taugliche Objekte der Erfüllung, ohne Rücksicht auf die Besonderheiten des einzelnen Stücks als solchen. Von der gewöhnlichen Speziesschuld unterscheiden sich die alternative und die generische Verbindlichkeit übereinstimmend dadurch, daß in beiden Fällen das individuelle Objekt, mit welchem erfüllt werden wird, noch nicht feststeht: daher bedarf es noch einer näheren Bestimmung desselben. Diese Hinausschiebung der Bestimmung hat aber in beiden Fällen eine verschiedene Bedeutung. Bei der alternativen Schuld dient sie dem Interesse, welches der Wahlberechtigte daran hat, die Auswahl (nicht schon bei Vertragsabschluß, sondern erst) in einem späteren Moment vornehmen zu können: dann aber nach individuellen Merkmalen. Bei der generischen Schuld beruht der anfängliche Mangel individueller Bestimmtheit des Schuldgegenstandes darauf, daß solche Bestimmtheit für die Partei unerheblich ist, und zwar nicht nur gegenwärtig im Momente des Vertragsabschlusses, sondern überhaupt: ihr kommt es eben bloß auf die Gattungseigenschaften, nicht auf die individuelle Beschaffenheit der Objekte an. Eine Auswahl nach der letzteren Richtung soll nicht nur bei Vertragsabschluß, sondern überhaupt unterbleiben. Der Unterschied zwischen Wahl- und Gattungsschuld liegt also darin, daß bei der ersteren die individuelle Auswahl der Erfüllungsobjekte bloß hinausgeschoben, bei der letzteren dagegen überhaupt ausgeschlossen ist. Damit ist zugleich gesagt, daß der Unterschied nicht nur ein quantitativer ist; die alternative Schuld ist nicht etwas wie eine schwächere Art von Gattungsschuld, und diese nicht eine auf zahlreichere Objekte ausgedehnte Wahlschuld. Sondern der Gegensatz ist ein qualitativer: bei der Wahlschuld ist die Individualität des Leistungsgegenstandes erheblich, bei der Gattungsschuld ist sie es nicht. Zwischen beiden Begriffen gibt es keine Zwischenstufe, keinen allmählichen Übergang. Sie schließen sich mit logischer Notwendigkeit gegenseitig aus.

II. Dieser begriffliche Gegensatz soll nunmehr im einzelnen näher verfolgt werden.

1. Fragen wir zunächst, inwiefern zwischen der alternativen und der generischen Verbindlichkeit ein Unterschied besteht hinsichtlich der Bestimmtheit des Schuldobjektes und hinsichtlich der Gebundenheit der Partei.

Man wird im ersten Momente leicht versucht sein, kurzerhand die Behauptung aufzustellen, bei der Alternativschuld sei das Objekt bestimmter als bei der Gattungsschuld. Dies ist aber nur in dem Sinne richtig, daß die Zahl der Objekte, aus denen die Leistungsgegenstände entnommen werden sollen, bei der Gattungsschuld regelmäßig größer sein wird als bei der Wahlschuld, daß also hinsichtlich jedes der einzelnen zum Gesamtkomplex gehörigen Stücke die Wahrscheinlichkeit einer tatsächlichen Verwendung als Leistungsobjekt bei der ersten Schuldart eine geringere sein wird als bei der zweiten. Von den einzelnen Bestandteilen einer

Gattung läßt sich viel weniger „bestimmt“ sagen, daß gerade sie geleistet werden, als von den einzelnen Objekten, die den Gegenstand einer Wahlschuld bilden. Die Vorausbestimmung oder Vorausberechnung der faktischen Erfüllungsobjekte ist dort eine weniger sichere als hier. Dagegen kehrt sich das Verhältnis um, wenn man beim Begriff der Bestimmtheit an die Frage denkt, ob der Schuldgegenstand, so wie er bei Vertragsabschluß festgelegt wurde, in höherem oder minderen Maße den Bedürfnissen der Partei angepaßt ist. Hier muß man umgekehrt sagen: bei der generischen Schuld ist das Objekt „bestimmter“ als bei der Wahlschuld. Da nämlich bei der Gattungsschuld das Bedürfnis der Partei nur auf Gegenstände bestimmter Art und Beschaffenheit gerichtet ist, so sind die nach Artmerkmalen bezeichneten Objekte von vornherein so bestimmt bezeichnet, als es für die Interessen der Partei notwendig erscheint. Einer nachträglichen genaueren Bestimmung bedarf es nicht. Jedes Objekt, welches zur Gattung gehört, hat schon um deswillen die Eigenschaften, auf die es dem Gläubiger ankommt: insofern kann man von jedem Gattungsobjekt schon jetzt sagen, daß es tauglicher Erfüllungsgegenstand ist. Bezüglich jedes von ihnen ist schon jetzt „bestimmt“, daß es zur Leistung (zwar vielleicht nicht verwendet *wird*, aber doch) verwendet werden *kann*. Anders bei der Wahlschuld. Hier ist zwar der Kreis der Objekte, aus denen der Erfüllungsgegenstand zu entnehmen sein wird, enger gezogen. Aber es soll unter ihnen eine individuelle Auswahl nach den (späteren) Bedürfnissen des wahlberechtigten Vertragsteiles erfolgen. Wie sich diese Bedürfnisse im Momente der Auswahl gestalten werden, ist möglicherweise noch ungewiß. Das

Schuldverhältnis bedarf also erst noch einer Präzisierung in der Richtung, daß die Leistungsobjekte den (späteren) Interessen und Bedürfnissen der wahlberechtigten Partei angepaßt werden müssen. Welches individuelle Objekt hierfür geeignet sein wird, läßt sich hier noch gar nicht voraussehen. Hinsichtlich eines einzelnen der zur Wahl stehenden Objekte läßt sich keineswegs schon jetzt behaupten, daß es zur Erfüllung ebensogut tauglich sein wird als irgendein anderes: darüber soll erst die spätere Wahl entscheiden. In diesem Sinne bedarf das Erfüllungsobjekt bei der Wahlschuld noch einer nachträglichen genaueren Fixierung. Bevor sie erfolgt, ist das Objekt „unbestimmter" als bei der Gattungsschuld.

Ähnliche Verschiedenheiten ergeben sich bezüglich der Bindung der Parteien, die ja natürlich mit der Bestimmtheit des Schuldobjektes auf das engste zusammenhängt: je bestimmter das Schuldobjekt, um so größer die Bindung. Auch hier wird man geneigt sein, bei der Wahlschuld eine größere Bindung der Partei als bei der Gattungsschuld anzunehmen. Dies trifft auch in dem Sinne zu, daß bei der ersten Art von Verbindlichkeit regelmäßig viel weniger Entscheidungsmöglichkeiten gegeben sind als bei der zweiten. Wenn ich eines von drei bestimmten Pferden nach meiner Wahl verkaufe (Alternativschuld), so ist mein Wille insofern stärker gebunden, als ich nur die Wahl zwischen drei Möglichkeiten habe, während ich beim Verkauf eines (irgendeines) Pferdes — Gattungsschuld — einer unübersehbaren Anzahl von Möglichkeiten gegenüberstehe, also in der Auswahl freier gestellt bin. In diesem Sinne ist derjenige Vertragsteil, der die Erfüllungsobjekte bestimmen darf, bei der Wahlschuld stärker gebunden (weniger frei) als bei der

Gattungsschuld. Dagegen verhält es sich umgekehrt, sobald die Frage aufgeworfen wird, ob und inwiefern der Partei die Möglichkeit bleibt, das Erfüllungsobjekt ihren individuellen Wünschen und Bedürfnissen anzupassen. Handelt es sich um eine Gattungsschuld, so hat die Partei von vornherein den Gegenstand so bestimmt, wie es ihrem Bedürfnis entspricht, nämlich nach Art- und Gattungsmerkmalen; an diese Bestimmung ist sie gebunden; eine weitere Auswahl steht ihr nicht mehr zu. Bei der Alternativschuld dagegen sind zwar die in Frage kommenden Erfüllungsobjekte an Zahl geringer, aber der wahlberechtigten Partei ist es überlassen, innerhalb derselben eine ihren besonderen Interessen angepaßte Auswahl zu treffen. Der Gläubiger insbesondere, dem die Wahlbefugnis zusteht, braucht nicht irgendeines der zur Wahl gestellten Objekte sich aufdrängenzu lassen, sondern er kann nach Maßgabe seiner Wünsche und Bedürfnisse den Erfüllungsgegenstand bestimmen. Eine Anpassung des Leistungsobjektes an die Interessen der wahlberechtigten Partei ist (nicht nur behufs Herbeiführung der nötigen Bestimmtheit erforderlich, sondern sie ist auch) noch möglich. Es besteht noch eine Differenzierungsmöglichkeit, die bei der generischen Verbindlichkeit nicht gegeben ist. Die wahlberechtigte Partei behält auch nach Vertragsabschluß noch eine gewisse Freiheit des Entschlusses. Die Zahl der Möglichkeiten, unter denen gewählt werden soll, ist zwar geringer; aber die Auswahl selbst hat größere Bedeutung. Ob dieses oder jenes Stück ausgewählt wird, ist nicht so unerheblich wie bei der Gattungsschuld. Darum bleibt der Partei ein größerer Einfluß auf die endgültige qualitative Gestaltung des Schuldverhältnisses im Hinblick auf ihre nunmehrigen Bedürfnisse. In diesem Sinne ist die Partei bei der Alternativschuld freier, weniger stark gebunden als bei der Gattungsschuld. Man kann den Gegensatz dahin zusammenfassen: bei der Gattungsschuld gibt es zahlreichere Objekte der Auswahl, aber die letztere ist von geringerer Bedeutung, da die Objekte für die Bedürfnisse der Partei gleichwertig sind. Bei der Wahlschuld gibt es weniger Gegenstände der Auswahl, dafür hat die letztere eine größere qualitative Bedeutung, indem sie eine bessere Anpassung des Erfüllungsobjektes an die Vertragszwecke ermöglicht.

2. Der Unterschied zwischen Wahl- und Gattungsschuld zeigt sich des weiteren, wenn man den Komplex ins Auge faßt, aus welchem die Erfüllungsobjekte entnommen werden sollen. Bei der Gattungsschuld wird dieser Komplex als eine Einheit aufgefaßt: alle Gegenstände, die bestimmte Merkmale aufweisen, bilden im Sinne des Vertrages eine Gesamtkategorie. Wird ein Pferd (irgendeines) aus dem Gestüt Graditz verkauft, so stellt man sich die Gattung Graditzer Pferde als eine besondere, einheitliche Gruppe vor. Die dazu gehörigen Objekte werden nicht erst durch den Vertrag zueinander in Beziehung gebracht; sondern sie haben bereits unabhängig von demselben gemeinsame Eigenschaften, kraft deren sie als etwas Zusammengehöriges betrachtet werden. Nicht erst der Parteiwille macht aus ihnen eine Kategorie. Sondern dieselbe bestand schon vor dem Vertrag und unabhängig von ihm. Sie wird als solche durch die Partei nicht geschaffen, sondern vorausgesetzt. Gerade weil es der Partei auf gewisse Arteigenschaften des zu liefernden Objektes ankommt (in unserem Beispiel auf eine gewisse Zucht),

bestimmt sie, daß dieses aus der Gattung entnommen werden soll, welche die betreffenden Merkmale aufweist, daß aber innerhalb derselben mit jedem beliebigen Exemplar erfüllt werden darf.

Bei der Alternativschuld verhält es sich anders. Hier brauchen die Objekte, zwischen denen gewählt werden soll, miteinander nichts gemeinsam zu haben. Wenn ich eines der Pferde X, Y, Z nach meiner Wahl kaufe, so brauchen dieselben bisher zueinander in gar keiner Beziehung gestanden zu haben. Sie können verschiedenen Eigentümern gehören, voneinander nach Rasse, Herkunft, Alter, Geschlecht, Farbe, Größe und sonstigen Eigenschaften völlig abweichen. Gerade weil sie überaus verschiedenartig sein können, bilden sie nicht eine Gattung im Sinne des Vertragsrechtes, geschweige denn im Sinne des gewöhnlichen Sprachgebrauchs. Ja, die zur Wahl gestellten Gegenstände brauchen nicht einmal, wie in dem angegebenen Beispiel, derselben Art anzugehören. Die Partei kann die allerverschiedensten Dinge zum Gegenstand der Wahlschuld machen. Sie kann Objekte, die unter sich ganz zusammenhangslos und heterogen waren, gerade erst dadurch zueinander in Beziehung setzen, daß sie mit Bezug auf sie eine Wahlschuld begründet. Sie kann sich einen Kochkessel oder eine Gitarre, einen französischen Roman oder den Zopf eines Chinesen, einen Füllfederhalter oder einen Kinderwagen wahlweise versprechen lassen. Alsdann werden diese disparaten Gegenstände zu einer höheren Einheit gerade erst dadurch verbunden, daß zwischen ihnen gewählt werden soll und darf: erst der Vertrag schafft die Beziehung unter den an sich völlig unzusammenhängenden Objekten. Hier kommt es eben auf die Individualität der einzelnen Leistung an. Der wahlberechtigte Gläubiger z. B. will die Möglichkeit haben, unter mehreren Leistungen diejenige auszuwählen, die seinen (im Zeitpunkt der Wahl bestehenden) Bedürfnissen am besten entspricht. Da nun aber diese Bedürfnisse höchst verschiedenartig sein können, so ist es denkbar, daß er ein Interesse daran haben kann, sich die Wahl unter mehreren Gegenständen zu sichern, die, abgesehen von dem besonderen Vertragsfall, zueinander nicht die geringste Beziehung haben. Es gibt keine, noch so unwahrscheinliche oder auffallende oder sogar komische Zusammenstellung von Gegenständen, die nicht bei der Wahlschuld entstehen könnte.

Zu derselben Unterscheidung gelangt man von einem etwas anderen Gesichtspunkt aus. Da bei der Gattungsschuld einerseits die Individualität des Leistungsgegenstandes unerheblich ist, da andererseits der Gläubiger sich die Leistung zur Befriedigung eines bestimmten Bedürfnisses versprechen läßt, muß notwendig der Leistungsgegenstand bei aller Unbestimmtheit zum mindesten so bezeichnet sein, daß er zur Befriedigung jenes Bedürfnisses tauglich sei. Mithin wird bei Schuldbegründung auf alle die Gegenstände hingewiesen, die nach ihrer Art zur Befriedigung der verfolgten Interessen brauchbar sind. Und gerade der Umstand, daß sie schon ihrer Natur nach diese Artmerkmale und Arteigenschaften besitzen, bildet das Band, welches sich um alle schlingt und sie zu einer Einheit verbindet. Die Einheit der Gattung ist der Grund, weshalb die Leistungsobjekte aus ihr entnommen werden können. Bei der Wahlschuld dagegen stehen Bedürfnisse in Frage, deren Befriedigung nicht bloß gewisse generelle Merkmale, sondern individuelle Eigenschaften voraussetzt. Es müssen mithin individuelle Objekte sein, zwischen denen behufs Bedürfnisbefriedigung gewählt werden soll. Da nun die Partei vermöge des Prinzips der Vertragsfreiheit die (wahlweise) Befriedigung höchst verschiedenartiger Bedürfnisse mit einem und demselben Rechtsgeschäft erstreben kann, so kann sie auch ihren Vertrag auf alternative Leistungen ganz verschiedener Natur richten. Wie sie in der Lage ist, sich kumulativ Objekte versprechen zu lassen, die ganz verschieden sind und vor dem Vertrag nicht die geringste Beziehung zueinander hatten (einen Rasierapparat, ein Schachspiel und ein Nachthemd), so kann sie sich diese heterogenen Objekte auch wahlweise ausbedingen. Der Vertrag knüpft alsdann nicht an eine schon vorhandene Beziehung an, sondern er stellt eine solche überhaupt erst her. Er zieht nicht, wie bei der Gattungsschuld, nur die Folgerung daraus, daß bereits vor seinem Abschluß ein Komplex von Gegenständen vorhanden ist, die durch bestimmte Merkmale, Arteigenschaften oder sonstige Umstände zusammengehalten werden. Sondern er schafft gewissermaßen erst einen neuen Komplex aus Objekten, die sonst miteinander nichts zu tun hatten und die auch jetzt noch nur das eine gemeinsame haben, daß sie zum alternativen Objekt eines einheitlichen Schuldverhältnisses gemacht wurden. Während bei der Gattungsschuld die Möglichkeit und Notwendigkeit der Auswahl aus der Tatsache der schon vorhandenen Gattung sich ergibt, wird bei der Alternativschuld erst durch die im Vertrag ausbedungene Wahlmöglichkeit die Vereinigung der im übrigen verschiedenen Objekte zu einem bestimmten Komplex begründet. In scharfer (und deshalb nicht ganz zutreffender) Pointierung könnte man sagen: bei der Gattungsschuld ist der schon bestehende Zusammenhang der Schuldobjekte der Grund für die Wahl unter ihnen, bei der Wahlschuld ist der Zusammenhang erst die Folge davon, daß eine Wahl unter ihnen vorgesehen ist.

3. Damit hängt auf das engste folgender Gesichtspunkt zusammen. Die Gegenstände, aus denen die Erfüllungsobjekte zu entnehmen sind, werden bei der Gattungsschuld in der Regel gleichartig sein. Die meisten Fälle einer Gattungsschuld betreffen, wie früher (S. 17) in anderem Zusammenhang dargelegt, Objekte einer „Gattung" im gewöhnlichen Sinne des Sprachgebrauchs. Wo ausnahmsweise das für die Bestimmung des Erfüllungsobjektes maßgebende Moment nicht in einem Artmerkmal oder in einer Arteigenschaft besteht (irgendeine Locke des Künstlers Y, zehn Liter aus dem Faß X), da besteht doch unter den möglichen Erfüllungsobjekten eine bestimmte Beziehung, welche uns ermächtigt, eine Einheit unter ihnen schon ganz unabhängig von dem konkreten Vertragsverhältnis anzunehmen: das Haupthaar des Virtuosen ist ebensogut eine Einheit wie das Faß X, und es liegt hier wie dort eine Gattungsschuld vor, wenn man auch in dem einen Fall ebensowenig wie in dem anderen von einer Gattung im landläufigen Sinne reden wird. Eine solche Einheit nun, vermöge deren es der Partei gleichgültig ist, welche individuellen Objekte geleistet werden, wofern sie nur die maßgebenden Beziehungen oder Eigenschaften aufweisen (Herkunft von einem bestimmten Menschen, Zugehörigkeit zu einem bestimmten Vorrat), wird aber selbstverständlich unter gleichartigen Objekten leichter bestehen als unter solchen verschiedener Natur. Und

auch wo — objektiv betrachtet — eine Verschiedenheit obzuwalten scheint, besteht sie für die subjektive Vorstellung der Partei nicht. Ihr sind die zum Gesamtkomplex gehörigen Gegenstände gleichartig und gleichwertig: sonst würde sie eben nicht eine Gattungsschuld begründen, bei welcher sie nicht im voraus berechnen kann, welches von den zugehörigen individuellen Objekten sie erhalten wird. Gerade die Gleichheit der betreffenden Gegenstände, sei es nun die wirkliche oder die von den Parteien angenommene Gleichheit, erklärt es, daß von einer anfänglichen oder nachträglichen individuellen Bestimmung des Leistungsobjektes abgesehen wird, daß vielmehr ein Gegenstand zur Erfüllung ebenso tauglich erscheint wie der andere[8].

Bei der Wahlschuld dagegen wird es viel leichter eintreten, daß die zur Wahl gestellten Objekte nach Wesen und Wert verschieden sind. Hier kommt es vornehmlich auf die individuelle Beschaffenheit des einzelnen Stückes an. Daß dieselbe nicht unerheblich ist, wird gerade durch den Umstand nahegelegt, daß erst

---

[8] Richtige Bemerkungen über die subjektive Gleichartigkeit oder Ungleichartigkeit der Objekte bei Chamizer, Natur, Gebiet und Grenzen der Wahlschuld S. 66; ferner Fischer in Jherings Jahrbüchern Bd. 51 S. 179. — Zutreffend hatte schon für das Gemeine Recht Kohler in Jherings Jahrbüchern Bd. 17 S. 391 den Unterschied zwischen generischer und alternativer Obligation umschrieben, wie folgt: „Während .... die letztere von der individuellen Verschiedenheit der Objekte ausgeht und nur eine Mehrheit von Individuen voraussetzt, unter welchen der Akt der Auswahl den Ausschlag zu geben hat, ist der Grundgedanke der generischen Obligation die Gleichartigkeit der Objekte, welche gewissermaßen unter einen und denselben Nenner gebracht werden, so daß aus dem Gesamtvorrat von Objekten die nötige Partie nicht gewählt, sondern herausgebildet wird.“

noch eine Wahl ausbedungen ist. Eine solche hat bei völlig gleichartigen und gleichwertigen Gegenständen keinen Sinn und Zweck mehr. Mithin liegt hier das Schwergewicht gerade auf der Verschiedenheit der einzelnen Objekte, unter denen gewählt werden soll. Gerade weil die individuellen Eigenschaften des Stückes A nicht dieselben sind wie diejenigen des Stückes B, hat die Partei ein Interesse daran, nach Maßgabe ihrer Bedürfnisse das eine oder andere auswählen zu können. Deshalb ist es bei der Wahlschuld nicht nur möglich, sondern nach ihrer Idee sogar wahrscheinlich, daß die der Wahl unterliegenden einzelnen Gegenstände (vom subjektiven Standpunkt der wahlberechtigten Partei aus) nicht als gleichgeordnet, gleichartig und gleichwertig anzusehen sind. Dem einen muß in irgendeiner Hinsicht der Vorzug vor dem anderen gebühren. Da dem Wahlberechtigten nicht gleichgültig ist, ob er das eine oder andere der vorgesehenen Objekte erhält, so müssen sie eben gewisse Verschiedenheiten aufweisen, vermöge deren er lieber das eine als das andere zum Leistungsobjekte bestimmt.

Der eben dargelegte Unterschied tritt freilich nicht immer klar hervor. Auf der einen Seite nämlich kann es sein, daß der Komplex, aus welchem die gattungsmäßige Leistung versprochen wird, im Einzelfalle nicht, wie es der Regel entspricht, aus gleichartigen Gegenständen zusammengesetzt ist, vielmehr verschiedenartige Bestandteile umfaßt. Wenn sich z. B. ein Sammler eine Sache (irgendeine) versprechen läßt, die einem berühmten Manne gehört hat, so liegt eine Gattungsschuld vor, obgleich die Eigentumsobjekte jener Berühmtheit höchst verschieden und mannigfaltig sein können. Dies hängt damit zusammen, daß die das Leistungsobjekt charakterisierenden Momente von der Partei nach freiem Belieben bestimmt werden können, insbesondere nicht notwendig aus den inneren Eigenschaften der Sache selbst, sondern aus irgendeiner äußeren Beziehung derselben entnommen werden können. Alsdann können die Objekte, welche durch jene Beziehung gekennzeichnet werden, ihrem allgemeinen Gattungscharakter nach voneinander völlig verschieden sein. So verhält es sich in dem eben gebildeten Beispiel. Dort kommt es dem Gläubiger nur darauf an, einen Gegenstand zu erhalten, der im Eigentum der berühmten Persönlichkeit gestanden hat, mag dies nun eine Krawattennadel, eine Taschenuhr, eine Tabaksdose, ein Buch, eine Perücke oder ein Rasiermesser sein. So verschieden die Gegenstände nach ihrer Natur und Zweckbestimmung auch sein mögen, sie haben doch eine gemeinsame Eigenschaft, nämlich die Beziehung zu dem bestimmten Eigentümer. Und gerade diese Beziehung ist es, um derenwillen sie für den Gläubiger Wert haben. Hinter diese eine, für die Vertragspartei ausschlaggebende Eigenschaft treten die individuellen Eigentümlichkeiten der einzelnen Objekte zurück. So mannigfaltig sie im übrigen sind, für den Berechtigten sind sie, eben wegen der einen maßgebenden Beziehung, unter sich vollkommen gleichwertig. Er gibt nicht dem einen wegen gewisser individueller Eigenschaften vor dem anderen den Vorzug. Er legt kein Gewicht auf spezielle Auswahl. Für seine subjektiven Zwecke sind diese unter sich höchst disparaten Objekte völlig gleichartig und gleichwertig. Eben darum haben wir es trotz der Verschiedenheit der in Frage stehenden Gegenstände nicht mit einer Wahlschuld, sondern mit einer Gattungsschuld zu tun.

Auf der anderen Seite ist es sehr wohl denkbar, daß bei der Alternativschuld die Sachen, aus denen gewählt werden soll, objektiv betrachtet, unter sich gleichartig und gleichwertig sind. Ja, dieser Fall wird sogar praktisch die Regel bilden. Denn auch wenn sich eine Vertragspartei die Wahl ausbedingt, wird sie doch zur Befriedigung ihrer Bedürfnisse im allgemeinen einen Gegenstand bestimmter Art brauchen. Die Wahlschuld wird sich also auf eine Mehrheit von Sachen richten, die unter sich gleichartig sind. Es wird eines von mehreren Pferden, von mehreren Büchern, von mehreren Kunstwerken, eine von mehreren Speisen, eine von mehreren Schmucksachen usw. alternativ versprochen werden. Soll aber wirklich der Fall der Wahlschuld gegeben sein, so muß für die subjektive Vorstellung der Partei zwischen den zur Wahl gestellten (objektiv gleichartigen) Gegenständen irgendeine individuelle Verschiedenheit bestehen. So viele gemeinsamen Merkmale sie auch im übrigen aufweisen mögen, in irgendwelcher für die Partei erheblichen Beziehung müssen sie sich voneinander unterscheiden, sei es durch qualitative Abstufungen (das eine Pferd ist wertvoller als das andere), sei es durch die Möglichkeit andersartiger Verwertung (das eine ist Reitpferd, das andere ist Zugpferd), sei es durch irgendeinen sonstigen Umstand. Die Partei muß sich die mehreren Gegenstände als verschieden vorstellen. Und eben um dieser Verschiedenheit willen behält sie sich die nähere Auswahl unter ihnen vor. Wenn sie auch im Momente des Vertragsschlusses Unterschiede noch nicht kennt und vielleicht solche bei der absoluten Gleichheit der Objekte auch niemals wird entdecken können, so legt sie doch Wert darauf, zum allermindesten noch eine individuelle Prüfung der mehreren Objekte vorzunehmen und sich dasjenige auszuwählen, welches für ihre Zwecke am passendsten erscheint. Gerade dadurch, daß sie sich nicht irgendeinen Gegenstand der gleichen Art versprechen läßt, sondern einen von ihr auszuwählenden, gibt sie zu erkennen, daß sie auf die individuellen Eigenschaften desselben Wert legt, daß sie also eine objektiv vielleicht gänzlich ungerechtfertigte Differenzierung zwischen den Objekten eintreten läßt. Wäre es ihr gleichgültig, ob sie das Pferd A, B oder C erhält bzw. leistet, so würde sie sich eben keine Wahlbefugnis ausbedingen. Der Idee der Alternativschuld entspricht also eine von der wahlberechtigten Partei vorgestellte Verschiedenheit der Wahlobjekte. Und weil für die Gestaltung des Schuldverhältnisses in letzter Linie der Parteiwille maßgebend ist, so kann es sein, daß trotz vollkommener (objektiver) Gleichartigkeit der Sachen, aus denen die Leistungsobjekte entnommen werden sollen, nicht etwa eine Gattungsschuld, sondern eine Alternativschuld anzunehmen ist[4].

---

[4] Der soeben im Text behandelte Gesichtspunkt scheint auch Weißmann, Abgrenzung zwischen Gattungs- und Wahlschuld S. 27, vorzuschweben, wenn er für die Unterscheidung beider Arten von Schuldverhältnissen darauf Gewicht legt, „ob die Parteien sich die verschiedenen Erfüllungsmöglichkeiten disjunktiv einander gegenübergestellt haben oder nicht". Im ersten Fall sei Wahlschuld gegeben, im zweiten nicht. Jener sei bei einem Komplex stark differierender Objekte, aus denen erfüllt werden solle, leichter anzunehmen, so z. B. wenn die Gemäldesammlung, aus welcher ein Kunstwerk versprochen sei, Stücke von sehr verschiedenem Wert umfasse.

4. Ein weiterer charakteristischer Unterschied zwischen Gattungs- und Wahlschuld ergibt sich, wenn man den Gesichtspunkt der Einheit oder Mehrheit der Leistungen zugrunde legt[5]. Bei der generischen Verbindlichkeit tritt die Individualität der einzelnen zum Gesamtkomplex gehörigen Stücke so sehr in den Hintergrund, daß man sich die einzelnen Bestandteile gar nicht als Objekte einer gesonderten Leistung vorstellt. Die Parteien setzen nur fest, daß zum Zweck der Erfüllung eine bestimmte Quantität von Stücken gewisser Art aus der Gattung heraus geliefert werden soll; dagegen stellen sie sich nicht ebenso viele einzelne Ansprüche vor, als es Objekte gibt, die zum maßgebenden Komplex gehören. Wenn ich mir von einem bestimmten Werk ein Exemplar (irgendeines) versprechen lasse, so stelle ich mir nicht die fünftausend Exemplare der Auflage als Gegenstand von fünftausend denkbaren Leistungen vor, von denen eine ausgewählt werden soll. Sondern die Leistung schwebt mir als eine einheitliche und einzige vor. Ich betrachte mich als Subjekt einer einzigen Forderung, deren Gegenstand irgendeines der (wirklich oder vermeintlich) gleichartigen und gleichwertigen Stücke jener Auflage sein wird. Ich stelle mir nicht

[5] Gegen diese Unterscheidung wendet sich mit gewohnter Lebhaftigkeit Pescatore, Wahlschuld S. 149. Er hat aber m. E. nicht bewiesen, daß der Gesichtspunkt der Einheit oder Mehrheit der Leistung für die begriffliche Unterscheidung zwischen Wahlschuld und Gattungsschuld unerheblich sei. Im übrigen mag man ihm ruhig zugeben, daß für die Abgrenzung zweifelhafter Fälle das genannte Kriterium vielfach keine allzu großen Dienste leisten wird. Mit Recht wird auch von dem genannten Schriftsteller S. 138 Anm. 1 darauf hingewiesen, daß es überaus schwierig sei, zwischen Einheit und Mehrheit der Leistung die Grenze zu finden.

eine Vielheit von Ansprüchen und Leistungen vor. Es ist — um eine allerdings nicht ganz unzweideutige Wendung zu gebrauchen — nicht so, als ob alle Gegenstände der Gattung „in obligatione“ wären. Charakteristisch für die Gattungsschuld ist mithin die vorgestellte Einheit des Anspruchs, des Schuldgegenstandes und der Leistung. Es sind nicht die vielleicht unzählbaren Gattungsobjekte wahlweise versprochen; sondern es ist eine Leistung geschuldet, die freilich vor der Hand nur der Gattung nach bestimmt ist. Hier überwiegt die Vorstellung der Gattung, d. h. eben des Gesamtkomplexes, nicht die der zugehörigen einzelnen Stücke.

Bei der Alternativschuld verhält es sich anders. Dort steht im Vordergrund die Individualität der einzelnen zur Wahl stehenden Leistungen. Jede von ihnen wird, wenn auch der Gedanke nicht immer durchgeführt wird und bei einer großen Zahl von Wahlobjekten im einzelnen gar nicht durchgeführt werden kann, doch im Prinzip als Objekt eines gesonderten Anspruchs vorgestellt. Die Partei denkt sich jedes dieser Objekte, auch wenn sie vielleicht bei größerer Zahl derselben die Individualität des einzelnen sich nicht konkret zum Bewußtsein bringt, als Gegenstand einer möglichen Forderung. Es werden so viele Ansprüche gedacht, als es zur Wahl gestellte Gegenstände gibt. Und eben nur deshalb, weil an eine Vielheit gedacht wird, hat der Gesichtspunkt der Wahl überhaupt einen Sinn. Derselbe setzt notwendig eine Mehrheit von Möglichkeiten voraus, unter denen schließlich die eine ausgewählt werden soll. Man kann nicht den Begriff der Wahl aufstellen, ohne zugleich eine Mehrheit von Objekten der Wahl anzunehmen. Deshalb überwiegt bei der Alternativschuld mit begrifflicher Notwendigkeit die Vorstellung der Mehrheit, der Vielheit. Sämtliche zur Wahl stehende Objekte sind hier einzeln als Schuldgegenstand gedacht. Alle Stücke sind, mit dem vorhin unter Vorbehalt verwendeten Ausdruck, „in obligatione“. Zwar soll eines ausgewählt und schließlich allein geleistet werden. Aber vorher sind sie alle durch den obligationenrechtlichen Nexus umfaßt. Sie sind bis zur gültigen Wahl alle (wenn auch nicht kumulativ, so doch alternativ) geschuldet. Es stehen sich mehrere denkbare Leistungen gegenüber, wenn auch schließlich das Schuldverhältnis sich auf eine von ihnen konzentriert. Damit hängt auf das engste zusammen die noch später darzulegende Verschiedenheit zwischen der Wahl auf der einen, der Ausscheidung des Leistungsobjektes aus der Gattung auf der anderen Seite. Hier haben wir es mit dem Gesichtspunkt zu tun, daß bei der generischen Leistung die Vorstellung der Einheit, bei der alternativen die Vorstellung der Mehrheit überwiegt.

Dies tritt auch schon in der Ausdrucksweise des BGB. deutlich zutage. Zur Bezeichnung der Gattungsschuld werden Wendungen gebraucht, wie die folgenden: „wer eine nur der Gattung nach bestimmte Sache schuldet“ (§ 243); „ist der geschuldete Gegenstand nur der Gattung nach bestimmt“ (§ 279); „wird eine nur der Gattung nach bestimmte Sache geschuldet“ (§ 300); „der Käufer einer nur der Gattung nach bestimmten Sache“ (§ 480); „hat der Erblasser die vermachte Sache nur der Gattung nach bestimmt“ (§ 2155). Überall ist nur die Rede von einer geschuldeten Sache, von einem geschuldeten Gegenstand. Die Sprache des Gesetzes trägt in durchaus zutreffender Weise dem Umstande Rechnung, daß bei der Gattungsschuld nur an eine (allerdings bloß generisch bestimmte) Leistung zu denken ist. Die Alternativschuld dagegen wird durch die Formel definiert, daß „mehrere Leistungen in der Weise geschuldet werden, daß nur die eine oder die andere zu bewirken ist“ (§ 262 BGB.). Hier ist klar zum Ausdruck gebracht, daß mehrere wechselseitig unabhängige Leistungen einander gegenüberstehen, unter denen erst noch die endgültig zu bewirkende von dem einen oder anderen Vertragsteil ausgewählt werden soll. Hier sind also von vornherein mehrere Leistungen, wenn auch in alternativer Weise, nebeneinander geschuldet. So deutet auch die Sprache des BGB. auf den Gegensatz hin: Mehrheit der Leistungen bei der Alternativschuld, Einheit der Leistung bei der Gattungsschuld.

5. Endlich zeigt sich der Gegensatz beider Arten von Obligationen darin, daß die Konzentration des Schuldverhältnisses auf eine einzelne individuelle Leistung sich in verschiedener Weise vollzieht und eine verschiedene Bedeutung hat[6]. Bei der generischen Verbindlichkeit stehen die zur Gattung gehörigen Objekte (wenigstens für den subjektiven Standpunkt der Partei) einander grundsätzlich gleich: irgendwelche Stücke aus der Gattung sollen geleistet werden. Soll nun erfüllt werden, so ist eine hierzu erforderliche Quantität aus der gesamten Gattung auszuscheiden. Diese Ausscheidung hat aber eine rein äußerliche Bedeutung. Sie erfolgt

---

[6] Daß bei der Wahlschuld die Willenserklärung zur Konzentration genügt, bei der Gattungsschuld dagegen nicht (auch nicht bei der Schuld einer Quantität aus einen individuellen Vorrat), wird mit Recht hervorgehoben von H. A. Fischer in Jherings Jahrbüchern Bd. 51 S. 172.

nicht nach individuellen Gesichtspunkten. Es werden nicht diese oder jene Stücke mit Vorliebe vor den anderen ausgewählt. Es wird nicht unter den einzelnen Gattungssachen ein Vergleich veranstaltet. Sondern es wird die nötige Zahl von Objekten (gleichviel welchen) aus der größeren Masse von Gegenständen gleicher Art entnommen. Daß gewisse Stücke schließlich herausgehoben werden, ist nicht die Folge davon, daß diese Stücke individuelle Eigenschaften hätten, die ihnen vor den übrigen Bestandteilen den Vorzug gewährten, sondern lediglich die Konsequenz der quantitativen Beschränkung, die jeder Gattungsschuld innewohnt. Die verkauften hundert Äpfel bestimmter Sorte werden ausgesondert, nicht weil gerade sie als Einzelstücke ihre Wesensbesonderheiten aufweisen, durch die sie sich für die Parteien von irgendwelchen Objekten der gleichen Gattung unterscheiden, sondern weil unter der vorhandenen größeren Masse dieser Art nur hundert Stück zu leisten sind. Der Vorgang der Ausscheidung erklärt sich nicht durch den Wunsch der ausscheidenden Partei, auf Grund eines Vergleichs diesen oder jenen Objekten den Vorzug zu geben, sondern lediglich durch die jeder Gattungsschuld beigefügte Maßbestimmung. Er hat nicht den Zweck, das Leistungsobjekt an die individuellen Bedürfnisse der wahlberechtigten Partei anzupassen, sondern die nötige begrenzte Zahl von Objekten zusammenzubringen und zum Zweck der Erfüllung zu isolieren. Darum kann man hier von einer Wahl nicht sprechen. Wenn ein Kohlenhändler aus seinen Vorräten die verkauften hundert Zentner aussondert, so kann man nicht sagen, daß er dieselben im eigentlichen Sinne „auswählt“, d. h. auf Grund eines

Vergleichs mit den übrigen Kohlen im Hinblick auf ihre besonderen individuellen Eigenschaften zur Erfüllung bestimmt; sondern er stellt eine Quantität von hundert (bloß hundert) Zentnern zusammen, die bisher unausgeschieden in einer größeren Menge enthalten waren.

Eine ganz andere Bedeutung hat die Wahl bei der Alternativschuld. Hier kommt es der Partei gerade darauf an, unter mehreren zur Verfügung stehenden Gegenständen das Leistungsobjekt so zu bestimmen, daß es ihren speziellen Bedürfnissen am besten entspricht. Dies setzt einen Vergleich zwischen den betreffenden Gegenständen voraus. Es werden ihre individuellen Eigenschaften untersucht, gegenübergestellt, gegeneinander abgewogen. Und auf Grund eines solchen Werturteils wird der Entschluß auf das eine oder andere Objekt gerichtet. Diese Tätigkeit ist es eben, die man als Wahl bezeichnet. Und gerade diese Auswahl bildet für die Alternativschuld das schlechthin begriffsbestimmende Merkmal. Im Wesen dieser Schuldform liegt es begründet, daß der schließliche Leistungsgegenstand auf dem Wege der Wahl fixiert wird. Letztere aber hat hier nicht den Zweck, lediglich eine bestimmte Anzahl von Erfüllungsobjekten aus einer größeren Masse gleichartiger und gleichwertiger Gegenstände auszusondern. Vielmehr will sie unter mehreren, von vornherein als selbständig und verschieden gedachten Gegenständen denjenigen auszeichnen und zur Erfüllung bestimmen, der vermöge seiner besonderen Eigenschaften den Parteizwecken besser entspricht als die übrigen. Wenn ich von drei Pferden, A, B, C, eines nach meiner Wahl kaufe, so ist mir nicht mit irgendeinem der drei Pferde gedient, sondern mit demjenigen, das sich zur Befriedigung meiner speziellen Wünsche und Bedürfnisse am besten eignet. Und die Bestimmung des zu leistenden Tieres ist nicht lediglich zahlenmäßige Ausscheidung eines Exemplars unter vielen gleichartigen, sondern das Ergebnis einer vergleichenden Wertung nach Maßgabe individueller Eigenschaften des Objektes und individueller Bedürfnisse des Wählenden[7].

Es ist leicht zu erkennen, wie der eben behandelte Gesichtspunkt mit den zuletzt behandelten zwei Unterscheidungsmerkmalen zusammenhängt. Eine Auswahl im technischen Sinne ist bei der Gattungsschuld um deswillen nicht nötig, weil die generell bestimmten Objekte, wenigstens vom subjektiven Standpunkt der Partei aus, gleichartig und gleichwertig sind. Da es ihr nur darauf ankommt, irgendeines der vielen Träger gleicher Eigenschaften zu (liefern oder zu) erhalten, so legt sie auf eine besondere individuelle Auswahl keinen Wert. Bei der Wahlschuld dagegen liegt das Schwergewicht auf der individuellen Verschiedenheit der alternativen Schuldobjekte. Und gerade darum ist es nach dem Sinn des Schuldverhältnisses erst noch nötig, unter diesen als ungleich vorgestellten Gegen-

[7] Daß man bei der Gattungsschuld nicht von einer Wahl im technischen Sinne reden kann, wird jetzt fast allgemein angenommen. Auf diesen Gesichtspunkt haben namentlich aufmerksam gemacht Brinz, Pandekten 2. Aufl. § 243, und Kohler in Jherings Jahrbüchern Bd. 17 S. 391. Anders noch Goldschmidt, Handelsrecht 2 Aufl. Bd. 2 S. 18 § 61 Anmerkung 18b: „Jedenfalls darf man den Ausdruck Wahl beibehalten, wenngleich ja bei der „generischen“ Obligation die gewollte Unbestimmtheit größer ist als bei der alternativen.“ Diesen Ausführungen liegt die im Text abgelehnte Vorstellung zugrunde, als handele es sich bei den Begriffen der Wahl- und Gattungsschuld um lediglich quantitative Unterscheidungen.

ständen den passendsten auszusuchen. Bei der Gattungsschuld muß die Ausscheidung um deswillen eine geringere und eine rein äußerliche Bedeutung haben, weil die Gattungsobjekte nicht unterschieden werden. Daß die Ausscheidung lediglich nach quantitativen Gesichtspunkten erfolgt, beweist gerade die (subjektive) Gleichstellung der Gattungsobjekte. Bei der Alternativschuld dagegen ist eine Auswahl begrifflich möglich und notwendig gerade deshalb, weil es auf die individuellen Eigenschaften der einzelnen Stücke ankommt. Daß hier nach qualitativen Gesichtspunkten gewählt wird, bestätigt die prinzipielle Ungleichheit der Wahlgegenstände. Die Wahl enthält begrifflich immer ein Ungleichheitsurteil.

Und zum anderen: der Ausschluß der Wahl bei der Gattungsschuld und ihre Notwendigkeit bei der Alternativschuld hängt auch zusammen mit dem begrifflichen Gegensatz: Einheit und Mehrheit der Leistungsobjekte. Bei der generischen Schuld wird erst durch die Ausscheidung der Leistungsobjekte ein gesonderter Gegenstand konstituiert. Solange die auszuscheidenden Objekte sich noch unausgesondert in der großen Masse der Gattung verlieren, ist ein individuell vorstellbares Leistungsobjekt noch gar nicht vorhanden. Vor der Konzentrierung ist kein gesondert vorstellbares Leistungsobjekt gegeben; vom Momente der Konzentrierung aber steht nur mehr die Leistung des ausgeschiedenen Stückes in Frage; in keinem Moment also ist eine Mehrheit von Leistungen gegeben. Daher ist auch eine Wahl gar nicht erforderlich und gar nicht möglich. Dagegen bei der Alternativschuld werden die mehreren Leistungen von vornherein als individuelle vorgestellt. Und gerade weil an eine Mehrheit von solchen gedacht wird, ist es möglich und nötig, unter ihnen eine Wahl vorzunehmen. Eine solche setzt mit begrifflicher Notwendigkeit eine Mehrheit voraus. Ihre Bedeutung ist gerade die, aus einer zunächst gegebenen Mehrheit die Leistungsobjekte auf die Einheit zu reduzieren. Während also bei der Gattungsschuld die Ausscheidung das Schuldobjekt erst zu einem individuell vorstellbaren macht, hat bei der Wahlschuld die Möglichkeit isolierter Betrachtung schon vorher bestanden. Dort ist die Leistung von dem Augenblick ab, wo sie getrennt gedacht wird, auch allein geschuldet; es bleibt für eine Wahl kein Raum. Hier wurden die Leistungen schon vor der Konzentration individuell ins Auge gefaßt, weshalb gerade die Möglichkeit der Wahl bestand. Dort bedeutet die Konzentration zugleich Individualisierung der Leistung. Hier bedeutet sie eine nähere Auswahl unter mehreren schon vorher individualisierten Leistungen. Dort sind nur die im Wege der Konzentration ausgeschiedenen Stücke geschuldet; andere als individuelle Stücke waren von vornherein nicht Schuldobjekte. Hier dagegen waren neben dem schließlich gewählten Gegenstand von vornherein noch andere geschuldet. Demgemäß hat bei der Gattungsschuld die Konzentration eine mehr positive Bedeutung: sie fixiert erst den individuellen Schuldgegenstand. Dagegen die Wahl bei der Alternativschuld enthält zugleich ein sehr erhebliches negatives Moment: sie befreit andere Objekte, die bisher geschuldet waren, von der obligationenrechtlichen Verstrickung. Bei der Gattungsschuld liegt das Schwergewicht darauf, daß infolge der Konzentration n u n g e r a d e d i e s e s Stück geschuldet wird; bei der alternativen Schuld ist die Folge der Wahl die, daß nur mehr dieses (schon vorher gesondert vorstellbares) Objekt geleistet werden darf und muß. Der Gegensatz zu dem schließlichen Erfüllungsobjekt wird bei der Gattungsschuld gebildet durch die große Masse der übrigen Gattungsobjekte, die als solche niemals geschuldet waren; bei der Wahlschuld dagegen durch die mehreren individuellen Gegenstände, die vorher zusammen (wenn auch nur alternativ) Schuldobjekte waren, und die erst infolge der Wahl aufhörten, es zu sein.

Aus dem dargelegten Umstand ergibt sich ein sehr beachtenswerter Unterschied hinsichtlich des Zeitpunktes der Konzentration. Bei der Gattungsschuld tritt dieselbe im Prinzip mit der Erfüllung ein, wenigstens mit dem Moment, in welchem der Schuldner das zur Leistung seinerseits Erforderliche getan hat, bzw. mit dem Annahmeverzug des Gläubigers. Jedenfalls verbindet sie sich mit einem Vorgang, der entweder die Erfüllung in sich schließt oder doch die wichtigsten Tatbestandsmomente einer solchen verwirklicht. Es ist schon praktisch die Regel, daß die Gattungsschuld sich nicht vor der Erfüllung auf einen bestimmten Gegenstand konzentriert, und daß sie nicht längere Zeit in der neuen Gestalt als Speziesschuld fortdauert. Dies entspricht auch dem Wesen der Gattungsschuld. Gerade weil bei ihr die Individualität des Schuldgegenstandes unerheblich ist, erscheint es angemessen, die Konzentration auf einen möglichst späten Zeitpunkt zu verlegen. Zwar kann es vorkommen, daß die Parteien schon vorher bestimmte ausgeschiedene Stücke der Gattung für die nunmehr allein geschuldeten erklären. Allein, einmal ist solcher Vorgang praktisch selten. Sodann setzt er das beiderseitige Einverständnis der Parteien, nicht einen bloß einseitigen Willensakt voraus. Und endlich kann er in diesem Zusammenhang um deswillen außer Betracht bleiben, weil darin die Umwandlung der generischen Schuld in eine individuelle zu erblicken ist, auf welche von nun an die besonderen Vorschriften der Speziesschuld Anwendung finden, weil mithin gerade bei dem geschilderten Tatbestand die charakteristischen Eigentümlichkeiten der Gattungsschuld außer Geltung treten.

Bei der alternativen Schuld dagegen liegt die Sache umgekehrt. Hier ist die Individualität des Erfüllungsgegenstandes für den wahlberechtigten Vertragsteil wesentlich. Ihre Festlegung ist ein Vorgang, der sich vom Erfüllungstatbestand heraushebt und selbständige Bedeutung hat. Die Wahlschuld unterscheidet sich, wie früher (S. 128) dargelegt, von sonstigen Speziesschulden nur in der einen Beziehung, daß die Wahl des Erfüllungsobjektes nicht schon vor oder bei Vertragsabschluß, sondern erst später erfolgt. Sie muß aber der Idee nach der Vertragserfüllung vorausgehen. Denn ohne sie läßt sich nicht sagen, welcher Gegenstand der endgültig geschuldete ist. Eben weil bei der Alternativschuld die individuelle Auswahl des Erfüllungsobjektes nicht ausgeschlossen, sondern nur hinausgeschoben ist, muß sie noch vor der Erfüllung nachgeholt werden. Das Wesen des Wahlschuldverhältnisses läßt sich so vorstellen, daß die beiden Bestandteile, die sonst bei der Begründung einer Speziesschuld vereinigt vorliegen, nämlich Wahl des individuellen Schuldobjektes und Vertragsschluß über dasselbe, hier zeitlich auseinandergerissen werden, derart, daß zunächst nur Vertragsbindung und erst später die Auswahl stattfindet. Wie aber bei der gewöhnlichen Speziesschuld (vom Handgeschäft abgesehen) die Fixierung des Erfüllungsobjektes und die Erfüllung selbst auseinanderfallen, so ist es im Prinzip auch bei der Alternativschuld. Auch hier liegt die Wahl, welche eben jene Fixierung bezweckt, dem Grundsatze nach zeitlich vor der Erfüllung. Die Konzentration tritt früher ein als bei der generischen Schuld[8].

Der bisher dargelegte Gegensatz — Auswahl bei der Alternativschuld, Ausscheidung bei der generischen Verbindlichkeit — kann durch einen Umstand verschleiert werden. Denkbar ist nämlich, daß auch bei der Gattungsschuld eine Auswahl erfolgt. Der Schuldner einer Gattungssache wird vielfach die zu liefernden Objekte qualitativ auswählen, sei es, um durch Ausscheidung minderwertiger Teile die besseren zu behalten, sei es umgekehrt, um durch Lieferung möglichst guter Ware den Gläubiger zufriedenzustellen, sei es aus irgendeinem anderen Motiv. Andererseits kann, wenn dies auch seltener vorkommen mag, ausgemacht werden, daß der Gläubiger die ihm aus der Gattung zu liefernden Stücke soll auswählen dürfen[9]. Trotz dieser Wahlbefugnis des Schuldners oder Gläubigers hört nun die Verbindlichkeit nicht auf, eine generische zu sein. Denn die schließlich zu liefernden Objekte kommen auch hier in erster Linie als Träger gewisser genereller Eigen-

---

[8] Vgl. unter anderen Fischer in Jherings Jahrbüchern Bd. 51 S. 174.

[9] Vgl. den Tatbestand ROHG. 24, 30: Der Käufer einer festen Anzahl Hämmel soll befugt sein, die einzelnen Stücke aus der Herde des Verkäufers auszuwählen; ebenso H. A. Fischer in Jherings Jahrbüchern Bd. 51 S. 175.

schaften in Betracht. Wenn auch der Schuldner oder Gläubiger innerhalb der Gattung nach gewissen Gesichtspunkten eine Auswahl trifft, so treten doch die individuellen Eigenschaften der ausgesonderten Stücke hinter deren Gattungseigenschaften zurück. Der Verkäufer von (irgendwelchen) hundert Äpfeln, der zum Zweck der Erfüllung ebenso viele möglichst schlechte oder möglichst gute Stücke aussucht, schuldet eben bloß hundert Äpfel bestimmter Sorte; er will nicht die individuell ausgesuchten Stücke zum alleinigen Schuldobjekt machen; es kommt ihm nicht auf die Individualität des einzelnen Stückes an. Sondern er will irgendwelche möglichst schlechte oder gute hundert Stück leisten. Der Gläubiger andererseits, der aus der Herde des Verkäufers zehn von ihm selbst auszuwählende Hämmel kauft, legt das Hauptgewicht auf die generelle Eigenschaft der Stücke, Bestandteile der betreffenden Hammelherde zu sein. Wenn er sich auch möglichst gute Stücke aussuchen will, so hat er doch von vornherein nicht die zehn später ausgesuchten individuellen Tiere gekauft, sondern irgendwelche zehn. Das Schwergewicht liegt auf den Arteigenschaften bzw. auf den Zugehörigkeitsverhältnissen der Objekte, nicht auf ihren individuellen Eigenschaften. Die Ausbedingung der Auswahl ist nichts dem Wesen des Schuldverhältnisses Eigentümliches, sondern sie ist eine Nebenabrede zu dem auf eine Gattungsschuld gerichteten Vertrag. Es liegt nicht eine Wahlschuld vor, sondern eine Gattungsschuld mit Auswahl[10].

---

[10] Richtig hebt Kohler in Jherings Jahrbüchern Bd. 17 S. 392 Anm. 2 hervor, daß bei der generischen Schuld „die qualitative Berücksichtigung der Individualität zwar nicht ausgeschlossen ist, aber eine untergeordnete Rolle spielt".

Darum hat auch in den dargelegten Beispielen die Auswahl eine ganz andere Bedeutung als bei einer wirklichen Alternativschuld. Zunächst erfolgt sie nicht durch einseitige empfangsbedürftige Willenserklärung an den Gegner (anders für die Wahlschuld der § 263 BGB.). Sie kann namentlich, wenn der Schuldner sie vornimmt, ein rein interner Vorgang sein, der aus seiner Rechtssphäre nicht heraustritt. Sodann ist sie meist eine Begleiterscheinung der Erfüllung; sie erfolgt (durch den Schuldner oder Gläubiger) aus Anlaß der vorzunehmenden endgültigen Leistung, während die Auswahl bei der Alternativschuld, wenigstens der Idee nach, der Erfüllung vorausgeht. Des weiteren ist die Auswahl für den Teil, der sie vorgenommen hat, nicht bindend; der Schuldner, der hundert Äpfel aussondert und zur Erfüllung bestimmt hat, kann sie noch jederzeit durch andere ersetzen; der Gläubiger, der zehn Hämmel ausgesucht hat, kann nachträglich zehn andere begehren. Eine Bindung an die getroffene Auswahl tritt erst durch vollzogene Erfüllung oder durch Annahmeverzug oder durch vertragsmäßige Einigung auf bestimmte Stücke ein. Bei der Alternativschuld dagegen ist die einseitige, dem Gegner zugegangene Willenserklärung bindend. Damit hängt zusammen: die einseitige Auswahl bei der Gattungsschuld, mag sie vom Gläubiger oder vom Schuldner ausgehen, hat keine konzentrierende Kraft. Sie verwandelt für sich allein die Verbindlichkeit noch nicht in eine Speziesschuld, sondern läßt sie weiter Gattungsschuld bleiben (was namentlich wichtig ist, wenn nunmehr die ausgesonderten Stücke untergehen). Sie hat also keine stärkere Kraft als auch sonst die Ausscheidung einzelner zur Erfüllung bestimmter Objekte aus der größeren Gattung. Man kann geradezu sagen: die Auswahl ist nichts anderes als eine qualifizierte Aussonderung, nämlich eine solche, die nicht, wie es bei der Gattungsschuld die Regel bildet, ausschließlich nach quantitativen Momenten erfolgt, die vielmehr auch gewisse qualitative Rücksichten walten läßt. Bei der Alternativschuld dagegen hat die Auswahl eine völlige andere Bedeutung. Sie ist nicht bloß Aussonderung. Sie erfolgt nach individuellen Gesichtspunkten. Sie konzentriert das Schuldverhältnis. Die ausgewählten Objekte gelten als von vornherein allein geschuldet. Die Verbindlichkeit ist eine Speziesschuld geworden. Zufälliger Untergang der ausgewählten Stücke läßt die Verbindlichkeit erlöschen. Alle diese Wirkungen knüpfen sich hier an die einseitige Wahlerklärung, während sie bei der Gattungsschuld mit Auswahlbefugnis eine Willenseinigung zwischen Gläubiger und Schuldner, einen Konzentrationsvertrag voraussetzen.

III. Unsere bisherigen Ausführungen betrafen den allgemeinen Gegensatz zwischen Wahl- und Gattungsschuld. Im folgenden soll nunmehr untersucht werden, nach welchen besonderen Kriterien sich im Einzelfall bestimmen läßt, ob die eine oder andere Schuldart gegeben ist[11].

1. Zunächst könnte man Gewicht darauf legen wollen, ob die Gegenstände, aus denen die Leistungsobjekte entnommen werden sollen, individuell bezeichnet werden, oder ob dies nicht der Fall ist. Die Art der Bezeichnung kann in der Tat nach Lage des Falles einen Fingerzeig geben. Erkläre ich meinem Freunde: „Ich

[11] Vgl. hierüber unter anderen Litten, Die Wahlschuld S. 91 f; Weißmann, Abgrenzung zwischen Gattungs- und Wahlschuld 1907 S. 27.

kaufe Dir Deine Schiller- oder Shakespeare- oder Goetheausgabe ab: welche, will ich mir noch überlegen," so ist eine Wahlschuld gegeben. Erkläre ich, hundert (nicht näher bezeichnete) Bücher aus seiner Bibliothek kaufen zu wollen, so kann unter Umständen Gattungsschuld beabsichtigt sein. Die Bedeutsamkeit des gebrauchten Ausdruckes wird denn auch meist keine zufällige sein. Gerade weil bei der Alternativschuld das Interesse der wahlberechtigten Partei auf individuelle Auswahl der Objekte geht, liegt es nahe, die der Wahl unterliegenden Objekte auch individuell zu bezeichnen, während bei der Gattungsschuld die Unerheblichkeit des einzelnen Individuums als solchen vielfach auch schon sprachlich darin zum Ausdruck kommen wird, daß man sich damit begnügt, lediglich die Artmerkmale der Leistungsobjekte oder die größere Gruppe, aus denen sie zu entnehmen sind, ganz im allgemeinen anzugeben. Demgemäß wird es kaum vorkommen, daß bei individueller Bezeichnung der Objekte, aus denen geleistet werden soll, eine Gattungsschuld angenommen werden kann [12].

Allein der sprachliche Ausdruck ist keineswegs entscheidend. Insbesondere kann es sehr wohl sein, daß eine Wahlschuld anzunehmen ist, obgleich die einzelnen Gegenstände, unter denen gewählt werden soll, bei der Schuldbegründung nicht individuell angegeben, vielmehr

[12] Natürlich ist es denkbar, daß der Komplex, aus welchem zu leisten ist, als ein Ganzes individuell bezeichnet wird: zehn Liter aus dem Faß X. Daß hier eine Gattungsschuld vorliegt, haben wir ausführlich dargelegt. Aber auch hier ist nur der Komplex, die Gattung individuell angegeben. Dagegen sind es nicht die einzelnen zugehörigen Objekte. Es bleibt also bei der Regel, daß bei der Gattungsschuld die einzelnen Stücke nicht individuell bezeichnet sind.

durch eine einheitliche kurze Bezeichnung zusammengefaßt, namentlich durch eine außerhalb ihrer selbst liegende Beziehung erkennbar gemacht werden. Verkaufe ich nach Wahl des Vertragsgegners „eines von meinen drei Pferden", so wird in aller Regel eine Alternativschuld ebensogut gegeben sein, wie wenn ich „das Pferd A, B oder C" nach Wahl veräußere[13]. Die Verschiedenheit des Ausdruckes ist hier eine rein zufällige. Sie erklärt sich durch das Bedürfnis eines kurzen Ausdruckes, welches um so fühlbarer wird, je größer die Zahl der zur Wahl gestellten Objekte ist („zehn Bücher

---

[13] Beispiel von Windscheid; vgl. Windscheid-Kipp, 8. Aufl. Bd. 2 S. 35, § 255 Anm. 17. Gegen die Überschätzung des Wortlauts mit Recht auch Crome, System § 147 Anm. 7, 1. Aufl. S. 46; Litten, Wahlschuld S. 89 Anm. 6, der aber S. 91 mit Recht hervorhebt, daß der Wortlaut ein Indiz abgeben kann; Weißmann, Abgrenzung zwischen Gattungs- und Wahlschuld S. 26. — Dagegen hatte noch Jhering in seinen Jahrbüchern Bd. 4 S. 406 auf die gewählte Fassung entscheidendes Gewicht gelegt: „Dem Testator steht es frei, zu sagen, ‚ich legiere das Pferd A, B, C' oder ‚eines von meinen Pferden'; dort hat er eine Spezies, hier ein genus legiert." Ähnlich auch für das geltende Recht Chamizer, Natur, Gebiet und Grenzen der Wahlschuld 1902 S. 66. — Pescatore, Wahlschuldverhältnisse gibt S. 147 zu, daß im Prinzip die gewählte Bezeichnung unerheblich sei, will aber für den Fall, daß die Objekte zusammenfassend bezeichnet werden, doch wieder einen Unterschied nach der gewählten Fassung machen. „Vermacht z. B. jemand, der zehn tüchtige Arbeitspferde und ein wertvolles Luxuspferd gehalten hat, dem A nach seiner Wahl ‚eines seiner Pferde', so wird A unter den zehn Arbeitspferden wählen, aber nicht das Luxuspferd beanspruchen können." Eine durchschlagende Begründung für diesen Satz wird nicht gegeben. Es wird doch sehr auf die Umstände des Falles ankommen, insbesondere auf die Person des Bedachten und auf die Absicht des Erblassers. Gegen die eben erwähnte, etwas gewaltsame Ansicht Pescatores wendet sich, wie mir scheint, mit Recht, auch Kuhlenbeck in Staudinger 3./4. Aufl. S. 19.

aus Deiner Bibliothek"). Sie ist aber kein Anzeichen für eine verschiedene Art von Schuldverhältnis. Es wäre auffallend, wenn verschiedene Rechtsfolgen eintreten würden, je nachdem der eine oder andere Ausdruck verwendet wurde, obgleich doch der Parteiwille hier wie dort der gleiche bleibt. Auf den Parteiwillen allein kommt es aber an und nicht auf den gebrauchten Ausdruck. Entscheidend ist, ob es jenem Willen entspricht, daß später unter den Schuldobjekten eine Auswahl nach individuellen Eigenschaften erfolgen soll. Trifft dies zu, so liegt eine Wahlschuld vor, mögen auch die zur Wahl gestellten Objekte zunächst nicht individuell bezeichnet sein. Aus dem Begriff der Alternativschuld folgt lediglich, daß eine individuelle Bezeichnung der Erfüllungsobjekte spätestens in dem Zeitpunkt der Wahl und zum Zweck derselben nachgeholt werden muß. Keineswegs ergibt sich aus ihm die Notwendigkeit, schon bei Vertragsabschluß die Wahlobjekte individuell anzugeben.

2. Ein weiteres Kriterium für die vorliegende Schuldart kann auch die Person der wahlberechtigten Partei sein[14]. Ist es namentlich der Gläubiger, der unter mehreren Objekten die zur Erfüllung bestimmten auswählen darf, so wird die Vermutung eher für eine Alternativschuld sprechen. Bei der Gattungsschuld nämlich ist in aller Regel eine besondere Aus-

[14] So mit Recht auch Litten, Wahlschuld S. 91. Daß bei Wahlrecht des Gläubigers immer eine Wahlschuld gegeben sei, wird aber zu Unrecht behauptet von Chamizer, Natur, Gebiet und Grenzen der Wahlschuld S. 67. Richtiger Weißmann, Abgrenzung zwischen Gattungs- und Wahlschuld 1907 S. 27, ebenso S. 31; Haver, Gattungsschuld S. 56.

wahl nicht nötig. Erforderlich ist nur eine Ausscheidung der zur Erfüllung nötigen Quantität aus der Masse der größeren Gattung. Da nun die Individualität der ausgewählten Stücke gleichgültig ist (S. 149f.), und da es Sache des Schuldners ist, die nötigen Gattungsobjekte zu beschaffen, so kann füglich die Aussonderung ihm überlassen werden; dem Gläubiger ist es prinzipiell gleichgültig, welche Stücke aus der Gattung ihm geliefert werden. Bei der Wahlschuld dagegen wird vielfach gerade der Gläubiger ein Interesse daran haben, die Schuldobjekte nach Maßgabe seiner besonderen Zwecke und Bedürfnisse auszuwählen. Ist also ihm das Wahlrecht eingeräumt, so ist dies ein Anzeichen dafür, daß es ihm eben auf eine individuelle Wertung, Vergleichung und Auswahl der Erfüllungsobjekte ankommt. Und da diesem Interesse die Form der Wahlschuld angepaßt ist, so ist eben letztere anzunehmen.

Indessen kann auch dieses Kriterium nicht ausnahmslose Geltung beanspruchen. Wie früher dargelegt, lassen sich Fälle denken, in denen dem Gläubiger die Auswahl, genauer die Aussonderung der Erfüllungsobjekte überlassen ist, und in denen trotzdem eine Gattungsschuld um deswillen anzunehmen ist, weil im Sinne des Vertrages die Artmerkmale wesentlicher erscheinen als die individuellen Eigenschaften der auszusondernden Stücke. Wir haben hier von einer Gattungsschuld mit Auswahlbefugnis gesprochen (S. 158). Immerhin sind solche Fälle verhältnismäßig selten. Sie bilden ungewöhnliche Abweichungen von dem Normaltypus der Gattungsschuld. In aller Regel kann man bei der letzteren von einer Auswahl im technischen Sinn überhaupt nicht reden, am allerwenigsten von einer solchen durch den

Gläubiger. Ist also diesem in einem konkreten Fall die Befugnis eingeräumt, die Leistungsobjekte sich auszusuchen, so deutet dieser Umstand meistens auf eine alternative Verbindlichkeit hin.

3. Für die Abgrenzung im Einzelfalle kann es weiter von Erheblichkeit sein, ob die Objekte, aus denen erfüllt werden soll, gleichartig oder verschiedenartig sind[15]. Wie früher dargelegt (S. 140), wird in aller Regel bei Verschiedenartigkeit auf Wahlschuld, bei Gleichartigkeit eher auf Gattungsschuld zu schließen sein. Denn, je verschiedenartiger die maßgebenden Objekte sind, um so eher wird ein Interesse der Partei an individueller Auswahl vorliegen; je gleichartiger umgekehrt die Gegenstände, um so mehr treten ihre gemeinsamen Eigenschaften und Merkmale in den Vordergrund, und um so wahrscheinlicher ist es, daß sie eben um dieser Merkmale willen Vertragsobjekte geworden sind: dies aber führt zum Typus der Gattungsschuld. Dem entspricht es, daß bei Verträgen über Quantitäten vertretbarer Waren (Getreide, Kohlen, Wein, Obst), mag nun bloß die Gattung oder aber ein individueller Vorrat genannt sein, aus welchem die versprochene Masse geliefert werden soll, so gut wie ausnahmslos eine generische Verbindlichkeit gegeben sein wird, weil eben hier die einzelnen Bestandteile des gesamten Komplexes so gleich-

---

[15] Auf diesen Gesichtspunkt (neben demjenigen der Übersehbarkeit der Wahlmöglichkeiten) legt Gewicht Oertmann, Kommentar, Vorbemerkung zu den §§ 262 ff. 2 d (3./4. Aufl. S. 71): „Ferner überwiegt für den typischen Zweck der Gattungsschuld die Gleichartigkeit der möglicherweise zur Leistung verwendbaren Stücke, während diese bei der Wahlschuld in einem mehr oder weniger gegensätzlichen Verhältnis stehen."

artig und ununterscheidbar sind, daß sich kaum ein Interesse an individueller Auswahl vorstellen läßt.

Daß jedoch auch der zuletzt betrachtete Gesichtspunkt der Gleichartigkeit oder Ungleichartigkeit nicht schlechterdings durchgreift, ergibt sich aus unseren früheren Ausführungen. Einerseits ist es nach Lage des Falles möglich, daß es trotz Verschiedenartigkeit der Objekte, aus denen erfüllt werden soll, der Partei auf eine individuelle Auswahl der Leistungsgegenstände nicht ankommt. Lasse ich mir einen (irgendeinen) Gebrauchsgegenstand eines berühmten Mannes als Andenken versprechen, dann kommt es mir lediglich auf die Beziehung des Objektes zu jener Persönlichkeit an; auf eine besondere Auswahl lege ich keinen oder doch keinen entscheidenden Wert. Meine Forderung ist mithin eine generische, obgleich die Sachen, aus denen erfüllt werden soll, für sich betrachtet, untereinander höchst verschiedenartig sein können. Es gibt also Gattungsschulden bei Ungleichartigkeit der Objekte. Andererseits ist noch häufiger der umgekehrte Fall möglich, daß nämlich die Gegenstände, aus denen erfüllt werden soll, ihrem allgemeinen Charakter und Wert nach vollkommen gleich sind, daß aber eine Partei Gewicht darauf legt, unter ihnen eine Auswahl nach Maßgabe ihrer besonderen Wünsche und Bedürfnisse vorzunehmen. Ich kaufe eines von den fünf Pferden meines Freundes nach meiner Wahl: hier unterliegt es keinem Zweifel, daß eine Alternativschuld anzunehmen ist. Mögen auch die fraglichen Gegenstände, objektiv genommen, völlig gleichartig und gleichwertig sein, für den subjektiven Standpunkt der Partei sind sie es nicht, wie ja gerade der Vorbehalt des Wahlrechtes schlagend nachweist. Trotz Gleichartigkeit der zur Wahl gestellten Objekte ist also der Fall der Wahlschuld gegeben. Diese Möglichkeit (ebenso wie die vorhin behandelte umgekehrte Erscheinung der Gattungsschuld bei Ungleichartigkeit der Objekte) hat ihren letzten Grund darin, daß für die Gestaltung des Schuldverhältnisses als eines alternativen oder generischen nicht die objektive Gleichartigkeit oder Verschiedenheit der in Frage kommenden Objekte maßgebend ist, sondern ihre subjektive Gleichstellung oder Differenzierung durch die vertragschließenden Parteien.

4. Ein weiteres Unterscheidungsmerkmal ist vielfach in der geringeren oder größeren Zahl der Objekte zu finden, aus denen die Erfüllungsobjekte entnommen werden sollen. Ist die Zahl eine ganz beschränkte, so spricht die Vermutung für eine Alternativschuld. Ist sie eine größere, so wird die Annahme einer Gattungschuld näherliegen. Dies beruht auf der Natur der Sache. Objekte, die lediglich um ihrer Art- und Gattungsmerkmale willen gesucht werden, sind in aller Regel Objekte des Massenverkehrs; sie kommen in großer Anzahl vor. Wenn sich dagegen eine Partei die Auswahl unter mehreren Gegenständen vorbehält, so wird die Anzahl der in Frage kommenden Objekte um deswillen meist eine beschränktere sein, weil eine individuelle Wertung und Vergleichung um so leichter ist, je kleiner die Zahl der Wahlmöglichkeiten erscheint; je größer dagegen die Menge der Objekte, um so mehr ist das genaue Differenzieren, Abwägen und Auswählen erschwert. Verspreche ich jemandem eines von meinen zwei Pferden, so liegt Wahlschuld vor; verspreche ich ihm hundert Zigarren aus einem Vorrat von hunderttausend, so ist Gattungsschuld anzunehmen.

Läßt sich nach dem Gesagten aus dem Umfang des maßgebenden Komplexes von Gegenständen vielfach ein Anhaltspunkt für die gegebene Schuldart entnehmen, so kann doch dieses Kriterium nicht ausnahmslos für entscheidend angesehen werden[16]. Auf der einen Seite läßt sich der Fall denken, daß die Erfüllungsobjekte aus einer relativ sehr großen Zahl von Objekten ausgesucht werden sollen, und daß doch eine Wahlschuld im technischen Sinne anzunehmen ist. Letztere ist nämlich überall dort gegeben, wo die Parteien ein Interesse an der individuellen Auswahl des Leistungsobjektes haben; und dieses Interesse ist an sich unabhängig von der Zahl der zur Auswahl stehenden Objekte. Ist letztere eine sehr große, so mag das die Wahl erschweren oder doch die Zuverlässigkeit ihres Ergebnisses beeinträchtigen: begrifflich aber steht dieser Umstand einer Wahl nicht im Wege. Er bewirkt höchstens eine tatsächliche Schwierigkeit, nicht dagegen eine logische und rechtliche Unmöglichkeit derselben. Wenn ich einem Liebhaber aus meiner viertausend Stück enthaltenden Briefmarkensammlung zehn Stück nach seiner Wahl veräußere (zu einem von Sachverständigen festzusetzenden Preise),

---

[16] Anders anscheinend Pistory, Wahl und Unmöglichkeit als Voraussetzungen der Beschränkung der Wahlschuld nach dem Rechte des BGB., Erlanger Dissertation 1901 S. 9: „Die Zahl der Leistungen, unter welchen die Wahl getroffen werden kann, ist bei der Wahlschuld den Parteien immer bekannt, nicht aber bei der Gattungschuld. Möglich ist freilich auch der Fall, daß bei der letzteren der Kreis, innerhalb dessen zu wählen ist, ein enger und den Parteien völlig bekannter ist. Doch ist dies eine Ausnahme.“ Aus den späteren Ausführungen des Textes dürfte sich ergeben, daß die Behauptung, bei der Alternativschuld sei die Zahl der zur Wahl gestellten Objekte den Parteien immer bekannt, offensichtlich eine unrichtige ist.

so ist trotz der großen Anzahl der Gegenstände ohne Zweifel eine Wahlschuld gegeben. Denn dem Käufer kommt es nicht auf irgendwelche zehn Marken an, sondern auf zehn nach seinem Bedürfnis individuell auszuwählende Marken.

Andererseits kann die Zahl der Objekte, aus denen erfüllt werden soll, eine verhältnismäßig geringe sein, ohne daß darum die Verbindlichkeit aufhört, eine Gattungsschuld zu sein. Es gibt, wie wir in anderem Zusammenhang (S. 13) dargelegt haben, Gattungen von sehr geringem Umfang. Sind die zu einer solchen kleineren Gattung gehörigen Gegenstände (vom subjektiven Standpunkt der Vertragspartei aus) völlig gleichartig und gleichwertig, so daß es auf die Individualität der einzelnen Stücke nicht ankommt und eine besondere Wahl unter ihnen nicht vorgesehen ist, so haben wir es mit einem unzweifelhaften Fall der Gattungsschuld zu tun. Einem Sammler ist es gelungen, die der Konfiskation entgangenen wenigen Exemplare einer Druckschrift an sich zu bringen. Er verkauft eines davon (irgendeines) an einen Bücherfreund. Es ist klar, daß hier keine Alternativschuld vorliegt. Das zur Leistung bestimmte Exemplar soll nicht nach seinen individuellen Merkmalen ausgesucht werden. Sondern für die subjektiven Parteizwecke ist jedes der geretteten Stücke dem anderen gleichartig. Also Gattungsverbindlichkeit trotz ganz geringer Anzahl der tauglichen Erfüllungsobjekte.

Daß die Zahl der zur Wahl stehenden Objekte für die Unterscheidung nicht maßgebend sein kann, ergibt sich aus folgender Erwägung. Wenn aus einem und demselben Komplex von Sachen eine einzelne (individuell bestimmte) geschuldet ist, so kann es sich je nach Lage der Umstände um eine Gattungs- oder Wahlschuld handeln. Man nehme den Fall, daß mir aus der Bibliothek des X ein (nicht individuell angegebener) Band zugesagt wird. Ist der Sinn des Vertrages der, daß mir irgendein Band, etwa als Erinnerung an den Gelehrten X, zu leisten ist, so liegt ohne Zweifel Gattungsschuld vor. Eine Auswahl ist nicht erst erforderlich. Nicht auf ein individuell auszusuchendes Buch kommt es an, sondern jedes der zur Bibliothek gehörenden Bücher hat, eben weil es zu der genannten Person in Beziehung stand, die Eigenschaft, auf die allein es mir ankommt. Ist dagegen die Absicht die, daß ich mir unter den vielen Bänden eines nach seiner individuellen Beschaffenheit (Inhalt, Größe, Einband, bibliographischer Seltenheit, Verwendung als Handexemplar, Dedikation des Verfassers usw.) soll aussuchen dürfen, so ist mir eben nicht irgendein Band geschuldet, sondern derjenige, den ich mir auswählen werde. Es liegt eine Wahlschuld vor. Also das eine Mal Gattungsschuld, das andere Mal Wahlschuld. Und doch ist die Zahl der Objekte, aus denen die Erfüllungsgegenstände zu entnehmen sind, in beiden Fällen genau die gleiche.

5. Von einzelnen Schriftstellern wird für die Abgrenzung Gewicht darauf gelegt, ob sich die Vertragsparteien die einzelnen zum Gesamtkomplex gehörigen Individuen als solche konkret vorgestellt haben oder nicht: im ersteren Fall sei Wahlschuld gegeben, im zweiten Fall eine Gattungsverbindlichkeit [17]. In diesem Gedanken steckt ein richtiger

[17] Dies ist die Auffassung von Litten, Wahlschuld S. 90f. Eine Gattungsschuld liege dort vor, wo die Vorstellung der einzelnen konkreten Leistungen undenkbar sei; also namentlich

Kern. Bei der Wahlschuld wird in der Tat auf die Individualität der einzelnen Stücke Gewicht gelegt: die Leistungsobjekte sollen gerade nach den besonderen Eigenschaften, durch die sie sich von anderen Stücken

---

dort, wo sie begrifflich unmöglich sei (fünf Liter aus dem Stückfaß deines Kellers), und dort, wo sie faktisch unmöglich sei: hundert Bäume aus deinem Forst. Es genüge aber auch, wenn zwar eine Möglichkeit der Vorstellung bestand, wenn aber die Parteien sich in casu die Leistungen nicht als einzelne vorgestellt haben. Auch hier sei eine Gattungsschuld zustande gekommen. Gegen diese Auffassung spricht, außer den im Text geltend gemachten Argumenten, noch die weitere Erwägung, daß sie den Richter vor eine fast unmögliche Auslegungsfrage stellt. Aus der Interessenlage läßt sich wohl entnehmen, ob die Parteien auf eine individuelle Auswahl der Leistungsobjekte Wert legen oder nicht. Dagegen ist es wohl ausgeschlossen, auch nur mit annähernder Sicherheit zu ergründen, ob die Parteien, als sie den Vertrag schlossen, die an sich mögliche Vorstellung der Individuen als einzelner wirklich gehabt haben oder nicht. Wie ferner, wenn diese Vorstellung bei der einen Partei vorgelegen hat, bei der anderen dagegen nicht? — Im wesentlichen wie Litten auch Kuhlenbeck in Staudinger 3./4. Aufl. S. 19, zu § 243. — Ähnlich auch Enneccerus 6./8. Aufl. I. 2 S. 49 § 241: „Bei der Wahlschuld wird eine von mehreren einzeln vorgestellten Leistungen geschuldet. Dadurch unterscheidet sie sich von der Gattungsschuld, bei welcher nicht so viele einzeln vorgestellte Leistungsmöglichkeiten vorhanden sind, als den gegebenen Gattungsmerkmalen entsprechen. Und ebendort Anm. 2: „Das Versprechen, eines meiner Pferde zu leisten, ist als Wahlschuld aufzufassen, wenn die Pferde einzeln vorgestellt wurden, was bei kleiner Anzahl meist zutreffen wird, dagegen als begrenzte Gattungsschuld, wenn nur die Vorstellung der gesamten Pferdemenge obwaltet.“ — Ebenso Matthiass S. 336f. und im Anschluß an ihn die (übrigens vollkommen wertlose) Dissertation von Leuchtenberger, Unter welchen Voraussetzungen tritt bei Wahlschulden eine Beschränkung des Schuldverhältnisses auf eine Leistung ein? S. 8: „Haben die Parteien bereits die einzelnen Individuen im Auge, handelt es sich also um die Wahl zwischen individuell bestimmten Gegenständen, so ist ein Wahlschuldverhältnis anzunehmen.“ — Vorsichtiger unterscheiden, gewertet und ausgewählt werden. Darum wird man sich schon bei Vertragsabschluß die zur Wahl gestellten Objekte individuell und einzeln vorgestellt haben. Bei der Gattungsschuld dagegen kommt es nur auf die Artmerkmale und Arteigenschaften an; die Individualität als solche ist gleichgültig. Dem entspricht, daß die Objekte, aus denen erfüllt werden soll, bei Vornahme des Geschäftes in aller Regel nicht konkret vorgestellt werden. Das Kriterium des Vorliegens oder Nichtvorliegens einer individuellen Vorstellung wird also in sehr vielen Fällen zutreffen. Dies hängt mit dem vorhin besprochenen Gesichtspunkt zusammen, daß die Zahl der maßgebenden Objekte bei der Wahlschuld meist eine geringere, bei der Gattungsschuld eine größere sein wird: im ersten Fall ist daher eine individuelle Vorstellung der einzelnen Stücke eher möglich und wahrscheinlich als im zweiten.

Indessen wäre es nicht gerechtfertigt, jenes Kriterium für schlechterdings ausschlaggebend zu erklären. Einerseits nämlich kann es sehr wohl sein, daß eine Gattungsschuld angenommen werden muß, obgleich sich die die Parteien einzelnen zur Gattung gehörigen Objekte individuell vorgestellt haben. Diese Gestaltung wird natürlich nur bei solchen Gattungen vorkommen, die einen geringeren Umfang haben, und zwar namentlich dann, wenn die einzelnen Bestandteile auch äußerlich (dem Raum nach)

Weißmann, Abgrenzung zwischen Gattungs- und Wahlschuld S. 27: „Eine Wahlschuld wird regelmäßig auch anzunehmen sein, wenn der Gläubiger sämtliche Gegenstände, von denen einer geschuldet wird, genau kennt.“ — Gegen den Gesichtspunkt mit Recht Chamizer, Natur, Gebiet und Grenzen der Wahlschuld Seite 67.

miteinander vereinigt vorkommen. Man denke an das schon in anderem Zusammenhang verwertete Beispiel, daß jemand wenige der Konfiskation entgangene Exemplare einer Druckschrift besitzt, und daß ein Sammler, der sie bei ihm sieht, eines (irgendeines) von ihnen kauft. Hier haben die Parteien offenbar alle konkreten Stücke des Vorrats tatsächlich übersehen, und doch ist ebenso zweifellos wegen der individuellen Gleichgültigkeit der Einzelstücke eine Gattungsschuld gegeben. Ja, es ist nicht einmal nötig, daß die Gattung, um übersehen zu werden, aus einem einheitlichen Vorrat äußerlich vereinigter Stücke bestehe. Wenn es von einer seltenen Freimarke in der ganzen Welt nur vier bekannte Exemplare gibt, die sich, wie in Philatelistenkreisen bekannt ist, bei den Sammlern A, B, C, D befinden, und wenn jemand sich „eine“ Freimarke dieser Art versprechen läßt, so ist bei der vollen Gleichartigkeit und Gleichwertigkeit der in Betracht kommenden Stücke selbstverständlich eine generische Schuld anzunehmen. Und doch haben sich bei Vertragsschluß die Parteien die einzelnen Bestandteile der Gattung individuell und einzeln vorgestellt.

Noch leichter ist der umgekehrte Fall denkbar, daß nämlich eine Wahlschuld angenommen werden muß, obgleich die Parteien sich die Stücke, aus denen die Leistungsobjekte entnommen werden sollen, bei Vertragsschluß nicht konkret vorgestellt haben. Gewiß kommt es bei der Alternativschuld auf die Individualität der einzelnen Stücke an: denn eine Wahl setzt ja eben ihrem Begriffe nach eine individuelle Wartung und Vergleichung unter den konkreten Stücken voraus. Allein hieraus folgt doch nur, daß die individuelle Vorstellung spätestens im Momente der Wahl gegeben sein muß. Keineswegs ergibt sich aus dem Begriff der Wahlschuld, daß diese individuelle Vorstellung schon im Momente des Vertragsschlusses bestanden haben muß. Vielmehr ist es sehr wohl denkbar, daß bei Entstehung des Schuldverhältnisses die zur Wahl stehenden Objekte den Parteien gar nicht als einzelne Individuen vorschwebten, ja wegen ihrer großen Zahl gar nicht individuell vorstellbar waren. Trotzdem ist eine Wahlschuld anzunehmen, wenn es dem Sinn der Vertrags entspricht, daß nicht irgendwelche der zum Komplex gehörigen (gegenwärtig noch gar nicht konkret und einzeln gedachten) Stücke geleistet werden sollen, daß vielmehr eine nachträgliche Aussuchung der Erfüllungsobjekte nach den besonderen Bedürfnissen und Wünschen der wahlberechtigten Partei erfolgen soll. Auch hier werden eben die Leistungsobjekte „gewählt". Dies setzt natürlich voraus, daß die behufs der Auswahl miteinander zu vergleichenden Stücke in irgendeinem Moment, der spätestens mit der Wahl zusammenfällt, einzeln und individuell ins Auge gefaßt werden. Aber mit nichten muß jene konkrete Vorstellung bereits bei Eingehung des Schuldverhältnisses vorgelegen haben.

Habe ich beispielsweise von X „ein Schaf aus seiner Herde, eine von seinen Zimmerpflanzen, einen von seinen Gipsabgüssen" [18] gekauft, so kann nach der Lage des Falles ebensogut eine Gattungsschuld als eine Wahlschuld gegeben sein. Jene liegt vor, wenn es im Sinne des Vertrags auf die Individualität des einzelnen Stückes nicht ankommt, wenn irgendein Schaf (der Herde), irgendein Gipsabguß oder irgendeine Zimmerpflanze des Freundes geleistet werden darf; diese dagegen, wenn

[18] Beispiele von Litten, Wahlschuld S. 90.

unter den vielen Gegenständen einer wegen seiner individuellen Besonderheiten, vermöge deren er den Wünschen und Bedürfnissen einer Partei besser entspricht als die anderen, durch jene Partei erst noch ausgewählt und damit zum Erfüllungsobjekte gemacht werden soll. Und zwar ist beim Vorliegen der letzteren Absicht eine Wahlschuld anzunehmen, unabhängig davon, ob sich die „Parteien in casu die einzelnen Individuen als solche vorgestellt haben oder nicht“ [19]. Sie besteht auch dann, wenn bei Vertragsschluß eine solche Vorstellung fehlte, was um so wahrscheinlicher ist, je größer die Zahl der zur Wahl stehenden Objekte ist. Die individuelle Vorstellung der einzelnen Gegenstände ist erst erforderlich, wenn zur Wahl geschritten wird; sie ist keineswegs schon bei Vertragsabschluß vorausgesetzt. Nicht der Umstand kann entscheiden, ob bei Begründung des Schuldverhältnisses die Vorstellung der Partei die zum maßgebenden Komplex gehörigen Stücke einzeln und individuell ergriff oder nicht. Vielmehr ist allein maßgebend der Gesichtspunkt, ob später die zur Erfüllung dienenden Objekte auf Grund einer individuellen Auswahl bestimmt werden sollen oder nicht. Ja, die individuelle Vorstellung kann im Momente des Vertragsabschlusses um so weniger erfordert werden, als sie nicht einmal im Momente der Auswahl schlechthin vorausgesetzt ist. Sind mir aus einer Bibliothek, die viele Tausende von Bänden umfaßt, zehn nach meiner Wahl versprochen, so kann es sehr wohl sein, daß ich mich darauf beschränke, die Auswahl aus wenigen Hunderten von Bänden zu treffen. Alsdann sind nur

---

[19] Anders Litten a. a. O.

diese letzteren von mir individuell vorgestellt worden (und auch sie nicht bei Vertragsabschluß, sondern erst bei Vornahme der Wahl). Dagegen habe ich die übrigen mehreren tausend Bände, obgleich ich an sich befugt gewesen wäre, die Erfüllungsobjekte unter ihnen auszusuchen, mir auch bei Gelegenheit der Wahl keinen Moment als Einzelgegenstände, sondern nur ihre Gesamtheit als eine einheitliche Masse zahlreicher und ununterschiedener Stücke vorgestellt. Und doch unterliegt es nicht dem geringsten Zweifel, daß in dem gebildeten Beispiel die Schuld als eine Alternativverbindlichkeit angesehen werden muß.

6. Schließlich findet eine vielverbreitete Ansicht das Unterscheidungsmerkmal zwischen Gattungs- und Alternativschuld darin, daß im ersten Fall der Komplex, aus welchem geleistet werden soll, nicht übersehbar sei, im zweiten Fall dagegen wohl[20]. Dieses Kriterium ist mit dem vorhin

---

[20] So Eck S. 241; Leonhard ebendort Anm. 2 und S. 257 Anm. 4. Ebenso Oertmann, Kommentar, Vorbemerkung zu den §§ 262 ff, 2 d (3./4. Aufl. S. 71): „Es dürfte darauf ankommen, ob bei Begründung der Schuld eine sofort übersehbare (wenn auch nicht notwendig von den Parteien wirklich übersehene) Mehrheit von Wahlmöglichkeiten vorlag oder nicht. In jenem Fall liegt eine Wahlschuld . . . . vor." — Schon für das frühere Recht hatte Thöl, Handelsrecht § 263 Note 9 auf die Übersehbarkeit oder Unübersehbarkeit des genus Gewicht gelegt, allerdings bloß hinsichtlich der Frage, welchen Einfluß die Unmöglichkeit der Leistung auf die Gefahrtragung äußere: bei übersehbarem genus könne der Verkäufer die Unmöglichkeit beweisen, bei unübersehbarem nicht; diese Unterscheidung ist natürlich nicht zutreffend. Gegen sie Goldschmidt Handelsrecht 2. Aufl. 2. Band S. 12 § 61 Anm. 6; Bechmann, System des Kaufes nach Gemeinem Recht Bd. 1 S. 326: „Übersehbar kann auch das reine genus sein;" vor allem Bekker im Jahrbuch des Gemeinen deutschen Rechtes Bd. 5 S. 366:

behandelten nicht identisch. Es stellt nicht ab auf die Frage, ob die einzelnen zum maßgebenden Komplex gehörigen Gegenstände von den Vertragsparteien tatsächlich übersehen worden sind, sondern darauf, ob sie übersehen werden können. Der Maßstab ist mithin kein subjektiver, aus der konkreten Vorstellung der Partei entnommen, sondern ein objektiver, nämlich die für jeden Beurteiler gegebene Möglichkeit des Überschauens des Komplexes. Es läßt sich nicht leugnen, daß man auf Grund desselben häufig zu einer richtigen Lösung zweifelhafter Fragen wird gelangen können. Wenn die geschuldete Sache der Gattung nach bestimmt ist, so handelt es sich in aller Regel um Gegenstände, die im Verkehr so massenhaft vorkommen, daß ihre Gesamtheit in der Tat nicht übersehen werden kann. Die Artmerkmale sind meistens so allgemein gefaßt, daß sie einer für die Vorstellung unbegrenzten Anzahl von Objekten gemeinsam sind. Man denke an Kohlen, Holz, Eisen, Getreide, Wein, Obst, Eier mehr oder minder bestimmter Sorte. In Fällen dieser Art deckt sich in der Tat die Unübersehbarkeit des Komplexes mit dem Vorliegen einer Gattungsschuld. Umgekehrt wird bei Begründung einer Alternativschuld in aller Regel die Zahl der zur Wahl gestellten Objekte so gering sein, daß eine Übersicht über dieselben möglich ist. Gerade weil die vorbehaltene Auswahl eine individuelle Beurteilung und Vergleichung der einzelnen Stücke voraussetzt, wird man sie nicht leicht bei einer unübersehbaren Anzahl von Objekten ausbedingen. Die Partei, die eine Alternativschuld begründet, wird meist die in Frage kommenden verschiedenen

„Zudem ist die Abgrenzung zwischen übersehbarem und unübersehbarem genus schwer durchzuführen.“

Möglichkeiten nicht nur überschauen können, sondern sogar tatsächlich überschauen. Normalerweise liegt die Sache so, daß es sich nur um wenige Leistungen handelt, unter denen eine Auswahl erfolgen soll. Es besteht meist kein Interesse daran, sich eine Möglichkeit der Wahl unter Objekten auszubedingen, die gegenwärtig gar nicht einzeln vorgestellt werden können. Darum wird eine Wahlschuld bei Unübersehbarkeit der zur Wahl stehenden Gegenstände nicht leicht vorkommen. Nach alledem kann das Unterscheidungsmerkmal der Übersehbarkeit oder Unübersehbarkeit des Komplexes vielfach ein brauchbares Indiz für das Vorliegen einer Wahl- oder Gattungsschuld abgeben.

Allein für ausschlaggebend kann auch dieser Gesichtspunkt nicht gehalten werden. Zunächst ist er nicht einmal unzweideutig. Mit der Übersehbarkeit kann ein Mehrfaches gemeint sein. Entweder, daß der Komplex, aus welchem geleistet werden kann, als ein Ganzes übersehen werden kann, daß man sich über den Umfang des Komplexes als einer Gesamtheit ein Bild machen kann: in diesem Sinne wären Gattungen wie Wein, Kohle, Getreide unübersehbar, dagegen ein Keller von hunderttausend Flaschen Wein übersehbar. Oder aber die Übersehbarkeit kann so verstanden sein, daß sie nur dann vorliegt, wenn innerhalb des maßgebenden größeren Komplexes nicht so viele Kombinationen von Leistungsobjekten denkbar sind, daß man sie faktisch nicht alle übersehen kann[21]: in diesem Sinne ist Unübersehbarkeit

---

[21] So wird die Übersehbarkeit wohl verstanden von Leonhard bei Eck Bd. 1 S. 241 Anm. 2 und S. 257 Anm. 4. — Mit Recht weist aber Pescatore S. 139 Anm. 2 darauf hin, die Zahl der Leistungsmöglichkeiten könne eine so große sein,

auch gegeben, wenn aus einem bestimmten Vorrat von hunderttausend Flaschen vier zu liefern sind; die verschiedenen Zusammenstellungen von je vier Stücken, die bei dieser Sachlage möglich sind, lassen sich in der Tat nicht mehr ausdenken.

Mag man nun aber den Begriff der Unübersehbarkeit in dem einen oder anderen Sinne auffassen: in jedem Falle leidet seine Brauchbarkeit als Kriterium an einem erheblichen anderen Mangel. Er ist nämlich viel zu unbestimmt. Die Begriffe Übersehbarkeit und Unübersehbarkeit bilden offensichtlich keine Gegensätze, sondern stellen lediglich quantitative Unterschiede dar. Man kann einen Komplex, der zunächst zweifellos übersehbar wäre, allmählich vergrößert denken, bis die Übersehbarkeit schrittweise geringer wird und schließlich ganz verschwindet. Und umgekehrt läßt sich eine zunächst unübersehbare Masse allmählich so einengen, daß sie anfängt, mehr und mehr übersehbar zu werden. Damit ist aber erwiesen, daß eine feste Grenze zwischen beiden Begriffen gar nicht gefunden werden kann. Es läßt sich schlechterdings nicht sagen, welcher Grad der Übersehbarkeit nötig ist, um eine Schuld als Alternativschuld anzusprechen und wann die Unübersehbarkeit eine so große ist, daß man eine Gattungsschuld annehmen muß.

Endlich aber kann das hier betrachtete Unterscheidungsmerkmal, auch wenn man von den eben hervor-

---

daß sie das menschliche Vorstellungsvermögen übersteige, ohne daß darum das Schuldverhältnis aufhöre, ein alternatives zu sein. Gegen die Merkmale der Übersehbarkeit und Unübersehbarkeit gut Chamizer, Natur, Gebiet und Grenzen der Wahlschuld S. 65, insbesondere Anm. 1; ferner H. A. Fischer in Jherings Jahrbüchern Bd. 51 S. 181.

gehobenen (mehr äußerlichen) Bedenken absieht, aus rein begrifflichen Gründen nicht als richtig anerkannt werden. Einerseits gehört die Übersehbarkeit des Komplexes, wenn sie auch tatsächlich bei der Wahlverbindlichkeit meist vorliegen wird, doch keineswegs zum Begriff dieser Schuldart. Für diese ist nur vorausgesetzt, daß im Sinne der Parteien die Erfüllungsobjekte nach ihren individuellen Eigenschaften ausgewählt werden sollen. Dies aber ist vollkommen möglich, auch wenn im Moment der Schuldbegründung die Gegenstände, unter denen später gewählt werden soll, noch gar nicht übersehen werden konnten. Wenn ich eine umfangreiche, jährlich um viele Hunderte wachsende Ansichtskartensammlung besitze und meinem Neffen verspreche, ihm in zehn Jahren von dem dermaligen Bestande meiner Sammlung hundert von ihm auszuwählende Karten zu überlassen, so läßt sich gegenwärtig noch gar nicht übersehen, welche und wie viele Stücke nach Ablauf von zehn Jahren zu meiner Sammlung gehören werden. Und doch besteht nicht der geringste Zweifel, daß die begründete Schuld eine Wahlverbindlichkeit und keine Gattungsschuld ist. Denn es sind nicht irgendwelche hundert Stück, sondern hundert vom Gläubiger individuell auszuwählende Karten zu überlassen. Schon aus diesem Beispiel geht klar hervor, daß die Übersehbarkeit der zur Wahl stehenden Objekte gar nicht zum Begriff der Wahlschuld gehört. Der bekämpfte Gesichtspunkt verwechselt offenbar zwei Dinge miteinander: einerseits die Übersehbarkeit der Objekte im Momente der Wahl, und andererseits die Übersehbarkeit des Gesamtkomplexes, aus welchem geleistet werden soll, im Moment des Vertragsschlusses. Die erstere wird allerdings durch den Begriff der Wahl gefordert, ist also Voraussetzung der Wahlschuld, die zweite dagegen nicht.

Sodann aber ist erst recht die Vorstellung abzulehnen, als ob zum Begriff der Gattungsschuld die Unübersehbarkeit des Komplexes gehöre, aus welchem geleistet werden soll. Der energische Satz Ecks[22]: „Eine übersehbare Gattung ist keine Gattung," erscheint in dieser Allgemeinheit sicherlich unrichtig. Wenn auch sehr viele Gattungen tatsächlich nicht übersehbar sind, so ist doch diese Eigenschaft kein notwendiges Begriffsmerkmal der Gattung. Für die Annahme einer solchen ist im rechtlichen Sinne lediglich erfordert, daß die zu leistenden Objekte nach einer Beziehung bezeichnet werden, die einem größeren Komplex von Sachen eigentümlich ist, derart, daß jedes dazu gehörige Stück im Sinne des Vertrages durch das andere vertreten werden kann, daß es also den Parteien auf die Individualität der Stücke nicht wesentlich ankommt. Für den Begriff der Gattung ist also nicht entscheidend eine Eigenschaft des Komplexes, aus welchem erfüllt werden soll (insbesondere die Übersehbarkeit), sondern die wechselseitige Vertretbarkeit und individuelle Unerheblichkeit der einzelnen Bestandteile innerhalb des Komplexes. Überall, wo die einzelnen Stücke in gleichem Maße zur Erfüllung tauglich sind, ist eine Gattungsschuld gegeben. Die Gattung selbst kann einen sehr verschiedenen Umfang haben. Sie kann unermeßlich sein. Sie kann einen, wenn auch noch so weiten, so doch übersehbaren Umfang haben. Sie kann endlich in einem fest abgegrenzten und daher leicht übersehbaren individuellen Vorrat be-

---

[22] Vorträge Bd. 1 S. 241.

stehen. Auch im letzteren Falle liegt keine Wahlschuld vor, wenn aus dem (übersehbaren) Vorrat die Erfüllungsobjekte nicht nach Maßgabe ihrer individuellen Eigenschaften ausgewählt werden sollen, wenn vielmehr irgendwelche Stücke in bestimmter Quantität geleistet werden sollen. Unter dieser Voraussetzung ist die Schuld, wie wir oben (§§ 4, 5) bewiesen haben, eine Gattungsschuld im technischen Sinne, zwar nicht nach dem gewöhnlichen Sprachgebrauch, wohl aber nach dem rechtlichen Begriff.

Fassen wir die bisherigen Ausführungen zusammen, so gelangen wir zu folgendem Ergebnis. Für die Beantwortung der Frage, ob im Einzelfall Wahl- oder Gattungsschuld anzunehmen sei, lassen sich mehrfache besondere Kriterien verwenden: die individuelle oder nichtindividuelle Bezeichnung der zur Wahl gestellten Gegenstände; die Bestimmung des Erfüllungsobjektes durch den Gläubiger oder Schuldner, die Verschiedenartigkeit oder Gleichartigkeit der Objekte, die geringere oder größere Anzahl derselben, der Umstand, ob sie bei Vertragsabschluß konkret vorgestellt werden konnten oder nicht, endlich die Übersehbarkeit oder Unübersehbarkeit des Komplexes, aus welchem erfüllt werden soll. Allein keines dieser Unterscheidungsmerkmale greift ausnahmslos durch. Keines von ihnen ist für sich allein schlechterdings maßgebend. Sondern jedes hat nur die Bedeutung eines Indizes. Jedes kommt nur in Betracht, weil und insofern es ein Anzeichen dafür gibt, ob im Sinne des Vertrags die Erfüllungsobjekte nach ihren individuellen Merkmalen ausgesucht werden sollen, oder aber ob sie individuell gleichgültig erscheinen, derart, daß es auf ihre konkreten Eigenschaften nicht ankommt, daß vielmehr eines ebensogut wie das andere zur Erfüllung tauglich erscheint. Im ersten Fall ist Wahlschuld, im zweiten dagegen Gattungsschuld gegeben, mögen nun die vorhin erwähnten einzelnen Merkmale für den besonderen Fall zutreffen oder nicht.

§ 8.

Schuld aus einer beschränkten Gattung und Wahlschuld.

Die gewonnenen Ergebnisse lassen sich nun auch für die Frage verwerten, welche Art von Schuldverhältnis vorliegt, wenn einzelne Objekte aus einem individuellen Vorrat geschuldet sind. Es ist mehrfach die Ansicht vertreten worden, daß hier notwendig und ausnahmslos eine Alternativschuld gegeben sei[1]. Dem kann nicht

---

[1] So für das Gemeine Recht Savigny, Das Obligationenrecht I § 38 und § 39 Note 6 (wenigstens für den Fall, daß aus einer bestimmten Gesamtheit einzelne Individuen geschuldet sind); Unger, Öster. Privatrecht Bd. 1 S. 405; Hasenöhrl, Das österreichische Obligationenrecht I Band 1881 § 15; Zimmermann in Goldschmidts Zeitschrift Bd. 19 S. 408; Brinz, Pandekten 2. Aufl. § 241 Bd. 2, 1 S. 101: „Insofern steht die sog. gemischt-generische Obligation viel mehr auf seiten der alternativen als auf seiten oder gar unter der generischen Obligation; anstatt durch die bloße Gattung ist das incertum allhier durch die Spezialisierung (der Stücke oder des Stücks, woraus zu wählen oder zu leisten ist) bestimmt." Daß aber „an maßgebender Stelle" diese Obligation behandelt wird wie eine generische, muß auch Brinz zugeben. — Daß häufig eine Wahlschuld gegeben sei, daß insbesondere in der Formel „eines von meinen Pferden" versprochen werde das Pferd A, B, C usw.: Goldschmidt, Handelsr. 2. Aufl. 2 Band S. 20 § 61 Anm. 22a. — Der Annahme einer Wahlschuld neigt ferner für das italienische Recht zu: Polacco Vittorio, Le obbligazioni nel diritto civile italiano 1899 S. 122: „Abbiamo qui un' obbligazione

zugestimmt werden. Gewiß lassen sich Fälle denken, in denen Alternativschuld anzunehmen ist. Ebensogut aber kann es sein, daß wir es mit einer Gattungsschuld zu tun haben [2]. Ob das eine oder andere zutrifft, be-

che ha realmente assai più dell' alternativa che della generica." Doch wird dies gleich durch die weiteren Worte eingeschränkt: „con questo solo di speciale che la specificazione degli oggetti coi quali adempiere l'obbligo si effettua mediante un' operazione di peso, numero o misura, destinati a scernere dal tutto la parte con la quale soddisfare il debito." Aber diese „Besonderheit" ist eben das für die Gattungsschuld kennzeichnende Merkmal.

[2] Daß man im Einzelfall unterscheiden muß, ob eine auf individuelle Stücke gerichtete Wahlschuld oder aber eine Gattungsschuld anzunehmen sei, wird fast allgemein anerkannt. So schon für das Gemeine Recht mit glücklicher Formulierung Kohler in Jherings Jahrb. 17 S. 392 Anm. 2: „Zu unterscheiden, ob es den Parteien um eine eigentliche Wahl oder um ein bloßes Herausgreifen zu tun war.... Im ersten Fall (d. h. bei alternativer Schuld) handelt es sich um ein qualitatives Diszernieren, im zweiten Fall um ein bloßes individuelles Konzentrieren, wobei die qualitative Berücksichtigung der Individuen zwar nicht ausgeschlossen ist, aber eine untergeordnete Rolle spielt." (Freilich kann nicht zugegeben werden, daß die gebildeten Beispiele ausnahmslos zutreffen: wenn ich „sechs Bücher aus meiner Bibliothek" verspreche, so braucht keineswegs immer Wahlschuld vorzuliegen, wie auch umgekehrt das Versprechen „eines meiner Araberhengste" mitnichten immer eine generische Schuld begründet). — Crome § 147 Anm. 7 1 Aufl. S. 46. — Endemann 9. Aufl. § 119 Bd. 1 S. 673 Anm. 10: „Soll unter mehreren Sachen eine bestimmte Eigenschaft die Wahl entscheiden (Hengst oder Militärremonte), so handelt es sich um eine Wahlschuld. Zur Gattungsschuld gehört, daß die sämtlichen Stücke untereinander gleich gewertet werden." — Die Motive Bd. 2 S. 11 legen Gewicht darauf, ob im gegebenen Fall von den Beteiligten das Gewicht auf die in der näher bezeichneten Menge begriffenen Individuen gelegt worden ist, oder die Beschränkung auf die bestimmte Menge nur die Bestimmung einer besonderen Gattung bezweckt." — Cosack 5. Aufl. I 1 S. 365 § 84 unter g: „Hier kann eine Alternativ- oder eine Gattungsschuld vorliegen, je nachdem die Parteien jenen Vorrat als einen konkreten Sach-

stimmt sich nach denselben Gesichtspunkten, wie sie auch sonst für die Unterscheidung von Wahl- und Gattungsschuld nach unseren früheren Ausführungen maßgebend

---

inbegriff oder abstrakt als eine Gattung aufgefaßt haben. Ersteres ist z. B. anzunehmen, wenn jemand zehn Flaschen Wein aus seinem Weinkeller, letzteres ist z. B. anzunehmen, wenn jemand einen Waggon Kohlen aus einem bestimmten Kohlenbergwerk zu liefern verspricht." (Allein, beim ersten Beispiel kann nach Lage des Falles sehr wohl eine Gattungsschuld anzunehmen sein, nämlich dann, wenn es nach dem Vertrag auf die individuelle Auswahl der Flaschen nicht ankommen soll.) — Vortrefflich unterscheidet Schollmeyer, Kommentar zum Recht der Schuldverhältnisse § 243 unter 2 (S. 9). Werde eine Quantität vertretbarer Sachen aus einem größeren Vorrat veräußert (z. B. zehn Scheffel von einem Vorrat von zweihundert), so könne es sich immer nur um eine Gattungsschuld handeln; die Zugehörigkeit zum Vorrat bilde das Gattungsmerkmal, und das Vertragsobjekt sei das zur Leistung zu bestimmende Quantum. Würde aber ein nicht individualisiertes Stück einer Sachgesamtheit veräußert, z. B. eines von den zehn Pferden des Grafen X, so müsse man unterscheiden: sei die Meinung die, daß die einzelnen Stücke als untereinander vertretbar behandelt werden sollen, so liege Gattungsschuld vor; solle dagegen dem Gläubiger oder Schuldner die Wahl mit Rücksicht auf die individuellen Eigenschaften der einzelnen Bestandteile zustehen, so liege Alternativschuld vor. — Auch Berndorff, Die Gattungsschuld S. 13 ff. unterscheidet in ähnlicher Weise; nur daß er bei der zweiten Gruppe von Fällen (geschuldet wird ein speziell unbestimmtes Stück aus einer speziell bestimmten Menge derselben Gattung, z. B. eines von meinen Gemälden) grundsätzlich eine Alternativschuld gegeben findet, wovon er aber wieder eine Ausnahme macht, „wenn wegen der unübersehbar großen Menge der Stücke, aus denen die Leistung bewirkt werden soll, das Augenmerk der Parteien gar nicht auf die einzelnen Individuen, sondern vielmehr auf die „Gattung" gerichtet ist". Im letzteren Falle müsse man das Schuldverhältnis doch wieder „auf die Seite der generischen Obligation stellen". — Verwandte Gedankengänge bei Haver, Die Gattungsschuld S. 21 f. Wenn der Leistungsgegenstand bei Vertragsschluß nicht individualisiert sei (ein Ohm Wein aus diesem Stückfaß), so liege Gattungsschuld vor; bei schon individualisiertem Leistungsgegenstand („eines von meinen Pferden") komme es auf sind[3]. Danach ist eine Alternativschuld dann, aber auch nur dann als vorliegend anzusehen, wenn die schließlich zu leistenden Stücke des Vorrats von dem wahlberech-

---

den Willen der Parteien an: darauf, ob sie sich die objektiv individualisierten Gegenstände als noch unbestimmte denken: alsdann liege Gattungsschuld, sonst dagegen Wahlschuld vor. — Ähnlich Chamizer, Natur, Gebiet und Grenzen der Wahlschuld, S. 66, aber in unzulässiger Verquickung mit dem von den Parteien gewählten Ausdruck. — Das Reichsgericht 6. ZS. 25. Februar 1904 (Entsch. 57 Nr. 29 S. 141) unterscheidet, wie folgt: „Das Wesentliche der Alternativverpflichtung besteht in der Wahl zwischen mehreren Leistungen; die Wahl kann auf verschiedene Gegenstände, aber auch auf Verschiedenheiten in Zeit und Ort gerichtet sein die Leistungspflicht gattungsmäßig bestimmter Sachen aus einem gewissen Vorrat bedingt keine Wahl und ist eine besonders geartete Gattungs-, keine Alternativschuld. . . . Eine Alternativschuld würde hiernach vorliegen, wenn dem Verkäufer überlassen wäre, Hafer des Gutes P oder einer anderen Provenienz, oder aus zwei verschiedenen, von dem Gut P. gebauten Sorten Hafer zu liefern. Die Leistung bestimmter Quantitäten aus dem Hafer des Gutes P schlechthin erfüllt dagegen die Merkmale der Wahlobligation nicht und fällt unter den Begriff der Gattungsschuld."

[3] Der erste Entwurf des BGB. hatte für einen bestimmten Fall die Anwendung der Regeln über die Wahlschuld vorgeschrieben. Der § 1864 bestimmte: „Erhellt bei einem Vermächtnis, dessen Gegenstand eine nur der Gattung nach bestimmte Sache ist, der Wille des Erblassers, daß die Auswahl auf die im Nachlaß befindlichen Sachen beschränkt sein soll, so finden die Vorschriften über das Wahlvermächtnis Anwendung." Diese Vorschrift wäre aus mehr als einem Grunde bedenklich. Einmal vermengt sie in unzulässiger Weise die beiden Begriffe der Gattungsschuld und der Wahlschuld, indem sie auf die erstere die Regeln der letzteren Anwendung finden läßt, während natürlich eine Alternativschuld nur dort vorliegt, wo deren Grundsätze Anwendung finden, und umgekehrt ein Schuldverhältnis, welches den Regeln der Wahlschuld unterliegt, insoweit kein generisches sein kann. Sodann aber ist die Bestimmung auch vom gesetzgeberischen Standpunkt aus verkehrt. Es lassen sich Fälle vorstellen, in denen der Testator den Willen hat, daß die zu liefernde Sache nur aus dem Nachlaß entnommen werde, und in denen doch die Vorschriften

tigten Teil nach Maßgabe individueller Eigenschaften ausgewählt werden sollen, wenn es dem Wahlberechtigten gerade darauf ankommt, einzelne von ihm auszusuchende Stücke wegen ihrer konkreten Besonderheiten, durch die sie sich nach seiner Vorstellung von den übrigen Stücken des Vorrats unterscheiden, mit Vorliebe vor jenen anderen Stücken zu Erfüllungsobjekten zu bestimmen. Dagegen ist Gattungsschuld anzunehmen, wenn nach der Vorstellung der Parteien die zum Vorrat gehörigen Bestandteile sich qualitativ gleichstehen, wenn sie zum Schuldobjekt nur wegen gewisser Eigenschaften gemacht werden, die allen Stücken gemeinsam sind, wenn also sämtliche in gleicher Weise als Erfüllungsobjekte tauglich erscheinen, derart, daß in Ansehung der Leistungsmöglichkeit eines durch das andere vertreten werden kann, wenn die Individualität der einzelnen zum Vorrat gehörigen Stücke zurücktritt hinter diejenigen

über die Wahlschuld der Situation nicht entsprechen würden; so z. B. wenn das Vermächtnis lautet: „zehn Liter aus dem in meinem Keller befindlichen Faß X", oder „hundert Zentner Kohlen aus meinem Lager". Mit Recht hat deshalb die zweite Kommission die erwähnte Bestimmung, durch die man ausweislich der Motive Bd. 2 S. 11 den Intentionen des Erblassers entgegenkommen wollte, aus der Erwägung gestrichen, „es seien sehr wohl Fälle denkbar, in welchen auch bei einer sich äußerlich als ein gemischt-generisches Verhältnis darstellenden letztwilligen Anordnung der Wille des Testators darauf gerichtet sei, dem Bedachten ein reines Gattungsvermächtnis zuzuwenden. Es sei deshalb richtiger, die Frage, ob bei einem gemischt-generischen Vermächtnis ein Gattungs- oder ein Wahlvermächtnis gemeint sei, der Auslegung des Einzelfalls zu überlassen". Protokolle Bd. 5 S. 201. — Die Verwechselung des ersten Entwurfes findet sich übrigens noch bei Berndorff, Die Gattungsschuld S. 154: „Insofern tut man nicht unrecht, das beschränkt-generische Vermächtnis einfach als Wahlvermächtnis zu bezeichnen."

Merkmale, die für alle gemeinsam sind, und um derenwillen sie verlangt oder versprochen werden.

Dieser Gesichtspunkt der Erheblichkeit oder Nichterheblichkeit des Individuums als Erfüllungsobjekt ist für die Abgrenzung beider Arten von Verbindlichkeit allein entscheidend. Andere Umstände sind nur so weit erheblich, als sie auf den eben hervorgehobenen Gesichtspunkt hindeuten. Insbesondere gilt dies von der individuellen oder nichtindividuellen Benennung der Bestandteile, von der Person des Wahlberechtigten, von der Gleichartigkeit oder Verschiedenheit der zum Vorrat gehörigen Objekte, von ihrer größeren oder geringeren Anzahl, von dem Vorliegen oder Nichtvorliegen einer konkreten Vorstellung der einzelnen Bestandteile bei Begründung des Schuldverhältnisses usw. Daß der Vorrat ein übersehbarer ist, steht der Annahme einer Gattungsschuld hier ebensowenig im Wege wie in sonstigen sehr wohl möglichen Fällen, in denen die maßgebende Gattung nur einen geringen Umfang hat. Ein individueller, als solcher übersehbarer Vorrat kann, wie wir bewiesen haben, sehr wohl eine Gattung sein.

Zur Erläuterung des Gesagten mögen folgende zwei Beispiele dienen. Wenn ich aus meinem Faß X zehn Liter zu liefern verspreche, so kommt es dem Gläubiger offensichtlich nicht darauf an, welche individuellen Liter geleistet werden; genug, daß sie dem betreffenden Vorrat entnommen sind. Eine spezielle Auswahl hat bei der völligen Gleichartigkeit der Bestandteile keinen Sinn. Irgendwelche zehn Liter dieses Fasses sind offenbar zur Leistung ebenso tauglich wie irgendwelche zehn andere aus dem gleichen Vorrat. Wenn ich dagegen aus meinem Keller einem weinkundigen Onkel zwölf „ihm besonders zusagende“ Flaschen verspreche, so liegt es näher, eine Wahlschuld anzunehmen. Hier soll der Gläubiger die Erfüllungsobjekte nach seinen besonderen Wünschen und Neigungen aussuchen dürfen. Ihm ist es nicht gleichgültig, welche Objekte geleistet werden. Nicht irgendwelche zwölf Flaschen sind ihm geschuldet, sondern er soll auf Grund einer Wertung und Vergleichung der in Frage stehenden Objekte gerade diejenigen entnehmen, die ihm vermöge ihrer besonderen Eigenschaften den Vorzug vor den anderen zu verdienen scheinen. Also ist in dem einen Fall (zehn Liter aus dem Faß X) Gattungsschuld, in dem anderen (zwölf Flaschen aus meinem Keller) Wahlschuld gegeben, obgleich hier wie dort aus einem individuellen Vorrat geleistet werden soll, obgleich in beiden Fällen die einzelnen zur Wahl stehenden Objekte (Liter und Flaschen) nicht individuell bezeichnet werden, obgleich in beiden Fällen der Gesamtvorrat übersehbar ist, und obgleich die Zahl der zugehörigen Stücke nicht wesentlich verschieden zu sein braucht: man nehme an, das Faß enthalte fünfhundert Liter und der Keller ebenso viele Flaschen.

Ein weiteres, schon in anderem Zusammenhang verwertetes Beispiel ist folgendes. Verspricht mir jemand ein Buch aus der Bibliothek des berühmten Schriftstellers X, so wird je nach Lage des Falles Wahlschuld oder Gattungsschuld vorliegen. Jenes ist der Fall, wenn ich das Werk individuell soll aussuchen dürfen, wenn ich befugt sein soll, auf Grund einer Wertung und Vergleichung der in Frage kommenden Bücher dasjenige auszuwählen, das meinen Zwecken besser entspricht als die übrigen. Dagegen liegt Gattungsschuld vor, wenn nach dem Vertragszweck eines der vielen Bücher für mich soviel bedeutet wie das andere, wenn es mir nicht auf eine individuelle Auswahl, sondern auf irgendein Stück des betreffenden Komplexes ankommt, etwa weil ich von dem früheren Eigentümer eine Erinnerung haben möchte, als welche mir natürlich jedes Buch seiner Bibliothek dienen kann. Man sieht, daß bei diesem Beispiel alle die früher untersuchten einzelnen Unterscheidungsmerkmale versagen: individuelle oder nichtindividuelle Bezeichnung[4], Gleichartigkeit oder Ungleich-

[4] Anders anscheinend für das französische Recht Baudry-Lacantinerie et Barde, Traité de droit civil, Des Obligations Bd. 2 Nr. 1055 S. 200. Verspreche ich ein Pferd aus meinem Stall, zehn Schafe aus meiner Herde, so liegt, wie die genannten Schriftsteller ausführen, eine Gattungsschuld vor: „Peu importe que, dans ce cas, le genre soit limité, qu'il soit très restreint, l'obligation n'en est pas moins une obligation de genre; car les choses dont il s'agit ne sont ni déterminées expressément, ni même dénombrées. Par où l'on voit qu'il y aurait, au contraire, obligation alternative si ces choses avaient été l'objet d'une indication expresse. Telle serait l'obligation de livrer une des six barriques de vin de tel crû qui sont dans ma cave. Et, en supposant pareille indication, il est indifférent que les choses soient plus on moins nombreuses. Seraient-elles au nombre de dix, vingt etc., il y aurait obligation alternative, puisque, par hypothèse, elles seraient expressément déterminées.“ Für diese Ansicht werden noch angeführt: Larombière Bd. 3 S. 312 (Art. 1189 Ziff. 8) und Demolombe Bd. 26 Nr. 35; ähnlich Giscard Valéry, de l'obligation alternative, Dijon 1888 S. 6: „L'obligation portant sur un objet à prendre dans un genre ainsi limité se confondra-t-elle avec l'obligation alternative? Non, car, dans l'obligation generis limitati, les choses ne sont pas, comme dans l'obligation alternative, l'objet d'un dénombrement exprès.“ — Überall wird also Gewicht darauf gelegt, ob die Gegenstände, aus denen die Leistung erfolgen soll, individuell bezeichnet sind oder nicht. Dem wird man nach den Ausführungen des Textes nicht zustimmen können. Entscheidend ist vielmehr, ob nach Lage des Falles eine Partei auf individuelle Auswahl der Erfüllungsobjekte nach Maßgabe ihrer besonderen Merkmale Gewicht legt oder nicht.

artigkeit, größere oder geringere Anzahl, tatsächliche Übersehung bzw. Übersehbarkeit derselben. Denn der Komplex, aus welchem geleistet werden soll, ist in beiden Fällen genau der gleiche. Auch die Formulierung des Vertragsobjektes ist dieselbe: „Ein Buch aus der Bibliothek X." Und doch ergibt die Vertragsabsicht mit zwingender Notwendigkeit in dem einen Fall Wahlschuld, in dem anderen Falle Gattungsschuld.

Im ersten Falle liegt Wahlschuld vor, auch wenn die Gegenstände nicht individuell bezeichnet sind; im letzteren Fall ist Gattungsschuld anzunehmen. — Gegen die Maßgeblichkeit der individuellen oder nichtindividuellen Bezeichnung auch schon für das französische Recht Crome, Die Grundlagen des französischen Obligationenrechtes S. 57 Anm. 5.

§ 9.

Gattungs- und Wahlschuld in ihrer rechtlichen Behandlung.

Die genaue Abgrenzung zwischen Wahl- und Gattungsschuld hat nicht nur theoretisches Interesse. Sie ist auch für die praktische Behandlung der Schuldverhältnisse von Bedeutung. Im folgenden sind nun diese Verschiedenheiten der rechtlichen Behandlung zu betrachten[1].

I. Für Gattungsschulden gilt der Grundsatz, daß im Zweifel eine Sache von mittlerer Art und Güte zu leisten ist, bzw. beim Gattungsvermächtnis eine Sache, die den Verhältnissen des Bedachten entspricht (§§ 243 Abs. 1, 2155 BGB.). Diese Vorschrift findet selbstverständlich auf Alternativschulden keine Anwendung. Denn dort sollen ja die Erfüllungsgegenstände von der wahl-

[1] Nach Pescatore S. 150f. kommt es so ziemlich auf dasselbe hinaus, ob Wahlschuld oder Gattungsschuld gegeben sei. Daß der Satz in dieser Allgemeinheit nicht zutrifft, dürfte sich aus den folgenden Ausführungen des Textes ergeben. Insbesondere sind die Ausführungen Pescatores über die gleiche Behandlung der Unmöglichkeit bei Wahlschuld und Schuld aus einem individuellen Komplex stellenweise nicht zutreffend. — Über die Unterschiede von Wahl- und Gattungsschuld in der praktischen Behandlung vgl. unter anderen Chamizer, Natur, Gebiet und Grenzen der Wahlschuld S. 63ff.; Weißmann, Abgrenzung zwischen Gattungs- und Wahlschuld 1907 S. 28ff., wo freilich die Unterschiede keineswegs erschöpfend behandelt sind.

berechtigten Partei ausgesucht werden. Der Maßstab für die Bestimmung des Erfüllungsobjektes ist dort kein abstrakter, aus der Eigenart der Gattung und ihrer Unterarten entnommener, sondern er ist ein konkreter, durch den Willen der wählenden Partei gegebener. Diese kann Leistungsobjekte aussuchen, die über oder unter dem Durchschnitt der sonstigen zur Wahl gestellten Gegenstände rangieren, bzw. — beim Wahlvermächtnis — die den Verhältnissen des Bedachten nicht entsprechen. Habe ich eines von den Gemälden der Sammlung X nach meiner Wahl zu beanspruchen, so ist mir eben nicht ein solches mittleren Wertes bzw. ein meinen Verhältnissen entsprechendes geschuldet, sondern gerade dasjenige (bessere oder schlechtere), welches ich nach meinen individuellen Wünschen und Bedürfnissen auswählen werde.

Nun ist freilich dieser Unterschied von geringerer Bedeutung, wenn man eine Gattungsschuld aus einem individuellen Vorrat unterstellt. Denn auch dort findet, wie früher (S. 71 ff.) dargelegt, der Grundsatz des § 243 Abs. 1 BGB. in aller Regel ebenfalls keine Anwendung. Auch dort sind nicht Sachen mittlerer Art und Güte zu liefern bzw. nicht solche, die den Verhältnissen des Bedachten entsprechen, sondern Sachen von derselben Beschaffenheit wie der Vorrat, aus welchem sie entnommen werden. Allerdings beruht die Unanwendbarkeit der angeführten Vorschrift bei der Schuld einer Quantität aus individuellem Vorrat auf anderen Gesichtspunkten als bei der Wahlschuld. Im zweiten Fall ist sie eine begrifflich notwendige Folge aus dem Begriff der Alternativschuld: wenn individuelle Wahl entscheiden soll, so kann eben nicht ein abstrakter Durchschnittsmaßstab gelten. Bei der Schuld einer Quantität aus einem individuellen

Vorrat dagegen ist die Anwendung des § 243 Abs. 1 BGB. nicht aus begrifflichen Gründen ausgeschlossen, sondern aus dem tatsächlichen Grunde, weil die Bestandteile des Vorrats in aller Regel von gleicher Art und Güte sein werden. Darum ist denn auch die Unanwendbarkeit der §§ 243, 2155 hier nicht, wie bei der Wahlschuld, eine prinzipiell notwendige und ausnahmslose, sondern es lassen sich Fälle denken, in denen sogar bei Schulden von Quantitäten aus einer individuellen Masse die genannten Vorschriften Anwendung finden können und müssen. Es sind dies, wie bereits in anderem Zusammenhang dargelegt (S. 74 f.), die Fälle, in denen der Vorrat Bestandteile von verschiedener Qualität umfaßt, was um so leichter möglich sein wird, je größer sein Umfang und je verschiedenartiger seine Zusammensetzung ist.

II. Der auf die Alternativschuld bezügliche § 264 ZPO. enthält zwei Rechtssätze, die für gewisse Fälle einen Verlust oder doch eine Zurückdrängung der Wahlbefugnis eines Beteiligten zugunsten seines Gegners anordnen. Diese Bestimmungen haben naturgemäß nur einen Sinn für solche Schuldverhältnisse, bei denen eine Wahl überhaupt vorgesehen ist. Bei Gattungsschulden kommt, wie früher dargelegt, eine solche nicht vor, wenigstens nicht in dem technischen Sinn einer die Schuld konzentrierenden einseitigen Willenserklärung. Hier kann also ein Übergang der Wahlbefugnis von der einen Partei auf die andere nicht in Frage kommen. Wo bei der Gattungsschuld entsprechende Vorgänge zu beobachten sind, handelt es sich lediglich um äußere Ähnlichkeiten.

1. Fassen wir zunächst den Tatbestand des § 264

Abs. 1 BGB. ins Auge[2]. Der Gläubiger hat den wahlberechtigten Schuldner zur wahlweisen Leistung verurteilen lassen. Er kann nun, wenn die Wahl nicht vor Beginn der Zwangsvollstreckung erfolgt, die letztere nach seinem Belieben auf die eine der mehreren Leistungen richten. Doch kann sich der Schuldner noch jetzt durch eine der anderen Leistungen befreien, solange nicht der Gläubiger die gewählte ganz oder zum Teil empfangen hat. Hat mir also jemand ein Gemälde seiner Sammlung nach seiner Wahl versprochen, so kann ich den Gerichtsvollzieher anweisen, das Gemälde A in Besitz zu nehmen. Doch kann, wenn sich der Beamte hierzu anschickt, der Schuldner meine Wahl dadurch vereiteln, daß er mir nunmehr das Gemälde C leistet. Wie nun, wenn wir die Schuld einer Quantität aus einem individuellen Vorrat unterstellen, wenn mir etwa zehn Liter aus dem individuellen Faß X versprochen sind? Auch hier kann ich den Gerichtsvollzieher anweisen, bestimmte zehn Liter aus dem Vorrat (z. B. zehn bereits abgezogene Liter aus dem Faß, die sich beim Schuldner befinden), in Besitz zu nehmen; so § 884 in Verbindung mit 883 Abs. 1 ZPO. Und auch hier kann der Schuldner die Ergreifung jener zehn Liter dadurch vereiteln, daß er vor Beginn der Vollstreckung dem Beamten ebenso viele andere, aus dem gleichen Vorrat stammende aushändigt.

Allein dieser Satz hat eine andere rechtliche Bedeutung als im Falle der Wahlschuld. Daß der Gläubiger

---

[2] Vgl. für das frühere Recht M. Levy, Die Zwangsvollstreckung aus disjunktiv vollstreckbaren Schuldtiteln nach der deutschen ZPO. in Gruchot Bd. 36 S. 31ff.; für das geltende Recht Ernst Rieß, Die Zwangsvollstreckung einer Alternativobligation bei Wahlrecht des Schuldners in Gruchot Bd. 48 S. 489f.

einer Gattungssache beliebige, beim Schuldner vorgefundene Objekte der Gattung ergreifen kann, ist nicht so sehr eine Folge der positiven Vorschrift der ZPO., als vielmehr eine solche aus dem Wesen der Gattungsschuld. Wir haben es mit einer Konsequenz aus der grundsätzlichen Gleichwertigkeit aller Sachen der betreffenden Gattung zu tun. Es liegt darin kein Eingriff in ein Wahlinteresse des Schuldners: für ihn kann es gleichgültig sein, welche Gattungssachen ihm abgenommen werden. Bei der Wahlschuld dagegen ist die entsprechende Erscheinung eine solche, die der Idee der Alternativschuld eigentlich widerspricht. Daß der Gläubiger, obgleich er nicht wahlberechtigt ist, doch nachseinem Belieben in die eine oder andere Leistung vollstrecken kann, ist eine Anomalie, die erst durch eine positive Vorschrift anerkannt werden mußte. Der § 264 Abs. 1 bedeutet einen Eingriff in die Wahlbefugnis des Schuldners, einen Eingriff, der zwar durch dessen passiven Widerstand nötig gemacht ist, der aber immerhin dem Begriff der Alternativschuld mit Wahlberechtigung des Schuldners widerspricht. Und wenn andererseits der Schuldner einer Quantität aus individuellem Vorrat (Gattungsschuld) die Vollstreckung in bestimmte individuelle Bestandteile durch Leistung anderer abwehren kann, so folgt dies aus dem allgemeinen Grundsatz, daß der Gläubiger von der Vollstreckung abstehen muß, wenn er vorher für seinen Anspruch befriedigt wird. Die Leistung des Schuldners hat nicht den Charakter einer Wahlhandlung, sondern den einer Erfüllungshandlung. Wenn dagegen innerhalb eines Alternativschuldverhältnisses der wahlberechtigte Schuldner nach Beginn, aber vor Beendigung der Zwangsvollstreckung in den einen Gegenstand noch immer den anderen hingeben kann, so hat diese Leistung noch immer den Charakter einer Wahl (die freilich nicht mehr durch bloße Erklärung, sondern nur durch tatsächliche Erfüllung erfolgen darf), d. h. sie bewirkt, daß der vom Gläubiger ins Auge gefaßte Gegenstand als niemals geschuldet anzusehen, also auch gar nicht mehr taugliches Erfüllungsobjekt ist. Übrigens dürfte in der letztbehandelten Beziehung zwischen den Fällen der Wahlschuld und der Gattungsschuld wohl auch ein praktischer Unterschied insofern bestehen, als im ersten Fall der Gläubiger auch die schon begonnene Vollstreckung in das von ihm gewählte Objekt abbrechen muß, wenn er vor ihrer Vollendung das andere erhält, während im zweiten Fall die begonnene Vollstreckung in die bei dem Schuldner vorgefundenen Gattungsobjekte wohl fortgesetzt werden darf, auch wenn der Gegner nunmehr andere Sachen der gleichen Gattung anbietet.

2. Der Absatz 2 des § 264 betrifft den Fall, daß der wahlberechtigte Gläubiger in Verzug gerät. Hier kann ihn der Schuldner unter Bestimmung einer angemessenen Frist zur Vornahme der Wahl auffordern. „Mit Ablauf der Frist geht das Wahlrecht auf den Schuldner über, wenn nicht der Gläubiger rechtzeitig die Wahl vornimmt.“ Auch diese Bestimmung hat, da sie das Wahlrecht vom Gläubiger auf den Schuldner übertragen will, nur dort eine Rechtfertigung, wo ein Wahlrecht im technischen Sinne, und zwar ein solches des Gläubigers vorgesehen ist. Bei der Gattungsschuld kann von einer solchen Wahl keine Rede sein. Hier ist nur eine A u s s c h e i d u n g nötig, die naturgemäß von demjenigen auszugehen hat, der zur Erfüllung verpflichtet ist, also von dem Schuldner. Immerhin lassen sich, wie

früher (S. 158) dargelegt, ausnahmsweise Fälle denken, in denen die Ausscheidung dem Gläubiger übertragen ist: er hat aus einer bestimmten Herde zehn Hämmel gekauft, die er sich soll aussuchen dürfen. Wie nun, wenn der Gläubiger die „Wahl“ nicht vornimmt? Auch hier kann er zunächst in Verzug gesetzt werden, aber nicht gemäß § 264 Abs. 2, sondern gemäß § 295 BGB. Da „zur Bewirkung der Leistung eine Handlung des Gläubigers erforderlich“ ist (nämlich eben die Bestimmung der zu leistenden Stücke), so genügt ein wörtliches Angebot des Schuldners. Und diesem Angebot steht gleich die Aufforderung an den Gläubiger, die erforderliche Handlung vorzunehmen. Welches sind aber die Folgen der fortdauernden Untätigkeit des Gläubigers? Zunächst sind es natürlich die gewöhnlichen Wirkungen des Annahmeverzugs: also namentlich Milderung der schuldnerischen Haftung, Ersatz von Mehraufwendungen für das erfolglose Angebot usw.

Allein diese gewöhnlichen Wirkungen genügen offenbar nicht. Der Übergang der Gefahr auf den Gläubiger (§ 300 Abs. 2), die Möglichkeit der Hinterlegung und der öffentlichen Versteigerung (§§ 372, 383) setzen natürlich voraus, daß aus der Gattung bestimmte individuelle Stücke ausgeschieden und für den Gläubiger bereitgestellt sind. Es fragt sich mithin, ob hierzu der Schuldner befugt ist, ob er also in dem vorhin angegebenen Beispiel zehn Hämmel nach *seinem* Ermessen aus der Herde absondern und als Leistungsgegenstand bestimmen kann? Dies ist im Gesetz nirgends bestimmt. Allein man wird den Grundgedanken des § 264 Abs. 2 entsprechend anwenden dürfen, nach welchem die gleiche Situation bei der Alternativschuld die Wahlbefugnis des

Gläubigers auf den Schuldner übergehen läßt. Die Analogie muß als eine geradezu zwingende angesehen werden. Wenn schon bei der Alternativschuld die Wahlbefugnis auf den Schuldner übergeht, obgleich hier das Interesse des Gläubigers an der Möglichkeit individueller Aussuchung ein erheblich stärkeres ist, so muß das gleiche erst recht für eine Gattungsschuld gelten, bei welcher der Idee nach (trotz der vorgesehenen Aussuchungsbefugnis) die Stücke der betreffenden Gattung als gleichwertig und wechselseitig vertretbar anzusehen sind. Hier ist der Verlust des Aussuchungsrechtes für den Gläubiger weit weniger einschneidend als im Falle der Wahlschuld. Also wird diese Folge einzutreten haben, da sie durch das Interesse des Schuldners dringend geboten ist. So gelangt man in der besprochenen Beziehung für die Schuld einer Quantität aus einem individuellen Vorrat zu demselben Ergebnis wie für die Wahlschuld.

Immerhin ist die Bedeutung des Vorgangs in beiden Fällen nicht genau die gleiche. Einmal ist der Übergang der Wahlbefugnis auf den Schuldner an verschiedene Voraussetzungen geknüpft. Bei der Wahlschuld ist außer dem Annahmeverzug des Gläubigers noch die Versäumung einer ihm zur Wahl gestellten angemessenen Frist erfordert. Bei der Gattungsschuld genügt die erfolglose Aufforderung an den Gläubiger, die seinerseits erforderliche Handlung, d. h. eben die Aussuchung, vorzunehmen. Dort geht der Annahmeverzug der Aufforderung zur Wahl voraus, hier folgt er nach. Zum anderen hat die Aussonderung des Erfüllungsobjektes im Falle der Alternativschuld den Charakter einer Wahl mit den daran geknüpften Konzentrationswirkungen, während sie im Falle der Gattungschuld nur eine Vorbereitungshandlung zur

Erfüllung ist und als solche noch keine konzentrierende Kraft besitzt.

III. Das eben Gesagte leitet uns hinüber zu der Frage, wie sich in beiden Fällen das Schuldverhältnis auf bestimmte Gegenstände beschränkt. In dieser Hinsicht können wir auf die früheren Ausführungen (S. 149 ff.) verweisen. Was zunächst die Konzentration durch Willensakt betrifft, so knüpft sie sich bei der Wahlschuld an den einseitigen Willensakt der wahlberechtigten Partei. Bei der Gattungsschuld dagegen ist zwischen Gläubiger und Schuldner ein Vertrag erforderlich, der die bisherige Gattungsschuld in eine Speziesschuld verwandelt. Habe ich aus einem Keller zehn Flaschen Wein nach meiner Wahl zu erhalten, und habe ich die Wahl vorgenommen, so bin ich an dieselbe gebunden. Schon mein einseitiger Willensakt bewirkt, daß die von mir bestimmten zehn Flaschen als von vornherein allein geschuldet gelten. Andere Erfüllungsobjekte brauchen mir nicht geliefert zu werden. Habe ich zehn Liter (irgendwelche) aus einem individuellen Faß zu beanspruchen, so ist dadurch, daß der Verpflichtete die genannte Quantität aussondert und bereitstellt, das Schuldverhältnis grundsätzlich noch nicht auf dieselbe konzentriert. Diese Wirkung würde erst eintreten, wenn ich mit meinem Schuldner darüber einig würde, daß die ausgesonderte Menge nunmehr alleiniger Schuldgegenstand sein soll.

Ein weiterer Unterschied besteht hinsichtlich der Beschränkung des Schuldverhältnisses durch Verzug des Gläubigers. Bei der Gattungsschuld ist, wie früher (S. 99 ff.) dargelegt, der Annahmeverzug als solcher ein Grund für die Konzentration: die Gefahr geht mit dem

Zeitpunkt auf den Gläubiger über, in welchem er dadurch in Verzug kommt, daß er die angebotene Sache nicht annimmt (§ 300 BGB.). Bei der Wahlschuld ist der Annahmeverzug des Gläubigers zur Konzentration weder erforderlich noch genügend. Er ist nicht erforderlich: in aller Regel wird zu dem Zeitpunkt, in welchem dem Gläubiger die Leistung angeboten wird, das Schuldverhältnis bereits auf eine der mehreren zur Wahl gestellten Leistungen beschränkt sein: etwa dadurch, daß der wahlberechtigte Teil (Gläubiger oder Schuldner) bereits früher eines der in Frage stehenden Objekte zur Erfüllung bestimmt hatte. Denkbar ist auch, daß eine Wahl vor dem Erfüllungsversuch noch nicht stattgefunden hatte, daß sie aber dem Schuldner zusteht und gerade in der Form geschieht, daß er eines der Objekte dem Gläubiger als Erfüllung anbietet. Hier fällt zwar äußerlich und zeitlich die Wahl mit dem Angebot zusammen, welches den Gläubiger in Annahmeverzug versetzt: es tritt also durch den Vorgang eine Konzentration ein. Allein dieselbe ist nicht die Folge des Annahmeverzugs als solchen, sondern die Folge der damit (genauer: mit dem Angebot) verbundenen Wahl des Schuldners. Ist in den bisher betrachteten Fällen die Konzentration vor dem Annahmeverzug des Gläubigers oder spätestens mit demselben eingetreten, so kann es umgekehrt sein, daß der Annahmeverzug des Gläubigers der Konzentration der Wahlschuld vorausgeht. So verhält es sich in dem schon anderweitig (oben S. 198) betrachteten Fall des § 264 Abs. 2 BGB.: der wahlberechtigte Gläubiger wird dadurch, daß ihm die mehreren Leistungen wahlweise angeboten werden, in Annahmeverzug versetzt und verliert nach vergeblicher Aufforderung zur Vornahme der Wahl binnen angemessener Frist das Wahlrecht an den Schuldner, der dasselbe nunmehr ausübt. Hier ist offensichtlich die Konzentration nicht die unmittelbare Folge des Annahmeverzugs, sondern dieser hat nur die Wirkung, daß (unter Hinzutritt einer weiteren Voraussetzung) das Wahlrecht auf den Schuldner übergeht: und erst die Wahlerklärung des letzteren beschränkt das Schuldverhältnis.

IV. Endlich bestehen zwischen den beiden hier verglichenen Schuldarten Verschiedenheiten auch hinsichtlich der konzentrierenden Wirkung eines teilweisen Untergangs des Komplexes, aus welchem die Erfüllungsobjekte entnommen werden sollen.

1. Handelt es sich freilich um einen zufälligen Untergang, so ist die faktische Wirkung in beiden Fällen dieselbe. Sie besteht darin, daß sich die Leistungsmöglichkeiten vermindern. Der Komplex, aus welchem erfüllt werden soll, wird an Umfang geringer. Die Folge ist bei der Gattungsschuld, daß die Leistung aus der übriggebliebenen kleineren Gattung zu bewirken ist: läuft das Faß, aus welchem ich zehn Liter zu beanspruchen habe, halb aus, so ist nur noch aus der restierenden Hälfte zu leisten. Bei der Alternativschuld aber können nach Untergang eines Teiles der zur Wahl gestellten Objekte die zur Erfüllung bestimmten Stücke ebenfalls nur noch aus den übrigbleibenden Gegenständen entnommen werden: wird der Inhalt des Kellers, aus welchem ich zehn Flaschen nach meiner Wahl zu beanspruchen hatte, durch einen Zufall zur Hälfte vernichtet, so muß ich die mir gebührenden Sachen aus den verschont gebliebenen Beständen aussuchen.

Ist nach dem Gesagten die praktische Behandlung hier wie dort die gleiche, so ist doch die Konstruktion des Vorgangs in beiden Fällen eine etwas verschiedene. Bei der Gattungsschuld folgt die geschilderte Gestaltung aus dem Wesen der Sache. Dort kommt es den Parteien nur auf eine bestimmte Quantität von Stücken der betreffenden Gattung an: die individuellen Erfüllungsobjekte sind gleichgültig. Solange aber von der verringerten Gattung noch genügend Gegenstände übrigbleiben, um die vertraglich bestimmte Quantität zusammenzustellen, ist kein Grund ersichtlich, weshalb der Untergang sonstiger Stücke der Gattung auf das Schuldverhältnis einen Einfluß äußern könnte. Ob ich die mir geschuldeten zehn Liter aus der inzwischen ausgelaufenen Quantität erhalten hätte, oder ob ich sie aus dem vorhandenen Rest bekomme, muß für mich gleichbedeutend erscheinen. Und es wäre andererseits nicht gerechtfertigt, wenn man dem Schuldner gestatten würde, sich dem Vertrag unter Hinweis darauf zu entziehen, daß ohne den schädigenden Umstand die Leistung vielleicht aus den inzwischen vernichteten Beständen erfolgt sein würde. Bei der Wahlschuld liegt die Sache anders. Hier wäre es an sich sehr wohl denkbar gewesen, daß man trotz Unmöglichkeit einzelner der in Frage stehenden Leistungen der einen oder anderen Partei die bisherige Wahlbefugnis weiter belassen hätte. Begrifflich hätte nichts im Wege gestanden, dem ursprünglich wahlberechtigten Teil auch jetzt noch die Erklärung zu verstatten, er wähle einzelne der untergegangenen Objekte (was eine Auflösung des Vertragsverhältnisses durch zufällige Unmöglichkeit zur Folge hätte). Das Wahlinteresse kann stärker sein als das Interesse, einen der übriggebliebenen Gegenstände des Komplexes annehmen oder leisten zu müssen. Angenommen, ich hätte aus einem bestimmten Weinkeller (und zu einem von Sachverständigen festzusetzenden Preise) zehn Flaschen zu beanspruchen, und hätte mich, allerdings ohne sogleich die Wahl zu erklären, bereits entschlossen, zehn Stück, auf die es mir besonders ankommt, zu verlangen, als derjenige Teil des Kellers, zu welchem gerade jene Gegenstände gehören, von einem zufälligen Untergang betroffen wird. Hier hätte, vom gesetzgeberischen Standpunkt aus betrachtet, der Weg offengestanden, ja sogar nahegelegen, mir das Recht einzuräumen, von einem Vertrag, der für mich kein Interesse mehr hat, abzustehen. Daß die Fortdauer der Wahlbefugnis begrifflich sehr wohl mit der eingetretenen Unmöglichkeit vereinbar ist, zeigt die später unter 3 darzulegende Behandlung gewisser Fälle des zu vertretenden Untergangs der Wahlobjekte. Daß also nach geltendem Recht tatsächlich der zufällige Untergang eines Teils des Komplexes, aus welchem zu wählen war, das Schuldverhältnis auf die übrigbleibenden Stücke beschränkt, ist nicht eine notwendige Folge aus dem Wesen der Wahlschuld, sondern im Gegenteil der Ausfluß einer positiven Gesetzesbestimmung, deren rein praktische Motive nicht einmal einwandfrei sind.

2. Eine Beschränkung der Wahlschuld auf die verbleibenden Objekte tritt auch dann ein, wenn ein Teil der zur Wahl gestellten Gegenstände durch einen Umstand vernichtet wird, der vom Gegner der wahlberechtigten Partei zu vertreten ist. Habe ich (als Gläubiger oder Schuldner) zehn Flaschen aus dem Weinkeller X zu wählen, und geht durch meine Schuld

ein Teil der Bestände dieses Kellers zugrunde, so bleibe ich berechtigt und verpflichtet, die Erfüllungsobjekte aus den noch vorhandenen Gegenständen auszuwählen. Auch diese Regelung war durch den Begriff der Alternativschuld nicht geboten. Der wahlberechtigte Teil kann ein sehr lebhaftes Interesse daran haben, seine Wahl auch jetzt noch auf einzelne der untergegangenen Stücke zu richten, etwa als Gläubiger, um nicht die doppelte Ausgabe zu haben, die vernichteten Stücke (unter dem Gesichtspunkt des Schadenersatzes) und die noch übrigbleibenden (unter dem Gesichtspunkt der Gegenleistung) bezahlen zu müssen; als Schuldner, um die Bestände, die er bei Geschäftsabschluß nur um das Objekt des Vertrages mindern wollte, nicht doppelt verringert zu sehen, einerseits durch den vernichtenden Umstand, andererseits durch die weiter geschuldete Vertragserfüllung. Das Gesetz hat die Berücksichtigung dieses Interesses nicht für gut befunden, sich vielmehr von dem auf eine offenbare Fiktion hinauslaufenden Gesichtspunkt leiten lassen, die Vernichtung eines Teiles des Komplexes durch die wahlberechtigte Partei sei zu behandeln wie ein Willensakt, durch welchen dieser Teil aus dem Schuldverhältnis ausgeschieden werde. Man mag über die Angemessenheit dieser Regelung denken, wie man will: sie ist nun einmal geltendes Recht. Aber auch sie folgt nicht aus dem Wesen der Wahlschuld, sondern lediglich aus Erwägungen der (vermeintlichen) Zweckmäßigkeit.

Das damit gewonnene praktische Ergebnis deckt sich aber mit der Behandlung des entsprechenden Falles bei der generischen Schuld. Jede Verminderung der Gattung „konzentriert“ das Schuldverhältnis auf den übriggebliebenen Teil: also auch eine solche, welche durch die zur Ausscheidung befugte Partei herbeigeführt wird. Wenn das Faß X, aus welchem mir zehn Liter zu leisten sind, durch Fahrlässigkeit des Verkäufers halb ausläuft, so kann und darf die versprochene Quantität aus der verbleibenden Hälfte geliefert werden. Dieses Ergebnis ist aber nicht erst die Konsequenz einer positiven Bestimmung: es ist nirgends im Gesetz ausdrücklich vorgesehen, sondern es fließt mit logischer Notwendigkeit aus dem Begriff der generischen Schuld. Da irgendwelche Stücke der Gattung zu leisten sind, so bleibt die versprochene Quantität so lange geschuldet, als die Gattung hierfür noch ausreicht. Solange dies zutrifft, muß der Umstand unerheblich sein, ob inzwischen ein noch so erheblicher Teil der Gattung vernichtet wurde, wie es auch gleichgültig sein muß, ob der Untergang von der ausscheidungsberechtigten Partei zu vertreten ist.

3. Dagegen ergibt sich eine verschiedene Behandlung der Gattungs- und der Wahlschuld, wenn man den Fall unterstellt, daß der Umstand, der einen Teil des maßgebenden Komplexes vernichtet, von dem Gegner der zur Wahl oder Ausscheidung berechtigten Partei zu vertreten ist. Handelt es sich um eine generische Schuld, so hat auch hier der Untergang eines Teiles der Gattung konzentrierende Wirkung. Habe ich selbst das Faß, aus welchem mir zehn Liter versprochen sind, schuldhaft halb auslaufen lassen, so kann ich die genannte Quantität aus dem Rest beanspruchen. Der Schuldner kann, obgleich er an sich zur Bestimmung der Erfüllungsobjekte befugt ist, mich nicht darauf verweisen, daß die mir zu liefernden zehn Liter sich unter der vernichteten Quantität befunden hätten. Auch dies

entspricht dem Begriff der Gattungsschuld. Bleiben Gattungsobjekte in genügender Anzahl vorhanden, um mich zu befriedigen, so behalte ich meinen Anspruch, mag ich auch meinerseits noch so viele Objekte der Gattung schuldhafterweise vernichtet haben. Anders bei der Alternativschuld. Das Wahlinteresse einer Partei soll nicht dadurch beeinträchtigt werden, daß ihr Gegner einen Teil der zur Wahl stehenden Objekte schuldhaft vernichtet. Vielmehr muß ihr in solchem Falle die freie Bestimmung bleiben, ob sie auch jetzt noch ihre Wahl auf einzelne der untergegangenen Stücke richten oder ob sie sich die Erfüllungsobjekte aus den übrigbleibenden Gegenständen aussuchen will. Habe ich nach meiner Wahl zehn Flaschen aus dem Keller X zu beanspruchen, und werden die dort lagernden Bestände durch die Schuld des Verpflichteten halb vernichtet, so kann ich noch jetzt zehn von den untergegangenen Flaschen auswählen. Die Folge ist, daß die übrigbleibenden Bestände von der schuldrechtlichen Verstrickung frei werden, und daß ich hinsichtlich der gewählten Stücke die Rechte aus der vom Schuldner zu vertretenden Unmöglichkeit geltend machen kann. Ich darf mir aber auch die Erfüllungsobjekte aus den übrigbleibenden Beständen aussuchen: der Untergang des anderen Teiles berührt mich dann in keiner Weise. Entsprechendes gilt, wenn das Wahlrecht dem Schuldner zusteht und die Verminderung der Wahlobjekte von mir zu vertreten ist. Auch hier bleibt dem Schuldner die Wahl. Richtet er dieselbe auf untergegangene Objekte, so wird er aus dem Gesichtspunkte der (für ihn zufälligen) Unmöglichkeit der Leistung gemäß § 275 BGB. frei und kann eine etwaige Gegenleistung gemäß § 324 BGB. von mir beanspruchen.

Wählt er dagegen die Erfüllungsobjekte aus den noch vorhandenen Stücken, so wickelt sich bezüglich dieser das Schuldverhältnis in normaler Weise ab, und ich hafte für die untergegangenen Stücke nach Maßgabe der Vorschriften über unerlaubte Handlungen.

Diese Regelung ist durchaus angemessen. Sie beruht auf dem Gesichtspunkt, daß die Situation der wahlberechtigten Partei nicht durch ein schuldhaftes Verhalten ihres Gegners beeinträchtigt werden darf, daß insbesondere ihre Wahlbefugnis nicht eingeschränkt werden soll, wie dies durch eine gesetzlich angeordnete Konzentration auf die übrigbleibenden Stücke geschehen würde. Gerade weil sich die Partei bei Vertragsschluß das Wahlrecht vorbehalten hatte, darf angenommen werden, daß sie ein Interesse daran hat, sich die Erfüllungsobjekte nach Maßgabe ihrer individuellen Wünsche und Bedürfnisse auszusuchen. Letztere aber können sehr wohl auf einen der vernichteten Objekte hinweisen. Für solche Fälle aber wäre es unbillig, die wahlberechtigte Partei auf die übrigen Stücke zu beschränken.

Die geschilderte Verschiedenheit zwischen Alternativ- und Gattungsschuld erweist sich denn auch als wohlbegründet. Bei der ersten kann man von jedem der zur Wahl gestellten Objekte sagen, daß es Gegenstand der Obligation, daß es, wenn auch nur alternativ, so doch neben den anderen geschuldet ist. Wenn also der nichtwahlberechtigte Vertragsteil ein solches Objekt schuldhaft vernichtet, so hat er den Vertrag verletzt, als Schuldner gemäß den §§ 276, 280, 325, als Gläubiger wenigstens im Sinne des § 324 BGB.: er hat einen Vertragsgegenstand vorsätzlich oder fahrlässig zerstört. Daher ist es nicht unangemessen, daß er, die nunmehrige Wahl eines der untergegangenen Stücke vorausgesetzt, nach den Grundsätzen der Vertragsverletzung behandelt wird. Bei der Gattungsschuld dagegen läßt sich, solange eine Konzentration noch nicht eingetreten ist, von keinem der zur Gattung gehörigen Stücke sagen, daß es geschuldet sei. Jedes ist zwar taugliches Erfüllungsobjekt, keineswegs aber ist es als Individuum Gegenstand der Schuld. Werden also von irgendeiner Vertragspartei Stücke der betreffenden Gattung schuldhaft vernichtet, so kann dieser Tatbestand höchstens (nämlich dann, wenn er von einem Nichteigentümer ausgeht) eine unerlaubte Handlung darstellen. Dagegen ist er niemals, auch nicht einmal, wenn er vom Schuldner ausgeht, als Verletzung einer Vertragspflicht anzusehen (vorausgesetzt natürlich, daß noch eine zur Erfüllung genügende Anzahl von Gattungsobjekten übrigbleibt). Die vernichteten Stücke waren keinen Augenblick geschuldet. Es bleibt immer noch möglich, aus der Gattung die versprochene Quantität zu liefern: die Vertragspflicht kann und muß erfüllt werden. So führt das Wesen der Gattungsschuld in einer wichtigen Beziehung zu einer anderen Behandlung, als sie nach dem früher Gesagten bei der Alternativschuld eintritt.

V. Ein weiterer Unterschied beider Schuldarten ergibt sich in dem Falle, daß die zur Erfüllung eines Kaufvertrages verwendeten Objekte sich als mangelhaft erweisen.

Handelt es sich um eine Gattungsschuld, so kann nach § 480 BGB. der Käufer „statt der Wandelung oder Minderung verlangen, daß ihm an Stelle der mangelhaften Sache eine mangelfreie geliefert werde". Hier wird also gewissermaßen die konzentrierende Kraft der Erfüllung im Hinblick auf die Mangelhaftigkeit des gelieferten Objektes rückgängig gemacht. Der Gläubiger kann sich auf den Standpunkt stellen, daß die mangelhafte Erfüllung eine Nichterfüllung sei, daß er nur eines (irgendeines) der mangelfreien Stücke gekauft habe, mithin durch die Erfüllung eines fehlerhaften nicht befriedigt sei. Daß die ebenerwähnte Bestimmung in Fällen einer Schuld von Quantitäten aus einem individuellen Vorrat vielfach keine Anwendung findet, wurde bereits oben (S. 101) dargelegt. Daß sie aber auch hier nicht grundsätzlich ausgeschlossen ist, wurde an einigen Beispielen gezeigt (S. 103 f.). In der Tat kommt sie auch dort überall zur Geltung, wo sich in dem maßgebenden individuellen Vorrat außer mangelhaften auch fehlerfreie Stücke befinden. Hier ist also der Käufer befugt, unter Rückgabe der empfangenen mangelhaften Stücke des Vorrats ebenso viele mangelfreie Bestandteile aus demselben zu beanspruchen.

Anders verhält es sich bei der Wahlschuld. Hier wird das Schuldverhältnis der Idee nach schon vor der Erfüllung konzentriert, indem eine Partei von ihrem Wahlrecht Gebrauch macht. Die Folge dieser Wahl ist die, daß die gewählte Leistung als von Anfang an geschuldet gilt (§ 263 Abs. 2 BGB.). Der Käufer ist mithin in der gleichen Lage, als hätte er von Anfang an allein die (von ihm oder dem Verkäufer) gewählte Sache individuell gekauft. Er kann daher, wenn sich diese Leistung als mangelhaft erweist, nur das Recht auf Wandelung oder Minderung, allenfalls Schadensersatz wegen Nichterfüllung geltendmachen.

Dagegen hat er kein Recht auf Nachlieferung[8]. Habe ich die nach meiner Wahl zu verlangenden zehn Flaschen aus dem Keller X ausgewählt, so sind damit die übrigen Bestände von dem obligationenrechtlichen Bande befreit. Stellen sich die gewählten Stücke als mangelhaft heraus, so mag ich den Kaufpreis mindern oder unter Rückgewähr der Ware zurückverlangen. Dagegen kann ich nicht durch das Verlangen der Nachlieferung fehlerloser Stücke meine Forderung nachträglich wieder auf Gegenstände übertragen, die durch meine Wahl frei geworden waren.

Auch diese Regelung entspricht durchaus dem Begriff der Alternativschuld. Durch die vollzogene Wahl hat die Partei zu erkennen gegeben, daß es ihr gerade auf die ausgesuchten Objekte ankommt. Sie hat die übrigen Objekte aus dem schuldrechtlichen Nexus entlassen. Sie darf also nicht mehr auf diese zurückkommen. Durch die Wahl ist derselbe Zustand hergestellt, wie wenn der Vertrag von vornherein allein auf die ausgesuchten Gegenstände gerichtet gewesen wäre. Der Alternativkauf unterscheidet sich, wie früher (S. 128) bewiesen, von dem gewöhnlichen Spezieskauf nur dadurch, daß die Auswahl, die dort schon vor oder bei dem Geschäftsabschluß erfolgt ist, hier auf einen späteren Zeitpunkt verschoben wird. Sobald sie durch die Partei nachgeholt wird, besteht kein Unterschied mehr gegenüber

---

[8] Dies wird nach deutschem Recht keinem Zweifel unterliegen, obgleich es in der Literatur, soweit ich sehe, nicht besonders hervorgehoben wird. Für das französische Recht ist die Frage nicht unbestritten. Von der herrschenden Ansicht wird sie ebenso entschieden wie im Text; zu vergleichen Demolombe Bd. 26 Nr. 61; Larombière Art. 1190 Ziff. 7; ebenso Dalloz, Jurispr. générale Obligations Nr. 1325. Dagegen wird die entgegengesetzte Auffassung vertreten von Toullier Bd. 3 Nr. 692.

dem gewöhnlichen Individualkauf. Da nun bei einem solchen der Käufer einer mangelhaften Sache auf die Wandelung oder Minderung beschränkt ist und nicht statt der erworbenen Speziessache eine andere gleichartige, aber mangelfreie zu beanspruchen hat, so kann er auch bei der Wahlschuld höchstens den Kaufvertrag über die gewählte Sache wandeln oder den Kaufpreis verhältnismäßig herabsetzen. Dagegen ist er nicht befugt, sich von der getroffenen individuellen Auswahl loszulösen und eine neue vorzunehmen.

Nun gibt es freilich Fälle, in denen die eben dargelegte Behandlung den Interessen des wahlberechtigten Käufers nicht entspricht[4]. Es läßt sich nämlich denken, daß dieser ein Interesse daran hat, an seine Wahl nur gebunden zu sein, wenn sie ihm ein fehlerfreies Objekt verschafft, daß er aber für den Fall der Mangelhaftigkeit des ausgesuchten Gegenstandes Wert darauf legt, auf irgendeines der übrigen (fehlerfreien) Stücke zurückzugreifen. Daraus nämlich, daß er von den zur Wahl stehenden Stücken A, B, C das letztgenannte aussucht, folgt möglicherweise nur, daß er das Stück C unter der Voraussetzung der Mangelfreiheit den übrigen vorzieht. Er will vielfach die Stücke A und B nur deshalb frei-

[4] Steht die Wahlbefugnis dem Verkäufer zu, so hat der Käufer von vornherein das Risiko übernommen, daß die zur Erfüllung verwendeten Objekte seinen Interessen und Wünschen weniger entsprechen als andere. Werden also vom wahlberechtigten Verkäufer mangelhafte Erfüllungsobjekte (ohne Verstoß gegen Treu und Glauben) ausgesucht, so hat er nur von einer Befugnis Gebrauch gemacht, welche ihm zusteht. Und dem entspricht es, daß nach allgemeinen Grundsätzen der Käufer nur dieselben Rechte hat, wie sie ihm auch sonst bei Mangelhaftigkeit der gekauften Speziessache gewährt sind.

geben, weil sie für ihn weniger erwünscht sind, als das mangelfrei gedachte Stück C. Dagegen folgt aus der Wahl keineswegs, daß der Käufer dem ausgesuchten Stück unter allen Umständen den Vorzug vor den übrigen geben will, und daß er die letzteren schlechthin, d. h. selbst für den Fall ausscheiden will, daß etwa der auf die Sache C beschränkte Kauf wegen Mangelhaftigkeit der Ware rückgängig gemacht werden sollte. Wie kann diesem Interesse Rechnung getragen werden?

Dies ist auf doppelte Weise möglich. Einmal kann der Käufer seine Wahl an die Bedingung knüpfen, daß die von ihm gewählte Sache sich als fehlerfrei erweisen werde. Ob die Wahlerklärung eine Bedingung vertrage, ist zwar nicht unbestritten, aber im Hinblick auf die gegebene Interessenlage wohl unbedenklich zu bejahen. Ist nun die Wahl unter der angegebenen Bedingung erklärt worden, und stellt sich die Mangelhaftigkeit der zur Erfüllung verwandten Sache heraus, so erweist sich die Wahl wegen Versagens ihrer Bedingung als unwirksam. Der Käufer kann sie also wiederholen und auf eines der übrigen Objekte richten[5]. Diese Möglichkeit ergibt sich aber nicht, wie im entsprechenden Fall der Gattungsschuld, aus dem Wesen des Schuldverhältnisses, sondern sie ist umgekehrt eine Abweichung von der sonst geltenden Unwiderruflichkeit

---

[5] Es braucht kaum hervorgehoben zu werden, daß die Bedingtheit der Wahl wohl zu unterscheiden ist von der Bedingtheit des Kaufvertrags. Ist der Wahlkauf als Ganzes von der Bedingung abhängig gemacht, daß die gewählte Sache nicht mangelhaft sei, so ist bei Fehlerhaftigkeit des ausgewählten Stücks der Gesamtvertrag hinfällig, und es kann aus diesem Grunde (nicht wegen Wirksamkeit der Wahl) auf andere Sachen als die ausgesuchte nicht zurückgegriffen werden.

der einseitigen Wahl; und sie muß, um einzutreten, besonders in Form der Bedingung vorbehalten werden.

Die andere Möglichkeit ergibt sich aus den Grundsätzen des Anfechtungsrechtes. Die Wahl ist eine einseitige Willenserklärung, die als solche den Vorschriften des allgemeinen Teils des BGB. über die Rechtsgeschäfte unterliegt. Dies gilt auch in Ansehung des Anfechtungsrechtes. Ein solches ist nun freilich nicht bei jedem Irrtum gegeben, sondern der Regel nach nur in zwei Fällen: einmal bei Irrtum über den Inhalt der Erklärung, und sodann bei Irrtum oder Fehlgehen in der Erklärung selbst. Wegen eines Irrtums im Motiv kann grundsätzlich ein Rechtsgeschäft unter Lebenden nicht angefochten werden. Der Irrtum über die Beschaffenheit der gewählten Kaufsache stellt nun an sich einen Irrtum im Motiv dar: Käufer hat die Wahl der Sache C erklären wollen; er ist sich über den Inhalt seiner Erklärung auch vollkommen im klaren; er hätte aber möglicherweise die Wahlerklärung nicht abgegeben, wenn er die Mangelhaftigkeit des betreffenden Stückes gekannt hatte. Danach würde jedenfalls die Wahl nicht unter dem Gesichtspunkt des Geschäftsirrtums oder des Erklärungsirrtums angefochten werden können. Allein hier greift nun der § 119 Abs. 2 BGB. ein: „Als Irrtum über den Inhalt der Erklärung gilt auch der Irrtum über solche Eigenschaften der Person oder der Sache, die im Verkehr als wesentlich angesehen werden.“ Betrifft also der Irrtum eine verkehrswesentliche Eigenschaft, so begründet er ein Anfechtungsrecht, obgleich er sich als bloßer Irrtum im Motiv darstellt. Ist demnach der Mangel der vom Käufer gewählten Sache so beschaffen, daß der Irrtum über denselben als ein solcher über eine verkehrswesentliche Eigenschaft angesehen werden kann, so wird Käufer die Wahl anfechten können. Jedenfalls steht ihm das Anfechtungsrecht unter denselben Voraussetzungen zu, unter denen man einen einfachen (nicht alternativen) Spezieskauf wegen Irrtums über die Fehlerfreiheit angreifen kann: die Wahl steht zu dem Objekt, auf das sie sich bezieht, in derselben begrifflichen Beziehung, wie der Kaufvertrag zu dem Kaufobjekt. Durch die Wahl wird, von der Einseitigkeit der Rechtshandlung abgesehen, das ausgesuchte Objekt zum Erfüllungsgegenstand in derselben Weise bestimmt, wie durch das Kaufgeschäft die Kaufsache. Soweit man also wegen Irrtums über Eigenschaften der gekauften Ware den Vertrag anfechten kann, soweit muß man auch entsprechend bei Irrtum über die Beschaffenheit des gewählten Objektes die Wahl anfechten können. Danach ist kein Zweifel, daß die Vorschrift des § 119 Abs. 2 wenigstens im Prinzip auf unseren Fall Anwendung zu finden hat.

Nun wird freilich von einer weitverbreiteten, ja, man kann sagen, von der herrschenden Ansicht behauptet, für die Regeln der Anfechtung sei neben denjenigen der Mängelgewähr kein Raum. Allein diese Ansicht ist, wie hier nicht näher ausgeführt werden kann, schon für den Normalfall des einfachen Spezieskaufes nicht zu billigen. Für die Anwendung der Anfechtungsgrundsätze kann trotz der Vorschriften unseres Gesetzes über die Mängelgewähr sehr wohl ein Bedürfnis bestehen. Ja, gerade in dem Fall, der uns hier beschäftigt, ist ein solches Bedürfnis besonders klar und unzweifelhaft. Durch die Wandelung würde der wahlberechtigte Käufer lediglich die Lieferung und Zahlung der ausgewählten mangelhaften Sache rückgängig machen. Dagegen würde er sein Recht auf andere (mangelfreie) Gegenstände des maßgebenden Komplexes nicht zum Wiederaufleben bringen können. Durch die Anfechtung der Wahl dagegen stellt er die gleiche Situation her, als hätte er von seinem Wahlrecht noch keinen Gebrauch gemacht: er kann, mit anderen Worten (unter Rückgabe der empfangenen mangelhaften Sache aus dem Gesichtspunkt der ungerechtfertigten Bereicherung) seine Wahl nunmehr auf eines der fehlerfreien übrigen Stücke richten. Während also im Normalfall des einfachen Spezieskaufs Anfechtung und Wandelung, wenn auch nicht vollständig, so doch im wesentlichen zu dem gleichen Ergebnis führen würden, insofern als sie beide den Vertrag rückgängig machen, bewirken sie in dem hier betrachteten interessanten Fall der Alternativschuld ganz verschiedene Ergebnisse. Während die Wandlung sich — rein negativ — in der restlosen Beseitigung des Kaufvertrages erschöpft, führt die Anfechtung ein Wiederaufleben des Wahlrechtes herbei. Daß letzeres Ergebnis ein durchaus angemessenes ist, läßt sich nicht wohl leugnen und bietet ein weiteres, in der bisherigen Literatur nicht beachtetes Argument gegen die vorhin erwähnte herrschende Ansicht. Übrigens ist zu bemerken, daß die Gründe, auf die sich jene Ansicht stützt, unseren Fall nicht einmal direkt treffen. Denn in diesem ist der Gegenstand der Anfechtung ein anderer als derjenige der Wandelung. Die Wandelung würde sich beziehen auf den Kauf des gewählten Gegenstandes; die Anfechtung bezieht sich auf die Wahlerklärung. Auch schon deshalb wäre es unstatthaft zu sagen, daß in dem behandelten Fall Anfechtung und Wandelung miteinander unvereinbar seien.

Ist das eben verteidigte Ergebnis richtig, so kann

der Käufer, welcher, in einem Irrtum über verkehrswesentliche Eigenschaften befangen, eine mangelhafte Sache gewählt hat, seine Wahlerklärung anfechten. Hierdurch wird die gleiche Rechtslage hergestellt, als ob er nicht gewählt hätte. Mithin kann die Wahl nunmehr auf irgendeines der übrigen (mangelfreien) Objekte gerichtet werden. Die Behandlung ist also, rein äußerlich betrachtet, eine ähnliche wie im Fall des Gattungskaufs. Allein die rechtliche Bedeutung des Vorgangs ist eine andere. Beim Gattungskauf steht der Anspruch auf Nachlieferung mangelfreier Ware dem Käufer ohne weiteres zu; er braucht hierfür nicht erst einen früheren Willensakt rückgängig zu machen. Bei der Alternativschuld dagegen muß er erst seine Wahlerklärung anfechten. Im ersten Fall sind die Voraussetzungen des Nachlieferungsrechtes die gewöhnlichen, unter denen die Mängelgewähr geltend gemacht werden kann; im zweiten Fall muß eine verkehrswesentliche Eigenschaft der gewählten Sache fehlen. Dort ist nicht der Irrtum Voraussetzung des Anspruchs auf Nachlieferung, sondern umgekehrt die Kenntnis des Mangels Ausschlußgrund; hier dagegen ist gerade der Irrtum Bedingung wirksamer Wahlanfechtung. Dort ist die empfangene mangelhafte Ware nach den Grundsätzen der Wandelung zu erstatten, hier dagegen aus dem Gesichtspunkt der ungerechtfertigten Bereicherung. Dort stellt sich das Verlangen der Nachlieferung als ein einziger Willensakt dar, an den sich gleichzeitig die Pflicht des Käufers zur Rückgabe der empfangenen mangelhaften Stücke, und die des Verkäufers zur Nachlieferung fehlerfreier Ware knüpft. Hier dagegen sind zwei Willensakte zu unterscheiden, die begrifflich zu sondern sind, und die sogar äußerlich und zeitlich auseinanderfallen können. Durch den einen wird die ursprüngliche Wahl angefochten, durch den anderen wird eine neue Wahl vorgenommen. Der erste bewirkt eine Rückgabepflicht des Käufers, der zweite eine Nachlieferungspflicht der Verkäufers[6].

---

[6] In denjenigen Rechtssystemen, die bei Veräußerung einer Speziessache das Eigentum auf den Erwerber nicht erst mit der Besitzübergabe, sondern schon mit der Einigung übergehen lassen, so namentlich im französischen Recht, ist die Unterscheidung von Gattungsschuld und Wahlschuld noch in zwei weiteren Beziehungen von praktischer Bedeutung.

a) Sie ist einmal für die Frage erheblich, in welchem Moment das Eigentum auf den Erwerber übergeht. Ist die Schuld einer Anzahl von Objekten aus einem konkreten Vorrat eine Gattungsschuld, dann kann (wenn man von dem Fall der vertragsmäßigen Konzentration auf individuelle Stücke absieht) das Eigentum offensichtlich erst mit der Vertragserfüllung auf den Erwerber übergehen. Ist dagegen eine Wahlschuld anzunehmen, so muß das Eigentum an den gewählten Objekten spätestens mit der Wahl dem Gläubiger zufallen. Ja, es müßte sogar der frühere Zeitpunkt des Vertragsschlusses entscheiden, wenn man mit dem von der Mehrheit der Schriftsteller vertretenen Grundsatz der rückwirkenden Kraft der Wahl Ernst machte. Die Lösung der Frage ist natürlich von der größten Bedeutung für den Fall, daß der Schuldner in Konkurs gerät oder Zwischenverfügungen zugunsten Dritter trifft. Im französischen Recht stehen sich in der angegebenen Beziehung drei Ansichten gegenüber. Nach der wohl herrschenden Theorie wird bei der auf Speziessachen gerichteten Alternativschuld infolge der rückwirkenden Kraft der Wahl das Eigentum mit dem Moment des Vertrages übertragen. So Demolombe tome 26 Nr. 19f.; Demante et Colmet de Santerre 2. éd. tome 5 Nr. 115 bis VI; Huc, Bd. 7 Nr. 291; Baudry-Lacantinerie et Barde, Oblig. Bd. 2 Nr. 1176f. Nach der entgegengesetzten Anschauung ist für den Eigentumsübergang der Zeitpunkt der Wahl entscheidend: so Larombière Art. 1193/94, Nr. 2; Toullier VI Nr. 695; und mit großer Entschiedenheit Laurent, Principes XVII Nr. 221. — Eine dritte, vermittelnde Ansicht stellt sich bei Wahlrecht des Gläubigers auf den ersten, bei Wahlrecht des Schuldners auf den zweiten Standpunkt. Sie wird vertreten von Marcadé Bd. 4 Nr. 587.

b) Die Verschiedenheit zwischen Wahl- und Gattungsschuld erweist sich in den Gesetzgebungen des romanischen Rechtes weiterhin für den Fall erheblich, daß einzelne der Gegenstände, aus denen die Erfüllungsobjekte entnommen werden, bei Vertragsabschluß bereits (ohne Wissen der Parteien) Eigentum des Gläubigers sind. Ist eine Wahlschuld anzunehmen, so konzentriert sich die Schuld von Anfang an auf die übrigen Objekte, da hinsichtlich der bereits dem Gläubiger gehörigen eine anfängliche Unmöglichkeit der Leistung vorliegt. Handelt es sich dagegen um eine Gattungsschuld, so steht nichts im Wege, daß der Schuldner nachträglich auch solche Gegenstände leistet, die im Momente des Vertragsschlusses dem Gläubiger gehörten, die aber vor der Erfüllung wieder aus seinem Eigentum getreten sind. Vgl. zu diesem Punkte Demolombe III S. 332; Dumoulin, Div. et Indiv. Teil 2 Nr. 157; Giscard Valéry, de l'obligation alternative, Dijon 1888 S. 7f.; Larombière 3. Bd. S. 332; Crome, Grundlehren des französischen Obligationenrechtes S. 58f. zu Anm. 9; Baudry-Lacantinerie et Barde, Oblig. 2 S. 201 Nr. 1056; ebenso für das italienische Recht Polacco Vittorio, Le obligazioni nel diritto civile italiano S. 119.

§ 10.

Die alternative Gattungsschuld und andere Fälle der Wahlschuld.

I. Bisher wurden nur solche Fälle der Alternativschuld vorausgesetzt, bei denen zwischen mehreren individuell bestimmten Leistungen zu wählen ist. Denkbar ist aber auch, daß die Leistungen, die zur Wahl gestellt sind, generische Natur haben. Hierbei lassen sich wiederum die verschiedensten Kombinationen denken. Es kann die Wahl zwischen zwei oder mehreren Gattungsleistungen vorgesehen sein. Die Gattungen können unter sich gleichartig sein: „ein Pferd (irgendeines) der einen oder anderen Rasse". Sie können auch ungleichartig sein: „ein Reitpferd (irgendeines) oder ein Klavier" (irgendeines). Sie können auch einen wesentlich verschiedenen Umfang haben: versprochen wird z. B. „ein Automobil (unter vielen tausenden bestimmter Marke) oder ein Gemälde (irgendeines) des berühmten Künstlers X". Es kann die eine Gattung nach Artmerkmalen, die andere nach sonstigen Beziehungen bestimmt sein; so in dem eben angegebenen Beispiel. Möglich ist insbesondere, daß die eine oder auch jede durch einen individuellen Vorrat gebildet ist. Beispiel für die erste Gestaltung: zehn Flaschen Johannisberger oder zehn

Flaschen aus dem Faß X. Beispiel für die zweite Gestaltung: zehn Liter aus dem Faß X oder aus dem Faß Y.

In Fällen der angegebenen Art haben wir es mit einer Kombination von Wahl- und Gattungsschuld zu tun. Die Abgrenzung dieses Schuldverhältnisses gegenüber verwandten Erscheinungen ist nach unseren früheren Ausführungen nicht allzu schwer. Mit der auf individuelle Objekte gerichteten Alternativschuld deckt sich der jetzt betrachtete Fall in der einen Beziehung, daß auch hier die Partei sich eine Wahl vorbehalten hat. Der Unterschied liegt darin, daß sich die Wahl nicht auf individuelle, sondern auf Gattungssachen beziehen soll. Das Bedürfnis der Partei weist auf eine generische Leistung; die Erfüllungsobjekte sollen sich nicht nach individuellen Merkmalen und Eigenschaften bestimmen. Wenn auch die maßgebenden Merkmale noch nicht im Momente des Vertragsschlusses eindeutig festgelegt sind, sondern noch nachträglich genauerer Bestimmung bedürfen, so sollen doch die schließlichen Erfüllungsobjekte nur nach generellen Merkmalen ausgesucht werden. Es kommt der Partei nicht auf die Individualität des zu leistenden Stückes an, sondern auf seine Zugehörigkeit zu einer von mehreren Gattungen: welcher Gattung, das soll erst durch den Willensakt der wahlberechtigten Partei festgesetzt werden. Wenn sich aber die Partei auch das Recht vorbehält, unter mehreren Gattungen zu wählen, so ist es ihr doch gleichgültig, welche individuellen Objekte innerhalb der gewählten Gattung schließlich geleistet werden.

Auf der anderen Seite grenzt sich unser Fall gegenüber der einfachen Gattungsschuld in folgender Weise ab. Er deckt sich mit jenem Normalfall in der einen

Beziehung, daß die schließlichen Erfüllungsobjekte nicht individuell bestimmt sind. Hier wie dort sind Artmerkmale maßgebend: jedes Objekt, welches diese Merkmale aufweist, ist zur Erfüllung ebensogut geeignet wie das andere. Während aber bei der gewöhnlichen (einfachen) generischen Verbindlichkeit die Gattung, aus welcher geleistet werden soll, sogleich bei Vertragsschluß eindeutig bestimmt ist, wird in unserem Fall eine Wahl zwischen mehreren Gattungen offen gelassen. Der wahlberechtigte Vertragsteil hat ein Interesse daran, noch nicht bei Vertragsschluß an eine einzige Gattung gebunden zu sein, sondern erst in einem späteren Moment nach Maßgabe seiner nunmehrigen Wünsche und Bedürfnisse die maßgebende Gattung zu bestimmen. Es lassen sich eben Fälle denken, in denen bei Vertragsschluß schon übersehen werden kann, daß das Parteiinteresse auf eine von mehreren Gattungen hinweist, in denen aber noch nicht feststeht, welche von ihnen den späteren Interessen der Partei am besten entsprechen wird. Hier liegt es nahe, zwar von vornherein die Leistung nur generisch zu bestimmen, aber doch einer Partei die Auswahl unter mehreren in Frage stehenden Leistungen vorzubehalten. Dieser Interessenlage entspricht es, daß nicht, wie im Regelfall der Gattungsschuld, die maßgebende Gattung sogleich festgelegt wird, sondern späterer Auswahl anheimgestellt bleibt. Der rechtliche Vorgang, der bei der normalen Gattungsschuld sich einheitlich abspielt, zerlegt sich bei der hier betrachteten Schuldart in zwei, äußerlich und zeitlich gesonderte Bestandteile: einerseits Begründung der vertraglichen Bindung (vorbehaltlich der Wahl zwischen mehreren Gattungen), und andererseits Nachholung dieser zunächst vorbehaltenen Wahl. Während sonst die Parteien die Wahl unter mehreren Gattungen schon vor dem Geschäftsabschluß oder spätestens zugleich mit diesem vornehmen, schieben sie hier diese Wahl auf einen künftigen Zeitpunkt hinaus, um die Möglichkeit zu erlangen, die Bestimmung der Gattung ihren dermaligen (gegenwärtig nicht übersehbaren) Bedürfnissen und Neigungen besser anpassen zu können.

Es leuchtet ein, daß eine Obligation, wie die hier betrachtete, die Eigenschaften der Wahl- und der Gattungsschuld in sich vereinigt. Sie ist Wahlschuld insofern, als unter mehreren möglichen Leistungsarten eine genauere Auswahl erfolgen soll. Sie ist Gattungsschuld insofern, als die Objekte, die aus der schließlich gewählten Gattung geleistet werden sollen, nicht individuell, sondern nur generell bestimmt sind. Es wäre irrtümlich, zu glauben, eine Wahlschuld sei nur bei individueller Bezeichnung der alternativ geschuldeten Objekte möglich. Vielmehr besteht eine Wahlmöglichkeit offensichtlich ebensowohl bei einer bloß generischen Bestimmung des Schuldobjektes. Die Wahlbefugnis ist etwas von der individuellen oder gattungsmäßigen Festsetzung der Leistung begrifflich völlig Unabhängiges. Sie betrifft bloß das Verhältnis mehrerer Leistungen zueinander; dagegen bleibt sie von der Eigenart der für sich genommenen Einzelleistung zunächst unberührt [1]. Sie verträgt sich ebensowohl mit einer Gattungsschuld wie mit einer Speziesschuld. Und die Grundsätze unseres Gesetzes über Alternativobligation sind mit jenen über die generische Obligation ebenso-

[1] So auch mit Recht Chamizer, Natur, Gebiet und Grenzen der Wahlschuld S. 60ff.

gut vereinbar wie mit denjenigen über die Schuld einer individuell bestimmten Sache.

Daraus ergibt sich für die praktische Behandlung des Falles, daß die Leistung aus der einen oder anderen Gattung erfolgen soll, folgender grundlegende Gesichtspunkt. Soweit es sich um das Verhältnis der einen Gattung zu der anderen handelt, sind die Regeln der Wahlschuld maßgebend. Soweit dagegen die Leistung aus der einzelnen Gattung in Frage steht, sind die Vorschriften über die generische Schuld in Anwendung zu bringen. Nur wenn man diese beiden Leitsätze scharf im Auge behält, ist es möglich, die zum Teil ziemlich verwickelten Erscheinungen des hier in Betracht stehenden Schuldverhältnisses auseinanderzuhalten und die sich ergebenden Fragen einer angemessenen Lösung entgegenzuführen. Dies soll im folgenden nunmehr versucht werden.

1. Das erste Prinzip lautet dahin: auf das wechselseitige Verhältnis der zur Wahl stehenden Gattungen finden die Regeln der Wahlschuld Anwendung. Dies führt zu folgenden Ergebnissen.

a) Die Wahl unter den mehreren Gattungen steht im Zweifel dem Schuldner zu. Habe ich wahlweise ein Automobil oder ein Gemälde, zehn Liter aus dem Faß X oder Y gekauft, so hat im Zweifel der Verkäufer zu bestimmen, ob die eine oder andere Leistung bewirkt werden soll. Indessen kann sich ein anderes aus der ausdrücklichen Verabredung oder auch aus den Umständen des Falles ergeben. Ja, statistisch werden wohl die Fälle überwiegen, in denen nach dem Sinn des Vertrags die Bestimmung der Gattung dem Forderungsgläubiger zustehen soll. Wird bei Geschäftsabschluß erst noch eine Wahl vorbehalten, so geschieht dies meist aus dem Grunde, weil derjenige, der die Leistung erhalten soll, an ihrer näheren Bestimmung ein Interesse hat: dem entspricht dann ein Wahlrecht des Gläubigers.

b) Die Wahl unter den mehreren alternativ bezeichneten Gattungen erfolgt durch Erklärung an den anderen Teil. Sie ist eine einseitige, im Prinzip wohl empfangsbedürftige Willenserklärung, die ausdrücklich oder stillschweigend erfolgen kann, und die Bedingungen und Zeitbestimmungen wohl verträgt. Sie ist aus den gewöhnlichen Gründen nichtig oder anfechtbar. Insbesondere kann sie unter Rückgängigmachung der vollzogenen Leistung nachgeholt werden, wenn eine Partei in Unkenntnis des Wahlrechtes die Leistung aus der einen Gattung empfangen oder bewirkt hat. Die Rechtsfolge der erklärten Wahl ist die, daß sich nunmehr die Schuld auf die ausgewählte Gattung beschränkt, und zwar nach der ausdrücklichen Vorschrift des § 263 Absatz 2 BGB. mit rückwirkender Kraft: „Die gewählte Leistung gilt als die von Anfang an allein geschuldete.“ Dies bedeutet in unserem Fall: die Situation ist so anzusehen, als ob von vornherein die Leistung allein aus der nunmehr gewählten Gattung versprochen worden wäre. Mithin sind einerseits von jetzt ab alle Ereignisse, von denen die ausgeschiedenen anderen Gattungen betroffen werden, für das Schicksal des Schuldverhältnisses unerheblich. Andererseits kann auf jene Gattungen auch nicht mehr zurückgegriffen werden, wenn die gewählte Gattung nunmehr verändert oder vermindert oder in ihrer Gesamtheit vernichtet wird. Dies sogar dann, wenn die erwähnten Umstände von dem Schuldner zu „vertreten“ sind. Habe ich nach meiner Wahl zehn Literaus dem Faß X oder Y zu beanspruchen, und habe ich mich für die erste Sorte entschieden, so kann ich auf die zweite auch dann nicht mehr zurückkommen, wenn jetzt der Schuldner das Faß X schuldhaft auslaufen läßt: durch die Wahl ist die Gattung Y endgültig aus dem Schuldverhältnis ausgeschieden. Es ist so anzusehen, als wäre sie niemals Gegenstand der Wahlschuld gewesen.

c) Wie bei jeder Wahlschuld, so kann auch bei dem hier betrachteten Fall einer solchen die Wahlbefugnis der einen Partei zugunsten der anderen ausgeschlossen oder beschränkt werden. Einmal kann es sein, daß der zur Wahl berechtigte Schuldner dieselbe nicht vor dem Beginn der Zwangsvollstreckung vorgenommen hat: letztere kann alsdann vom Gläubiger nach Belieben auf die eine oder andere Leistung (z. B. auf die versprochene Quantität aus dem Faß X oder Y) gerichtet werden; und der Schuldner kann sich das Wahlrecht nur dadurch erhalten, daß er nunmehr tatsächlich eine der übrigen Leistungen vollzieht, bevor der Gläubiger die gewählte ganz oder zum Teil empfangen hat (§ 264 Abs. 1 BGB.). Umgekehrt kann der Gläubiger sein Wahlrecht an den Schuldner verlieren; hierzu muß er zunächst in Annahmeverzug gesetzt worden sein und eine ihm darauf von dem Schuldner zur Wahl gesetzte Frist fruchtlos haben verstreichen lassen; alsdann kann nunmehr der Schuldner nach seiner Wahl aus der einen oder anderen Gattung liefern (§ 264 Abs. 2).

d) Die gewöhnlichen Regeln der Wahlschuld gelten auch hinsichtlich der Frage, welchen Einfluß die Unmöglichkeit der Leistung aus der einen Gattung auf die Schuld äußert. Hiernach muß unterschieden werden, wie folgt. Die Leistung kann infolge eines Umstandes unmöglich werden, den keiner der Vertragsteile zu vertreten hat. Allerdings ist eine solche Unmöglichkeit um so weniger wahrscheinlich, je größer die betreffende Gattung ist. Daß sie nicht unmöglich ist, wurde bereits oben (S. 80 f.) ausgeführt. Gerade bei dem in dieser Abhandlung vornehmlich untersuchten Fall, daß die Gattung in einem individuellen Vorrat besteht, kann die objektive Unmöglichkeit leichter eintreten. Der Fall ist z. B. gegeben, wenn ich nach meiner Wahl zehn Liter aus dem Faß X oder Y verlangen kann, und wenn das letztere infolge eines weder von mir noch vom Schuldner zu vertretenden Umstandes vernichtet wird. Die Folge ist alsdann Beschränkung des Schuldverhältnisses auf die übriggebliebene Gattung, in unserem Beispiel auf das Faß X.

Hierbei ist aber ein Doppeltes zu beachten. Die Unmöglichkeit der Leistung aus der einen Gattung muß, um das Schuldverhältnis auf die andere zu beschränken, eine vollständige sein. Der Umstand, daß von einer Gattung noch so viele Bestandteile untergehen, bewirkt noch keine Konzentration in dem hier betrachteten Sinn, solange von der betreffenden Gattung eine zur Erfüllung genügende Quantität von Objekten übrigbleibt. Wenn bei dem vorhin erwähnten Tatbestand das zweihundert Liter enthaltende Faß Y zu drei Vierteln ausläuft, so kann ich noch immer aus dem verbleibenden Rest von fünfzig Litern die mir geschuldeten zehn verlangen; ich bin nicht genötigt, diese Quantität aus dem Vorrat X entgegenzunehmen. Und zum anderen: die Unmöglichkeit der Leistung aus der einen Gattung muß eine objektive sein. Ein subjektives Unvermögen genügt nicht. Daß der Schuldner persönlich außerstande ist, aus der einen, noch an sich vorhandenen Gattung die nötigen Erfüllungsobjekte zu beschaffen, ist kein Umstand, der die Wahlschuld auf die andere Gattung beschränkt. Wie bei der einfachen Gattungsschuld der Verpflichtete, solange die Gattung besteht, sein Unvermögen zur Leistung aus derselben vertreten muß, so wird er auch bei der alternativen Gattungsschuld von der Verbindlichkeit zu der einen generischen Leistung nicht dadurch befreit, daß er, wenn auch schuldlos, zu ihrer Bewirkung persönlich außerstande ist. Hat er beispielsweise das Faß Y unter Zurückhaltung von zehn Litern ohne Möglichkeit des Wiederkaufs veräußert, und geht jene Menge zufällig zugrunde, so beschränkt sich meine Forderung keineswegs auf zehn Liter aus dem Faß X, sondern ich kann noch immer die andere Sorte wählen und meinen Schuldner, wenn er zu ihrer Leistung unvermögend ist, auf Schadensersatz haftbar machen. Von dieser strengen Haftung wird man freilich bei der Schuld einer Quantität aus einem individuellen Vorrat Ausnahmen zulassen müssen. Wie in anderem Zusammenhang (S. 86 ff.) dargelegt wurde, kann ein Schuldner, der aus einem individuellen Vorrat nur eine Quantität schuldet, nicht schärfer haften, als wenn er den ganzen Vorrat zu leisten hätte. Wird ihm also nach Begründung der Verbindlichkeit der Vorrat ohne sein Verschulden unter Umständen entzogen, die zwar keine objektive Unmöglichkeit begründen, wohl aber dem Verpflichteten persönlich die Leistung unmöglich machen, so wird er von seiner Quantitätsschuld befreit: das Unvermögen wird hier der Unmöglichkeit gleichgestellt. Unter denselben Umständen nun wird man annehmen müssen, daß sich im Fall einer alternativen Gattungsschuld die Verbindlichkeit auf die andere

Gattung beschränkt. Wird in dem mehrfach erwähnten Beispiel dem Schuldner das Faß Y ohne sein Verschulden derart gestohlen, daß er es sich nicht wieder verschaffen kann, so muß ich mir als Gläubiger nunmehr die Leistung aus dem Vorrat X gefallen lassen.

Eine Konzentration auf die übriggebliebene Gattung tritt auch dann ein, wenn der wahlberechtigte Teil die Leistung aus der einen Gattung durch einen von ihm zu vertretenden Umstand unmöglich macht. Zu beachten ist freilich auch hier, daß die Vernichtung eines noch so großen Teils einer Gattung durch die wahlberechtigte Partei die Leistung so lange nicht unmöglich macht, als noch genügend Erfüllungsobjekte daraus übrigbleiben. Erst wenn die Gattung ganz untergeht, tritt die Beschränkung des Wahlschuldverhältnisses auf die andere ein (§ 265 Satz 2 BGB.). Sodann wird bei dem hier betrachteten Fall zwischen objektiver und subjektiver Unmöglichkeit der Gattungsleistung wohl nicht unterschieden werden können. Auch wenn beispielsweise der wahlberechtigte Schuldner die eine Gattung nicht vernichtet, wohl aber vorsätzlich oder fahrlässig sich außerstande setzt, aus ihr zu erfüllen, wird man annehmen, daß nur mehr aus der anderen Gattung zu leisten ist. Der Grund nämlich, weshalb der Gesetzgeber die Wahlschuld beschränkt, wenn die wahlberechtigte Partei die eine Leistung unmöglich macht, ist die Vorstellung, daß die Vernichtung des einen Gegenstands die Wahl des anderen enthalte. Mag man nun diese Vorstellung auch nicht ohne Grund bedenklich finden, sicher ist jedenfalls, daß sie ebensogut auf die Verursachung des Unvermögens wie auf die Herbeiführung der Unmöglichkeit zutrifft. Man wird also hier zwischen beiden Tatbeständen keinen

Unterschied machen dürfen. Hat beispielsweise der wahlberechtigte Schuldner das Faß Y ohne Möglichkeit des Wiedererwerbs an einen Dritten veräußert, so wird dadurch die Schuld auf eine Quantität aus dem ihm verbleibenden Faß X konzentriert. Ich kann nicht statt dessen den Wert der entsprechenden Quantität aus der Masse Y beanspruchen, wie mich andererseits auch der Schuldner mit diesem Werte nicht abfinden kann.

Schließlich kann es sein, daß die Leistung aus der einen Gattung infolge eines Umstandes unmöglich wird, den der Gegner des Wahlberechtigten zu vertreten hat. Hier tritt nach § 265 Satz 2 eine Beschränkung des Schuldverhältnisses auf die übrige Gattung nicht ein. Die ursprünglich wahlberechtigte Partei ist auch jetzt noch frei, ob sie eine der unberührt gebliebenen Gattungen oder aber die untergegangene Gattung wählen will. Es treten ähnliche Folgen ein, wie sie bei der individuellen Alternativschuld dargelegt worden sind (S. 203f.). Habe ich beispielsweise nach meiner Wahl zehn Liter aus dem Faß X oder Y zu beanspruchen, und vernichtet der Schuldner fahrlässig das letztere, so habe ich die Wahl, ob ich die genannte Quantität aus dem Faß X verlangen will, oder ob ich hinsichtlich der unmöglich gewordenen Leistung aus der Gattung Y die Rechte der §§ 280, 325 BGB. geltend machen will. Würde umgekehrt das Wahlrecht dem Schuldner zustehen und die Vernichtung des Fasses Y mir zur Last fallen, so könnte der Verpflichtete nach seinem Belieben die unmöglich gewordene Leistung (aus dem Vorrat Y) wählen und mich im Fall eines gegenseitigen Vertrages bis zum Belaufe von zehn Litern auf die Gegenleistung gemäß § 324 darüber hinaus auf Schadensersatz wegen unerlaubter Handlung haftbar machen. Oder aber er könnte die Leistung aus dem Vorrat X bewirken und mir die hierfür versprochene Gegenleistung, daneben aber Schadensersatz für das ganze Faß Y (einschließlich der daraus geschuldeten zehn Liter) abverlangen. Zu beachten ist, daß die Wahlbefugnis einer Partei erst recht fortdauern muß, wenn durch einen vom Gegner zu vertretenden Umstand die Leistung aus einer Gattung nicht objektiv unmöglich, wenn vielmehr nur der Schuldner persönlich zu der Erfüllung aus der an sich fortdauernden Gattung außerstande gesetzt ist. Hat insbesondere bei Wahlrecht des Gläubigers der Verpflichtete sich zur Leistung aus einer Gattung schuldhaft unvermögend gemacht (etwa durch Veräußerung des Fasses Y ohne Möglichkeit des Wiedererwerbs), so kann der Gläubiger nach wie vor seine Wahl auf die eine oder andere Gattung richten. Er kann hinsichtlich der Wahl bei einem bloßen Unvermögen des Schuldners nicht schlechter stehen als bei einer objektiven Unmöglichkeit. Wenn aber nicht einmal die letztere eine Beschränkung des Schuldverhältnisses auf die andere Gattung herbeiführt, so muß dies erst recht für ein bloß subjektives Leistungsunvermögen des Schuldners gelten. Ja, das gleiche wird sogar für den Fall anzunehmen sein, daß dieses Unvermögen gemäß § 279 BGB. vom Schuldner zu vertreten ist, was freilich nach unseren früheren Ausführungen (S. 86 ff.) bei Schulden einer Quantität aus einem individuellen Vorrat nicht so ausnahmslos zutrifft wie bei sonstigen Gattungsschulden.

e) Ist die Leistung aus der gewählten Gattung mangelhaft, so kann nicht etwa der Gläubiger auf die Objekte der anderen zurückgreifen. Durch die Wahl hat sich das Schuldverhältnis auf die betreffende Gattung beschränkt. Der Gläubiger hat im Fall mangelhafter Leistung nicht mehr Rechte, als wenn von vornherein die Schuld auf diese Gattung allein gerichtet gewesen wäre. Er bleibt also auch bei Fehlerhaftigkeit der ihm gelieferten Sache an seine Wahl gebunden. Hiervon wird man aber eine Ausnahme unter denselben Voraussetzungen gestatten müssen, unter denen sie auch bei individueller Bezeichnung der Wahlobjekte zuzulassen ist. Also einmal dann, wenn der Gläubiger die Wahl der einen Gattung ausdrücklich an die Bedingung geknüpft hatte, daß die daraus zu leistenden Objekte nicht mangelhaft seien. Leiden sie an einem Fehler, so ist die Wahl wegen Ausfalls ihrer Bedingung unwirksam: der Gläubiger kann nunmehr Leistung aus der anderen Gattung beanspruchen. Andererseits kann die Wahl der einen Gattung um deswillen anfechtbar sein, weil der Gläubiger sich über eine verkehrswesentliche Eigenschaft der ausgewählten Sache geirrt hat. Alsdann kann er unter Anfechtung der erklärten Wahl seinen Entschluß nunmehr auf eine Leistung aus der anderen Gattung richten (oben S. 211 f.).

2. Der zweite für die Behandlung der Alternativschuld maßgebende Grundsatz ist der, daß *für die Leistung aus der ausgewählten Gattung die Vorschriften der generischen Verbindlichkeit zur Anwendung kommen.* Die wichtigsten Folgerungen aus diesem Gesichtspunkt sind nunmehr zu betrachten.

a) Aus ihm ergibt sich zunächst, daß *die Bestimmung der Erfüllungsobjekte* innerhalb der Gattung grundsätzlich Sache des Schuldners ist. Dem Gläubiger kommt es auf die Individualität der Leistungsobjekte nicht an; ihm genügt es, daß sie der betreffenden

Gattung entnommen werden. Mithin kann es in aller Regel demjenigen Vertragsteil, der die Erfüllung zu bewirken hat, anheimgestellt bleiben, seinerseits die Ausscheidung der Leistungssachen aus dem größeren Komplex vorzunehmen. Dies ist für unseren Fall um deswillen hervorzuheben, weil die Wahl unter den alternativ vorgesehenen Gattungen sehr wohl dem Gläubiger zustehen kann. Die Auswahl der maßgebenden Gattung ist aber natürlich wohl zu unterscheiden von der Auswahl (genauer: der Ausscheidung) der Erfüllungsobjekte innerhalb der betreffenden Gattung. Auch wenn die erstere dem Gläubiger zusteht, verbleibt die letztere dem Schuldner. Habe ich nach meiner Wahl zehn Liter aus dem Faß X oder Y zu beanspruchen und mich für das erstere entschieden, so ist es nunmehr Sache des Schuldners, aus dem Vorrat X die individuellen Stücke zu bestimmen, die zur Erfüllung verwendet werden sollen. Diese Behandlung entspricht auch durchaus der Interessenlage. Der Gläubiger hat nur ein Interesse daran, nach Maßgabe seiner besonderen Wünsche und Bedürfnisse die Gattung zu bestimmen, aus welcher die Erfüllungsobjekte entnommen werden sollen: dies folgt aus dem Wesen der Wahlschuld. Dagegen hat er in aller Regel kein Interesse daran, innerhalb der von ihm gewählten Gattung auch noch die individuellen Leistungsstücke festzusetzen. Es kommt ihm nicht auf die konkreten Gegenstände, sondern auf die Träger gewisser Artmerkmale oder sonstiger Eigenschaften als solche an: darum eben hat er bei Vertragsschluß die Leistung nur generell, nicht speziell festgesetzt.

Natürlich kann es auch vorkommen, daß die Wahl unter den mehreren Gattungen und die Ausscheidung innerhalb der einzelnen Gattung einer und derselben Vertragspartei zusteht. Dies ist sogar im Zweifel anzunehmen, da auch für die Alternativschuld bestimmt ist, daß in Ermangelung anderweitiger Festsetzung die Wahl dem Schuldner überlassen bleibt. Wäre mithin in dem vorhin angegebenen Beispiel das Wahlrecht nicht dem Gläubiger übertragen, so stünde es dem Schuldner zu. Aber auch dann sind die beiden Akte, Bestimmung der Gattung einerseits und Festlegung der Erfüllungsobjekte andererseits, obgleich sie von derselben Person ausgehen, doch begrifflich auf das schärfste voneinander zu sondern. Der eine Akt fixiert nur die maßgebende Gattung, aus welcher eine bestimmte Quantität geleistet werden soll, der zweite sondert individuelle Stücke aus der größeren Masse dieser Gattung heraus. Der erste hat konzentrierende Wirkung insofern, als er die nicht gewählte Gattung ausscheidet. Der zweite hat für sich allein eine konzentrierende Wirkung noch nicht: der Schuldner kann noch jetzt andere als die ausgesonderten Stücke der Gattung zur Erfüllung verwenden. Der erste ist ein Ausfluß aus dem alternativen Charakter der Obligation, der zweite ist eine Folge ihrer generischen Natur. Der erste ist ein besonderes einseitiges Rechtsgeschäft, der zweite hat keine selbständige rechtsgeschäftliche Bedeutung, er bildet höchstens die praktische Vorbereitung des Erfüllungsgeschäftes.

b) Die Beschränkung der Schuld auf bestimmte Stücke innerhalb der Gattung richtet sich ebenfalls nach den gewöhnlichen Regeln der generischen Verbindlichkeit. Danach kann sie durch einen von drei Vorgängen herbeigeführt werden.

α) Zunächst durch einen Vertrag zwischen

Gläubiger und Schuldner, kraft dessen sich die Schuld auf bestimmte aus der Gattung ausgesonderte Stücke konzentrieren soll. Diese rechtsgeschäftliche Beschränkung ist wohl zu unterscheiden von der Konzentration der Schuld auf eine von mehreren Gattungen. Sie erfolgt durch Vertrag, während jene durch einseitige Willenserklärung des wahlberechtigten Teils geschieht. Sie hat zur Wirkung, daß nunmehr bestimmte, individuelle Stücke geleistet und angenommen werden müssen, während jene Wahl lediglich die Wirkung hat, daß nunmehr aus einer bestimmten Gattung zu erfüllen ist. Die erste Handlung verwandelt die Gattungsschuld in eine Speziesschuld, die zweite verwandelt die alternative in eine einfache Gattungsschuld. Logisch betrachtet, ist natürlich die Wahl unter den mehreren Gattungen der primäre Vorgang; erst wenn er stattgefunden hat, ist die Konzentration innerhalb der Gattung möglich. Immerhin können beide Vorgänge sich äußerlich und zeitlich verbinden. Wenn z. B. meine Forderung ursprünglich auf zehn Liter aus dem Faß X oder Y gerichtet ist, und wenn ich nachträglich mit dem Schuldner ausmache, daß zehn individuell bezeichnete, bereits ausgeschiedene Liter aus dem ersten Vorrat geliefert werden sollen, so werden durch diesen einheitlichen Vorgang zwei Rechtswirkungen herbeigeführt. Es wird die Schuld mit einem Schlage zugleich auf eine bestimmte Gattung und auf individuelle Gegenstände konzentriert. Sofern der Gläubiger zehn Liter aus dem Faß X annehmen zu wollen erklärt, vollzieht er die Wahl, durch welche der Vorrat Y ausgeschieden wird. Soweit beide Parteien die Schuld auf individuelle Bestandteile des Vorrats X beschränken, verwandeln sie dieselbe in eine Speziesschuld.

Aber auch hier sind juristisch die beiden Rechtswirkungen auseinanderzuhalten. Die erste ist die Folge der im Vertrag enthaltenen einseitigen Wahlerklärung des Gläubigers, die zweite ist die Folge des zweiseitigen Konzentrationsvertrags. Demgemäß läßt sich auch nach Lage des Falles wohl denken, daß die erste Rechtswirkung (Konzentration auf die Gattung) bereits in dem Augenblick eintritt, in welchem der Gläubiger dem Schuldner den Antrag macht, jene individuellen zehn Liter aus dem Vorrat X zu liefern, während die zweite Rechtswirkung (Beschränkung der Schuld auf diese zehn Liter) erst mit der Annahme des Schuldners zustande kommt. Auch zeigt sich die rechtliche Doppelbedeutung des Vorgangs in anderer Beziehung. Es kann sein, daß die Konzentration auf die individuellen Stücke unwirksam ist oder wird, während die Beschränkung auf die Gattung ihre Kraft behält. Ist beispielsweise der wahlberechtigte Gläubiger geschäftsfähig, der Schuldner dagegen nicht, so kommt der Konzentrationsvertrag nicht zustande, während die Wahlerklärung des Gläubigers wenigstens dann wirksam wird, wenn sie dem gesetzlichen Vertreter des Gegners zugeht. Auch ist es denkbar, daß der Konzentrationsvertrag wegen Irrtums erfolgreich angefochten wird, während die Wahlerklärung von dem Irrtum unberührt bleibt. Habe ich mich nachträglich mit dem Schuldner über zehn individuelle Liter aus dem Vorrat X geeinigt, weil ich über eine besondere Beschaffenheit gerade dieser Quantität getäuscht worden bin, so kann ich den Konzentrationsvertrag anfechten, während die darin enthaltene Wahl der Gattung X (als Ganzes genommen) in Kraft bleibt[2]. Alsdann brauche ich zwar

[2] Möglich ist freilich, daß die Täuschung kausal geworden

nicht gerade die bestimmten, individuellen Leistungsstücke anzunehmen. Dagegen bin ich nicht berechtigt, auf die Gattung Y zurückzugreifen. Denn auch wenn der Konzentrationsvertrag über die konkreten Bestandteile der Gattung X vernichtet wird, so ist doch gültig geblieben die einseitige Wahlerklärung, durch welche ich mich für (irgendwelche) Objekte der genannten Gattung — im Gegensatz zum Vorrat Y — entschlossen habe.

β) Die einfache Gattungsschuld konzentriert sich auf individuelle Stücke auch dann, wenn der Schuldner das zur Leistung Erforderliche seinerseits getan hat. Dies hat im Prinzip auch bei der alternativen Gattungsschuld zu gelten. Insbesondere zeigt sich das, wenn durch Wahl (oder sonstige Umstände) die Wahlschuld auf eine bestimmte Gattung konzentriert ist. Hier kann der Verpflichtete die Beschränkung des Schuldverhältnisses auf konkrete Gegenstände dadurch herbeiführen, daß er alles tut, was von seiner Seite zur Erfüllung nötig ist. Wie verhält es sich aber mit dieser Konzentration auf individuelle Stücke, wenn das Schuldverhältnis noch nicht auf eine bestimmte Gattung konzentriert ist? Alsdann ist zu unterscheiden, je nachdem das Wahlrecht dem Gläubiger oder dem Schuldner zusteht. Im ersten Fall ist der Schuldner, solange der Gläubiger das Wahlrecht nicht ausgeübt hat, nicht in der Lage, durch bloß einseitige Erfüllungsakte die Be-

---

ist (nicht nur für die Bestimmung der individuellen Stücke der Gattung X, sondern auch) für die Ausscheidung der Gattung Y. Alsdann kann natürlich auch die Wahlerklärung angefochten werden. So in dem Falle, daß die Gattung X überhaupt nicht gewählt worden wäre, wenn mir nicht eine besonders gute Beschaffenheit der Bestandteile gerade dieser Gattung vorgetäuscht worden wäre.

schränkung auf konkrete Gegenstände herbeizuführen; hier hilft ihm allein die früher (S. 198) behandelte Vorschrift, kraft deren er dadurch, daß er den Gläubiger in Verzug setzt und ihm erfolglos eine Wahlfrist bestimmt, das Wahlrecht auf sich übergehen lassen kann. Steht dagegen das Wahlrecht zwischen den Gattungen dem Schuldner zu, so kann er unmittelbar diejenigen Maßregeln ergreifen, die zur Erfüllung aus der einen, ihm genehmen Gattung erforderlich sind. Er kann z. B., wenn er nach seiner Wahl aus dem Faß X oder Y zu liefern und bei gleichbleibendem Erfüllungsort die Versendung übernommen hat, die genannte Quantität aus dem ersten Vorrat an den Gläubiger abschicken. Damit hat er dann gleichzeitig die alternative Schuld auf die Gattung X und innerhalb der letzteren die Gattungsschuld auf bestimmte individuelle Stücke, nämlich auf die versendeten zehn Liter konzentriert. Aber auch hier sind beide Vorgänge begrifflich auseinanderzuhalten. Der erste (Konzentration auf die Gattung) ist Folge der im Versand steckenden Wahlerklärung, der zweite (Konzentration auf individuelle Bestandteile der Gattung X) ist die Folge der in der Absendung enthaltenen Erfüllungshandlung. Der erste fällt unter § 263, der zweite unter § 243 BGB. Der erste ist die Folge einer stillschweigenden Willenserklärung, der zweite die Folge einer faktischen Tätigkeit. Der erste verlangt zu seiner Wirksamkeit, genau betrachtet, im Hinblick auf die Empfangsbedürftigkeit der Wahlerklärung eine Mitteilung an den Gläubiger; der zweite wirkt durch den einseitigen Tatbestand der Versendung. Die Rechtsfolge des ersten ist Ausscheidung der Gattung Y aus dem Schuldverhältnis; die Rechtsfolge des zweiten ist die, daß alle nicht versendeten

Bestandteile der Gattung X von nun an zur Erfüllung nicht mehr tauglich sind. Daß beide Vorgänge nicht begrifflich zusammenfallen, zeigt sich auch darin, daß der eine seine Rechtswirksamkeit beibehalten kann, während der andere sie verliert. Wenn in unserem Beispiel der Schuldner die begonnene Versendung rückgängig macht, und die zurückbehaltenen zehn Liter mit den übrigen Bestandteilen der Gattung X wieder vermengt, so ist die Konzentration auf jene individuellen Bestandteile wieder beseitigt: trotzdem kann die dem Gegner mitgeteilte Wahl der Gattung X (im Gegensatz zur Gattung Y) sehr wohl rechtsbeständig bleiben.

γ) Eine Beschränkung auf bestimmte Gattungsstücke tritt endlich ein, wenn der Gläubiger dadurch in Verzug kommt, daß er die angebotene Sache nicht annimmt (§ 300 BGB.). Natürlich ist zur Konzentration vorausgesetzt, daß die Leistung so angeboten wird, wie sie geschuldet ist. Dies wiederum ist in unserem besonderen Falle nicht möglich, solange nicht eine Wahl zwischen den mehreren Gattungen erfolgt ist. Mithin kann bei dem vorausgesetzten Tatbestand eine Verzugskonzentration nur in zwei Fällen eintreten. Einmal dann, wenn die Wahl (durch Gläubiger oder Schuldner) bereits erklärt ist, bevor der Schuldner durch Angebot aus der nunmehr maßgebenden Gattung den Versuch der Erfüllung macht. Und andererseits dann, wenn das Wahlrecht unter den Gattungen dem Schuldner zusteht, und wenn nun dieser in Ausübung seines Wahlrechtes dem Gläubiger bestimmte Bestandteile aus einer der Gattungen anbietet. Hat der Schuldner nach seiner Wahl zehn Liter aus dem Faß X oder Y zu liefern, und bietet er dem Gläubiger ordnungsmäßig die betreffende

Quantität aus dem ersten Vorrat an, so wird durch diesen Vorgang das Schuldverhältnis gleichzeitig auf die Gattung X und auf bestimmte Sachen innerhalb derselben (nämlich auf die angebotenen Stücke) konzentriert. Auch hier ist freilich der begriffliche Unterschied nicht aus dem Auge zu lassen. Die Beschränkung auf die Gattung ist Folge der Wahlerklärung, die Beschränkung auf die Gattungsbestandteile ist Folge des Gläubigerverzuges. Jene beruht auf § 263, diese auf § 300 BGB. Jene knüpft sich an das Angebot, diese erst an die Nichtannahme. Und jene kann ihre Kraft beibehalten, auch wenn diese rückgängig gemacht wird, etwa dadurch, daß der Schuldner die vom Gläubiger verweigerten Stücke mit den übrigen Bestandteilen der Gattung wieder vermischt.

Abgesehen von den eben behandelten zwei Fällen tritt die Konzentration auf individuelle Stücke der einen Gattung durch bloßen Annahmeverzug des Gläubigers nicht ein. Insbesondere dann nicht, wenn das Wahlrecht dem letzteren zusteht und von ihm noch nicht ausgeübt worden ist. Hier würde der Gläubiger durch die Verweigerung der aus einer Gattung angebotenen Stücke schon deshalb nicht in Annahmeverzug geraten, weil noch gar nicht feststeht, ob gerade aus der betreffenden Gattung zu erfüllen ist. Der Schuldner kann einen Annahmeverzug nur dadurch begründen, daß er aus allen in Frage stehenden Gattungen dem Gläubiger die geschuldete Quantität anbietet, also in dem mehrfach benutzten Beispiele dadurch, daß er je zehn Liter aus den Fässern X und Y dem Gläubiger wahlweise — je nachdem wörtlich oder tatsächlich — anbietet. Hierdurch ist aber eine Konzentration noch nicht eingetreten.

Auf individuelle Stücke um deswillen nicht, weil ja der Gläubiger berechtigt ist, die Stücke der einen Gattung abzulehnen, wenn er nämlich, was ihm jederzeit noch freisteht, die andere Gattung wählt. Auf eine Gattung aber ist das Schuldverhältnis noch nicht beschränkt, weil der Gläubiger trotz seines Annahmeverzuges noch immer das Wahlrecht zwischen den mehreren Gattungen behält. Allerdings kann er es dadurch verlieren, daß er nunmehr eine ihm vom Schuldner gesetzte angemessene Frist verstreichen läßt. Erst jetzt kann der Schuldner seinerseits zwischen den Gattungen wählen und durch Angebot individueller Stücke aus einer von ihnen die Verzugskonzentration auf diese Stücke herbeiführen (§ 264 Abs. 2 BGB.).

c) Bei dem alternativen Gattungskauf kann die aus einer Gattung bewirkte Leistung sich als mangelhaft erweisen. Der Käufer hat alsdann die Rechte, die ihm auch sonst bei Mangelhaftigkeit der gelieferten Gattungssachen zustehen. Er hat also nicht nur das Recht auf Wandlung, Minderung und eventuell Schadensersatz, sondern er kann insbesondere unter Rückgabe der empfangenen fehlerhaften Sachen fehlerfreie andere aus der betreffenden Gattung verlangen. Hat sich beispielsweise der wahlberechtigte Käufer für die Gattung X entschlossen, vielleicht stillschweigend dadurch, daß er zehn aus der betreffenden Gattung ihm angebotene Liter angenommen hat, und stellt er nunmehr die Mangelhaftigkeit der empfangenen Waren fest, so kann er die gleiche fehlerfreie Quantität aus der genannten Gattung beanspruchen. Dagegen ist er, wie früher (S. 232) ausgeführt wurde, nicht befugt, wegen dieser Mangelhaftigkeit allein von der Wahl der Gattung X wieder abzugehen und nunmehr etwa Lieferung der gleichen Quantität aus dem Vorrat Y zu beanspruchen. Die Wahl einer bestimmten Gattung unter den mehreren bleibt, wenigstens in der Regel, für ihn bindend, auch wenn er die Lieferung individueller Stücke dieser Gattung wegen ihrer Mangelhaftigkeit rückgängig macht. Auch hier begegnet uns die schon mehrfach festgestellte Erscheinung, daß die Beschränkung des Schuldverhältnisses auf die Gattung als ein Ganzes wohl zu unterscheiden ist von der Beschränkung auf bestimmte Objekte innerhalb der Gattung. In unserem Beispiel bleibt die erstere (prinzipiell) bestehen, auch wenn die zweite beseitigt wird, weil der Gläubiger sein Recht auf Nachlieferung fehlerfreier Sachen geltendmacht.

II. Zum Schluß sei noch kurz auf zwei weitere denkbare Kombinationen hingewiesen.

1. Es kann sein, daß die alternativ geschuldeten Leistungen weder beide gattungsmäßig noch beide individuell bestimmt sind, daß vielmehr die eine Leistung eine generelle, die andere eine spezielle ist. So, wenn geschuldet ist irgendein Automobil oder ein bestimmtes Gemälde, eine individuelle Flasche Wein oder (irgend) ein Liter aus dem Faß X. Schuldverhältnisse dieser Art ergeben den klarsten Beweis für den schon früher aufgestellten Satz, daß die alternative Gestaltung der Obligation begrifflich nichts zu tun hat mit der gattungsmäßigen oder individuellen Bestimmung der zu wählenden Leistung. Daß sie mit der einen Art der Bestimmung ebensowohl vereinbar ist wie mit der anderen, tritt in den eben gebildeten Beispielsfällen um deswillen besonders scharf hervor, weil sich hier die Wahlmöglichkeit gleichzeitig mit beiden Arten von Leistungen zu einem einheitlichen Schuldverhältnis kombiniert: nach dem

Vertrag soll zwischen zwei Leistungen gewählt werden, von denen die eine einen generellen, die andere einen speziellen Gegenstand hat.

Wie Schuldverhältnisse dieser Art zu behandeln sind, ergibt sich ohne weiteres aus den bisherigen Ausführungen. Soweit es sich um die Wahl zwischen den mehreren Leistungen handelt, finden die Vorschriften von der Alternativschuld Anwendung. Hiernach ist die Wahl im Zweifel Sache des Schuldners. Sie kann aber auch dem Gläubiger zustehen. In jedem Fall erfolgt sie durch einseitige, meist empfangsbedürftige Willenserklärung des Wahlberechtigten. Unter gewissen Voraussetzungen kann die Wahlbefugnis vom Gläubiger auf den Schuldner übergehen (§ 264 Abs. 2). Umgekehrt hat der Gläubiger die Möglichkeit, trotz Wahlrechtes des Schuldners die Vollstreckung auf die eine oder andere Leistung zu richten und dadurch jenes Wahlrecht zurückzudrängen (§ 264 Abs. 1). Die Konzentration auf eine der beiden Leistungen kann aber auch dadurch eintreten, daß die andere unmöglich wird, sei es durch Zufall, sei es infolge eines vom Wahlberechtigten zu vertretenden Umstandes. Diese Art der Konzentration kann hier eher eintreten als bei der alternativen Gattungsschuld, indem nämlich die individuell bestimmte Leistung leichter unmöglich werden kann als eine generell bezeichnete. Habe ich nach meiner Wahl ein Automobil bestimmter Fabrikation oder ein individuelles Gemälde zu verlangen, und geht letzteres zufällig oder durch meine Schuld zugrunde, so habe ich nur mehr Anspruch auf ein Kraftfahrzeug.

Ist nun einmal die Konzentration auf eine der mehreren Leistungen geschehen (sei es durch Wahl, sei es durch einen anderen Umstand), so folgt die jetzt geschuldete Leistung den für sie geltenden besonderen Regeln. Ist sie eine individuell bestimmte, (ist z. B. in dem vorigen Beispiel das Gemälde gewählt), so unterliegt sie den Grundsätzen der Speziesschuld. Ist sie dagegen eine Gattungssache (ich habe mich für ein Automobil entschlossen), so finden nunmehr die Vorschriften über generische Verbindlichkeiten Anwendung. Insbesondere ist vielfach erst noch eine Konzentration auf bestimmte Stücke der Gattung erforderlich, eine Beschränkung, die ihrerseits wiederum entweder durch Erfüllungshandlungen des Schuldners (§ 243 BGB.) oder durch Annahmeverzug des Gläubigers (§ 300 BGB.) oder durch Konzentrationsvertrag geschehen kann. Ist bei einem alternativen Kaufvertrag das geleistete individuelle Stück mangelhaft, so kommt es für die Wirkungen darauf an, ob das Schuldverhältnis auf die Spezies oder auf die Gattung beschränkt ist. Im zweiten Fall (ich habe mir ein Automobil liefern lassen, welches sich als mangelhaft erweist) kann ich aus der gleichen Gattung ein fehlerfreies Stück nachverlangen, dagegen nicht auf die Spezies (das Gemälde) zurückgreifen. Im ersten Fall (das von mir gewählte Gemälde ist mangelhaft im Sinne des § 463) kann ich nur den Kauf des betreffenden Stücks wandeln, oder mindern, oder gegebenen Falles Schadensersatz verlangen. Dagegen kann ich keine Nachlieferung, etwa eines gleichwertigen anderen Gemäldes, verlangen, aber auch nicht auf die durch meine Wahl ausgeschiedene Gattung zurückgreifen, also mich nicht nachträglich wieder für ein Automobil entschließen. Letzteres wird mir nur in den verhältnismäßig seltenen, aber bei mangelhaften Spezien immerhin leichter denkbaren Fällen gestattet sein, daß ich mich gerade wegen eines Irrtums über eine verkehrswesentliche Eigenschaft des individuellen Gegenstandes entschlossen habe, eben diesen auszuwählen und von der Gattungsleistung abzusehen (oben S. 211). Hier kann ich die ursprüngliche Wahl wegen Irrtums gemäß § 119 Abs. 2 anfechten und die neue wieder auf die Gattung (Automobil bestimmter Gattung) richten.

2. Endlich kann es sein, daß die Wahl zunächst zwischen zwei oder mehreren Hauptmöglichkeiten vorgesehen ist, daß aber wiederum innerhalb einer oder mehrerer dieser Möglichkeiten weitere Alternativen eröffnet sind[3]. Die Behandlung einer solchen Gestaltung (man kann sie „geschichtete Alternativität" nennen) ergibt sich ohne Schwierigkeit aus den früheren Ausführungen über die Wahlschuld.

[3] Näheres über diese Fälle bei Pescatore, Wahlschuldverhältnisse S. 139 Anm. 2.

FSC
www.fsc.org
MIX
Papier | Fördert
gute Waldnutzung
FSC® C083411

Kolibri 360 GmbH
Ferdinand-Jühlke-Straße 7
99095 Erfurt, Deutschland
produktsicherheit@kolibri360.de

Druck:
CPI Druckdienstleistungen GmbH
im Auftrag der
Kolibri 360 GmbH
Ferdinand-Jühlke-Str. 7
99095 Erfurt